◎国家社科基金项目(17BKS051)

U0963402

基于公平正义的共享发展研究

陈家付　著

山东大学出版社
SHANDONG UNIVERSITY PRESS
·济南·

图书在版编目(CIP)数据

基于公平正义的共享发展研究/陈家付著.—济南：
山东大学出版社，2021.6
（庆祝中国共产党百年华诞研究丛书）
ISBN 978-7-5607-7004-8

Ⅰ.①基… Ⅱ.①陈… Ⅲ.①中国特色社会主义—社会主义建设模式—研究 Ⅳ.①D616

中国版本图书馆 CIP 数据核字(2021)第 084870 号

责任编辑 王立强
文案编辑 孟宪亮
封面设计 杜 婕

出版发行 山东大学出版社
社　　址 山东省济南市山大南路 20 号
邮政编码 250100
发行热线 (0531)88363008
经　　销 新华书店
印　　刷 济南新科印务有限公司
规　　格 720 毫米×1000 毫米 1/16
　　　　 14.75 印张 249 千字
版　　次 2021 年 6 月第 1 版
印　　次 2021 年 6 月第 1 次印刷
定　　价 59.00 元

总序

习近平总书记曾指出，“历史是一面镜子，鉴古知今，学史明智”。这就鲜明昭示了，历史是一种重要资源和宝贵财富，学习历史，可以从中汲取智慧。显然，这里的“历史”，主要是从中国近现代历史宏观整体的一般意义上而言，中国共产党百年历史则是其中必不可少且耀眼夺目的组成部分。党的历史，简单来说，就是我们党所走过的道路，所经历的过去。了解我们党所走过的道路和它所经历的过去，于我们明理增信崇德力行有大益，因为波澜壮阔的党史中蕴含着解答中国近现代以来如何实现国家富强、民族复兴的黄金密钥。自1921年成立到今年，中国共产党已经走过了整整一百年的风雨历程，这里的百年绝不是一个简单的数字，而是真真切切蕴含了博大、丰富的实践内容。不夸张地说，中国共产党的恢宏历史犹如一座理论富矿，蕴含着丰富的思想元素；中国共产党的恢宏历史也犹如一轴书画长卷，蕴含着磅礴的奋斗经验；中国共产党的恢宏历史还犹如一部百科全书，蕴含着博大深邃的智慧。其实，不管是理论富矿、书画长卷，还是百科全书，都旨在说明我们党的历史是一种重要资源和无价财富。

这里的资源和财富，具体而言，主要表现在两个方面：其一，党的自我成长经验。回顾党的风雨百年路，20世纪20年代初，我们党从上海及浙江嘉兴的南湖起航，实现了从无到有、由小到大、由弱到强的历史性跃迁，逐步从一个仅有50余名党员的小党和弱党发展壮大为一个有9500多万党员的世界第一大执政党。党的自身成长发展史，蕴含着自我净化、自我完善、自我革新、自我提高的诸多宝贵经验。纵览当今国际社会，世界上存续百年有余的政党并不多见，在国际比较的视野下，更可足见中国共产党的成功与伟大。如今，中国共产党已经走过整整一百年的风雨历程，依旧富有青春朝气和蓬勃生命力，可谓“恰百年风华正茂”。中国共产党缘何能做到青春永葆、活力永续？解码这一重大历史命题，即需要我们走入历史中去不断探索和追问。其二，党领导人民拼搏奋斗的实践智慧和经验结晶。百年党史，可以说是党领导和团结全国各族人民为了革命、建设和改革事业不懈求索和奋斗的历史。在这百年历程中，党领导人民进行奋斗历经了几个不同的阶段。在新民主主义革命时期，党在马克思主义的指导下，领导人民逐渐探索出了一条最适合中国国情的革命之路，最终赢得了新民主主义革命的胜利，建立了新中国，为实现中华民族伟大复兴创造了根本社会条件。在社会主义革命和建设时期，我们确立了社会主义基本制度，实现了中华民族有史以来最为广泛而深刻的社会变革，为实现中华民族伟大复兴奠定了根本政治前提和制度基础。在改革开放和社会主义现代化建设新时期，中国共产党开创、坚持、捍卫、发展中国特色社会主义，为实现中华民族伟大复兴提供了充满新的活力的体制保证和快速发展的物质条件。在新时代，中国共产党团结带领中国人民，自信自强、守正创新，创造了新时代中国特色社会主义的伟大成就，为实现中华民族伟大复兴提供了更为完善的制度保证、更为坚实的物质基础、更为主动的精神力量。总结取得这些成就的历史经验，最核心的无疑是党的正确领导。回顾党的百年宏阔历史，我们党在领导全国各族人民矢志向前的伟大历史征程中，真正做到了不忘初心、牢记使命，始终坚持以人民为中心的根本立场，以坚定的理想信念把对民族复兴的伟大目标落实在行动上，从胜利不断走向胜利，并在这个过程中积攒沉淀下丰厚的经验和智慧。这些经验和智慧对于我们党、对于国家民族而言，无疑是最为宝贵的财富。

习近平总书记指出：“历史，总是在一些特殊年份给人们以汲取智慧、继续前行的力量。”既是最宝贵财富，必然不能只作为回顾总结之素材，特别是站在实现第二个百年奋斗目标的历史新起点上，唯有用这些由百年经验和智慧凝聚而成的宝贵财富烛照当下与未来，才能在新的历史征程中继续释放其强大动能。山东大学马克思主义学院积极响应并深入落实党中央关于

“学党史、悟思想、办实事、开新局”的重要精神，同时也为了着力打造党建研究的“山大高地”，进而充分释放山东大学全国重点马克思主义学院的引领示范效能，启动实施了党建学科“迎接建党百年学术研究‘五个一’工程”。截至目前，该工作已完成“加强党对制度建设领导研究”“中国特色社会主义‘四个自信’研究”等一批国家级与省部级重大课题；将陆续出版 49 册国外政党治国理政研究丛书及 15 部党建研究丛书；完成 2017～2020 年四卷本《政党政治研究年鉴》编撰与刊印；主办“中国共产党百年：历史、理论与实践”学术研讨会、“四史”教育与“大思政课”工作交流会、第十届中国政党研究论坛等系列高端学术会议。而工程之“一”便是呈现在大家面前的这一套“庆祝中国共产党百年华诞研究丛书”。事实上，从 2003 年设立山东大学政党研究所，到 2018 年率先设立党的建设学科，再到 2019 年与中国社会科学院共建世界政党研究中心，山东大学一直致力于建设一流党建学科、着力打造构筑马克思主义政党理论研究的新高地。而到目前，山东大学党的建设学科事实上也已经推出了一系列具有“山大气派”的高端成果，充分发挥了传统优势特色，为进一步打造具有国际影响力的理论研究高地、人才培养基地和智库咨政中心奠定了坚实基础。尤其是王韶兴教授在《中国社会科学》英文版中连续发表的 7 篇学术论文，提出的标识性学术概念和观点更是奠定了社会主义政党政治研究的理论基础，被学术界称为此项研究的“学术地标”。

由于百年党史中蕴含的经验和智慧是多视角、多领域、多维度的，所以，这套旨在“学党史、取经验、得智慧”的研究丛书所涉及的领域也就自然是多视角、多领域、多维度的。山东大学马克思主义学院汇聚骨干力量组建丛书写作团队，结合学院在党史党建研究方面的整体传统优势与团队成员的研究方向，从党的领导、党的建设与国家治理现代化、中国特色社会主义政治建设与法治教育、中国特色社会主义文化建设与文化自信、中国特色社会主义社会建设与公平正义、中国特色社会主义生态文明建设与绿色发展等领域切入党史研究主题，通过回溯历史沿革、梳理发展脉络，形成系统理论观点与政策主张，推进深化了相关领域研究。

虽然这套丛书的研究主题所属领域不同，但具有鲜明的价值指向和时代诉求。一是从不同的视角和维度阐释了中国特色社会主义伟大成就与党的领导和党的建设之间的内在联系，明确党的正确领导、党的自身建设是中国各项事业取得成功的关键与根本保证，确证党的百年历史征程与实现中华民族伟大复兴的密切联系。二是在历史梳理与理论深耕的学术研究基础上，站在新的历史起点上回应科学总结党在百年奋斗历史中的理论与实践的时代要求。习近平总书记在给山东大学《文史哲》编辑部全体编辑人员的重要回信中指出："从历史和现实、理论和实践相结合的角度深入阐释如何更好坚持中国道路、弘扬中国精神、凝聚中国力量。"这是对全国哲学社会科学工作者提出的殷切期望和谆谆嘱托，为繁荣发展哲学社会科学提供了根本遵循，也为加强马克思主义理论和党史党建研究进一步指明了方向。此套丛书的重要目的之一即是落实习近平总书记重要回信精神，在守正创新中构建党建研究的"山大样本"与中国化马克思主义理论体系，进而为构建中国特色哲学社会科学尽绵薄之力。三是助力和推动山东大学马克思主义学院的发展迈上新台阶、步入新阶段，在山东大学百廿校庆之际贡献马院力量。当前，山东大学正处于加快实现"由大到强"历史性转变的关键期、机遇期、攻坚期，马克思主义学院担负着"强院兴校"的光荣使命和政治职责。面对这样的新形势新要求，要凸显学院党史党建研究的"山大特色"，推出具有"山大气派"的研究成果，奋力朝着高端、高质、精深、精进的方向不断前进，发挥首批全国重点马克思主义学院的"排头兵"和"领头羊"作用。

今年是中国共产党成立 100 周年，这无疑是一个特殊的时间节点，也是党和国家历史时间之轴上的光辉刻度，这个重大历史时刻无疑为我们从百年恢宏党史中汲取智慧、寻获经验提供了最佳契机。习近平总书记在庆祝中国共产党成立 100 周年大会上的重要讲话中回顾了党百年来走过的光辉历程、作出的历史贡献，为全党全国各族人民向第二个百年奋斗目标迈进指明了前进方向。从这个意义上说，本套丛书的成书和出版可谓恰逢其时。

山东大学马克思主义学院院长　张士海

2021 年 7 月

目 录

导 论

共享发展是基于社会公平正义提出的全新发展理念，它深刻体现了中国特色社会主义的本质要求。党的十八大后，中国发展的基础、条件和所面临的国内外形势都发生了重大变化，中国进入了发展的新时代。以习近平同志为核心的党中央紧紧抓住时代新机遇、应对时代新挑战，围绕新时代“坚持和发展什么样的中国特色社会主义、怎样坚持和发展中国特色社会主义”这个重大时代课题，坚持理论创新，形成了习近平新时代中国特色社会主义思想。在这一思想当中，回答新时代实现什么样的发展和怎样实现发展是重要的组成部分。在继承马克思主义科学发展思想的基础上，针对中国发展的实际，立足于更高质量、更加公平、更可持续的要求，党的十八届五中全会明确提出了“创新、协调、绿色、开放、共享”五大发展理念，回答了实现什么样的发展和如何发展这一重大理论问题，对党的发展理论做出了新的重大创新，对于指导我国发展具有重大意义。习近平指出：“发展是解决我国一切问题的基础和关键，发展必须是科学发展，必须坚定不移贯彻创新、协调、绿色、开放、共享的发展理念。”[①]“五大发展理念”的五个方面涵盖着发展的手段、过程和目的，而落脚点在于共享发展。共享发展既体现了社

① 《习近平谈治国理政》第 3 卷，外文出版社 2020 年版，第 17 页。

会公平正义的价值目标，又是维护社会公平正义的重要途径。追求社会公平正义，就必然推进发展的共享；而实现发展的共享，也必然会提高社会公平正义的水平。两者相辅相成，统一于经济社会发展进步的过程之中。

一、选题的依据及意义

立足于公平正义研究共享发展问题，是时代和实践提出的重大发展课题。从总体上来讲，研究基于社会公平正义的共享发展，就是从权利公平、机会公平、规则公平、结果公平等角度，对共享发展所包含的权利共享、机会共享、规则共享、结果共享等进行全方位探讨，全面阐述共享发展的内含意义、政策选择、制度建构及实现路径。涉及公平正义的一系列概念，诸如公平、公正、正义、平等，由于它们核心意涵的一致性，本书并不对它们进行特别的区分，而是依据叙述的语境交替使用之。

共享发展理念的提出，既深深包含人民对实现美好生活的殷切期盼，也深深包含对社会公平正义的价值追求。实现美好生活，可以说是人民的普遍愿望和期盼。党领导改革开放、推进经济社会发展，其目的就在于使人民过上更美好的生活，这是追求社会公平公正的最好体现。要满足人民的愿望和要求，就要保障人民能够参与发展的过程、享有发展的结果。如习近平所指出的那样，要“使发展成果更多更公平惠及全体人民，在经济社会不断发展的基础上，朝着共同富裕方向稳步前进”①。这一重要论述，是习近平反复强调的，既体现了党的思想理论的重要内容，也体现了党执政的战略和政策指向，所反映的正是共享发展的基本要求，蕴含着社会公平正义的价值内涵。因此，深化对基于社会公平正义的共享发展的研究，既是实践给我们提出的重大课题，也是理论上我们不能回避的重大问题。

改革开放以来，我国的发展实现了巨大飞跃，我们已经站更高更新的历史起点上。进一步推进经济社会发展，既要善于把握新趋势和新机遇，也要敢于面对新矛盾和新挑战。如果说过去我们要解决的迫切问题是“如何发展起来”的问题，那么今后我们所要解决的迫切问题更多的是“发展起来之后”的问题。这就要求我们在谋划新时代的经济社会发展过程中，必须确立

---

① 《习近平谈治国理政》第1卷，外文出版社2018年版，第41页。

新的发展理念，用新的发展理念引领发展实践，实现发展的公平共享。习近平指出："发展理念是战略性、纲领性、引领性的东西，是发展思路、发展方向、发展着力点的集中体现。"[①]确立了正确的发展理念，发展的目标、任务、战略、政策就比较好确定了。创新、协调、绿色、开放、共享发展理念的提出，集中体现了新时代我国发展的思路、方向及着力点，既是对以往发展经验的总结，也是对发展规律的新认识。其中，就我国社会性质和发展目的来说，共享发展更具本质性意义。深化对共享发展的理论研究，阐发其蕴含的社会公平正义价值特色，是我们必须深入解决的理论课题和任务。

共享发展对社会主体而言是公平性发展，是通往社会公平正义的基本路径。提出共享发展，不仅是对实现社会公平正义的价值考量和理论回应，更是对实现社会公平正义的现实关照。因此，必须结合我国社会新的发展实际，结合中国特色社会主义建设实践，把基于社会公平正义的共享发展问题研究作为重大理论和现实问题加以关注。从社会主义发展本质来看，实现基于社会公平正义的共享发展是社会主义优越性的根本体现。相对于资本主义发展而言，社会主义的产生和发展，不仅体现了人类社会的发展规律，也体现了其对社会公平正义的追求和维护。离开了对社会公平正义的保障和维护，社会主义就会失去其本色。而维护好社会公平正义，就要在实践中通过共享发展来实现。只有不断推进基于社会公平正义的共享发展，才能在社会主义发展过程中切实实现人的自由和幸福，满足人民的美好生活需求。从这个意义上来说，就要加强对基于社会公平正义的共享发展问题进行研究，着力从理论与实践相结合的角度，深刻把握共享发展的一般规律，深化理论认识和增强实践自觉，以更好地推动建设一个公平共享的美好社会。加强对基于公平正义的共享发展的理论研究，就是要从社会公平正义的要求出发，加深对共享发展问题的系统理论解读，拓展共享发展研究的新领域，进一步明晰以维护公平正义为目标的共享发展的政策选择、制度建构和实现路径。

---

① 《习近平谈治国理政》第2卷，外文出版社2017年版，第197页。

二、研究现状述评

党的十八届五中全会提出的新发展理念作为重大的理论创新，引起了国内外学术界、理论界的高度关注，也成为理论研究新的热点。从当前研究的动态来看，国内外学术界对新发展理念的研究比较广泛，对共享发展的研究也形成热潮。理论界和学术界已经发表了一批研究论文和述评，对共享发展的重大意义、基本内涵、基本要求、实现路径、制度保障等进行了多方面的研究和阐述。但研究也仅仅是刚刚开始，就理论研究的深度和涉及实际问题的宽度来说都还相当不够，研究的系统性也有待进一步加强。特别是基于公平正义视角的共享发展研究并不多见，有待进行深入探讨。

从国外的研究和学术史来看，公平正义思想的发展在西方学术史上占有重要地位。现代社会公平共享发展思想的提出，也正是基于公平正义思想的长期发展和学术积累。从西方思想史上看，古希腊时期，对正义、平等、善等的研究和阐发就已经成为哲学思想、政治思想的重要范畴。进入近代，西方的启蒙思想家更是把正义、平等作为重要的价值思想进行宣传，使之成为资产阶级革命的启蒙口号。但在实践中，资本主义制度建立之后，并没有真正解决社会公平正义问题。长期以来，公平正义都是资本主义社会的制度之痒。基于资本主义发展长期不公正的现实，特别是两次世界大战之后社会主义制度兴起所带来的压力，从 20 世纪 60 年代开始，一些西方的学者对战后发展进行反思，推动了对公平共享问题的研究，形成了一些颇有影响的关于公平正义的理论。比如，罗尔斯的正义理论，强调正义是社会制度的首要价值。再比如，阿玛蒂亚·森的平等理论，强调不平等就像毒瘤一样侵蚀着整个社会，因此他把消除社会的不平等作为提升社会各阶层福祉的关键。进入 21 世纪，国际学术界对发展问题的研究更进一步向"以公平为中心的发展"聚焦。比如，早在 2005 年联合国开发计划署就发表了《2005 年人类发展报告》，世界银行也发布了《2006 年世界发展报告：公平与发展》，都强调以公平为中心的发展。到 2007 年，亚洲开发银行在其研究报告中明确提出了包容性增长理论，其要点是阐述怎样规避发展矛盾，使经济增长能够公平合理地分享。包容性增长理论的提出，对学术界产生了极大的影响，为探讨共享发展打开了新的思路。

从国内的研究和学术史来看，公平、小康、大同等思想长期以来是中国思想家和学者关注的重大问题。从思想源流上来说，共享发展这一重大理念的提出，正是继承了这方面学术思想的发展。从我国的思想史上看，古代就有许多思想家对公平正义进行了探讨。到了近现代，更有许多思想家及政治家在他们的思想和社会改造方案中涉及了公平正义问题。新中国成立后，实现公平正义不仅是理论问题，更成为重要的实践取向。但相对来说，对公平正义的理论研究较少。进入改革开放新时期，国内学术界和理论界开始较多地对公平正义问题进行探讨。特别是20世纪90年代开始建立社会主义市场经济体制以后，由于社会转型的日益加快和不公平现象的日益凸显，对如何维护公平正义、共享改革发展成果问题的研究逐步成为学术界关注的重大问题，研究不断向深度和广度发展。2004年，针对发展中出现的新问题，我们提出了构建社会主义和谐社会，随后对如何实现公平正义、如何共享发展成果等问题的研究成为理论界研究的热点，出现了一些较有代表性的成果。比如，林毅夫等提出以共享式增长促进社会和谐，并把“共享式增长”界定为机会平等的增长，探讨如何才能使发展过程更加公平，使增长成果能够更广泛地分享。此后，学者们也开始把公平正义作为发展的核心问题进行探讨，为凝练和提出以公平正义为核心目标的共享发展理念提供了厚实的学术支撑。特别是党的十八届五中全会以来，许多学者开始从社会公平正义的视域来阐述和研究共享发展理念，发表了一批研究成果。

一是从公平正义的视角对共享发展内涵进行阐释。通过对已有研究的梳理可以发现，学者们对共享发展的内涵进行了多方面的解释。其中，一些学者是从公平正义角度来阐述共享发展的内涵。有的学者指出：“共享发展理念既延伸了中国传统文化精神中以人为本，‘公’与‘均’的价值取向，又吸收了马克思主义关于人的全面发展、全面解放的公平正义观，是历史逻辑与理论逻辑的有机统一。”[①]也有学者认为，共享发展“更加注重对深层次的公平问题予以回应，关注点从考察发展对增进福祉的作用转向了考察社会主要矛盾变化下的新发展对增进福祉的新要求”“这对发展的公平性提出了新

① 田学斌：《共享发展的逻辑机理和实现路径》，《中国党政干部论坛》2017年第9期。

的要求"[①]。还有学者指出,共享发展的目标就是发展成果惠及每个个体以及平等享有发展机会,"减少因外部环境带来的个人发展机会的不平等,使人人真正站在同一起跑线上,使后富的人、未富的人真正富起来,最后实现共同富裕"[②]。

二是把公平正义作为共享发展的价值特征。从共享发展价值蕴含的角度出发,许多学者提出了公平正义是共享发展价值特征的观点。有的学者明确指出,公正是共享发展的核心价值追求。[③] 也有学者指出,共享发展的价值定位就是社会主义的公平正义,公平正义是共享发展的根本遵循,共享发展理念"是对社会主义公平正义价值的积极回应"[④]。还有学者认为,中国共产党的公平正义观包括两个基本价值取向:一是要让全体人民共享改革发展的成果;二是要为每一个社会成员的自由发展提供充分的空间。[⑤] 有的学者还阐述了共享发展对实现全人类公平共享的价值意义,强调"'共享发展'是对当代业已成为主流的'发展型正义'理念的最恰当的诠释",其"重要价值目标之一就在于发展机会、发展权益、发展成果的全人类共享"[⑥]。

三是共享发展体现着追求社会公平正义的社会主义的本质要求。有的学者指出:"共享发展理念把发展与共享统一起来,是对马克思主义有关思想理论的继承和发展。马克思主义之所以要建立社会主义社会,就是要让劳动人民摆脱在旧制度下受剥削受压迫的穷困境地,过上富足、公平的美好生活。"[⑦]有的学者认为共享发展与社会主义平等是互为前提的,在改革发展过程中让人民共享成果是社会主义本质的体现,提出共享发展,"重心是解决社会公正问题""共享发展是兼顾效率与公平的发展,是与平等互为前提的发展。"[⑧]还有学者强调,作为新发展理念出发点和落脚点的共享发展理念,"在理论和实践的结合上明确回答了发展为了谁、发展依靠谁、在社会主

---

① 刘沛好、余达淮:《比较视阈下共享发展理念的普惠性》,《科学社会主义》2018 年第 1 期。

② 辛向阳、王珊珊:《共享发展:内涵、机制和途径》,《北京日报》2016 年 9 月 12 日。

③ 参见刘乐新:《公正是共享发展的核心价值追求》,《思想政治工作研究》2016 年第 5 期。

④ 王绍青、张荣华:《公平正义是共享发展的根本遵循》,《人民论坛》2017 年 5 月(中)。

⑤ 参见吴忠民:《公平正义是改革发展的出发点和落脚点——中国共产党公平正义观的形成及基本内容》,《当代世界与社会主义》2014 年第 2 期。

⑥ 袁祖社:《"共享发展"的理念、实践与人类命运共同体的价值建构》,《南京社会科学》2017 年第 12 期。

⑦ 卫兴华:《共享发展:追求发展与共享的统一》,《人民日报》2016 年 8 月 17 日。

⑧ 谢伟光:《从马克思主义平等观看共享发展》,《红旗文稿》2016 年第 15 期。

义初级阶段如何通过共享发展实现共同富裕的进程问题，充分体现了中国共产党对科学社会主义的理论自觉和坚持以人民为中心的发展思想”[①]。

四是从分配公平的角度阐发共享发展理念。关注分配公平，从分配角度解读共享发展，是学者们涉足比较多的一个领域。有的学者强调，收入分配问题既包括收入差距问题，也包括分配的公平性问题，因此“坚持共享发展，需要实现公平合理分配”[②]。也有学者指出：“提出共享发展理念的目的就是使劳动者能充分共享改革开放的发展成果，实现社会主义公平正义的基本价值理念，维护社会的稳定和发展。”[③]还有学者认为，在现阶段，分配公正的实现要以共享发展为根本价值导向，在坚持基本权利平等、按贡献分配、弱势群体救助、依法分配等各项原则的基础上，“不断完善以教育公正、医疗公正和就业公正为导向的公共政策体系、以‘提低、扩中、调高’为导向的收入分配调节体系、以扶助弱势群体为重点的社会保障体系”[④]。

五是实现共享发展的路径选择包含公平性思考。有的学者着眼于社会公平提出了共享发展的实现路径，包括扩大中等收入者比重，形成合理的社会结构；加强和完善相关制度，缓解贫富分化；统筹城乡发展；促进区域的协调发展。[⑤] 有的学者从财富分配的角度指出了共享发展的两条路：一是强制性的共享。主要指法定的社会保障制度的安排，包括各种法定的社会救助、社会保险与社会福利项目，以及政府主导的相关公共服务等，它建立在法律明确规范、政府负责或主导、公平普惠的基础之上；二是自愿性的共享。主要是指慈善事业，它建立在社会捐献基础之上，动员的是民间资源。[⑥] 有研究提出：“共享不只是理想，而有实实在在的内容。”[⑦]并提出要以推进社会公平正义作为前提，推动脱贫减贫，缩小收入差距，加快促进区域城乡基本公共服务均等化，大力推进共同富裕的实现。

六是实现共享发展需要公平的制度安排。学者们普遍认为，实现共享

---

① 吴东华、武彦斌：《共享发展：科学社会主义的必然逻辑和价值引领》，《思想理论教育导刊》2017年6期。

② 张车伟：《公平合理分配　共享发展成果》，《经济参考报》2017年6月21日。

③ 李淑、李松龄：《对共享发展理念的几点理论认识》，《经济纵横》2018年6期。

④ 赵汇、代贤萍：《共享发展与社会分配公正》，《中国特色社会主义研究》2016年第6期。

⑤ 参见王瑾：《共享发展：让群众有更多的获得感》，《当代世界与社会主义》2016年第2期。

⑥ 参见郑功成：《对共享发展的三个基本认识》，《群言》2016年8期。

⑦ 任理轩：《坚持共享发展——“五大发展理念”解读之五》，《人民日报》2015年12月24日。

发展需要做出更有效的制度安排,使全体人民在共建共享发展中有更多获得感,以促进社会公平正义。有的学者提出实现公平共享必须“坚持社会主义基本经济制度和分配制度”[①],在此基础上,调整好收入分配和再分配,以维护公平正义,实现公平共享。有学者强调:“要解决社会主义市场经济初次分配中的资本收入和劳动收入之间的对立矛盾,实现劳动者共享发展成果,固然有多种解决形式,但我认为有一种实现形式值得认真研究和深入探讨,那就是通过一定的制度安排,使劳动力不只是作为劳动者的商品,而且能够成为劳动者的资本,实现劳动者在初次分配中共享发展成果的目的。”[②]

上述诸多研究都涉及从社会公平正义的视域来理解共享发展理念,但研究还需要进一步深化和系统化。在研究中要重点解决如下问题:一是不仅从历史和理论的角度而且从实践的角度,对基于公平正义共享发展的内涵进行概括和解读,尤其是探讨实现权利、机会、规则、结果等几方面公平有什么样的内在逻辑和要求,并据此系统阐述发展权利共享、发展机会共享、发展规则共享和发展成果共享的内涵和表现。二是对基于公平正义共享发展的政策选择、制度建构和实践路径的研究,即如何按照社会公平正义的原则要求完善共享发展的相关政策和制度,怎样把握基于公平正义的共享发展在实践中应遵循的逻辑主线和路径。

三、研究思路及所要解决的问题

社会公平正义不是虚空的,而是融汇于社会发展进步的实际过程中,其包含的一般性内容十分丰富,大体来说涉及社会主体在权利、机会、规则、结果等方面的公平。这些内容大致反映了社会主体在从事经济、政治以及其他各项社会活动中依据的起点、享有的机会、参与的过程以及获得的结果的状况。这些内容既揭示了社会公平正义所蕴含的一般性要素,又揭示了其基本实现途径。从这个意义来说,基于公平正义的共享发展,就是要在实践中按照权利公平、机会公平、规则公平、结果公平等的内在逻辑和基本要求,

---

① 田学斌:《共享发展的逻辑机理和实现路径》,《中国党政干部论坛》2017 年第 9 期。

② 李松龄:《初次分配共享发展的理论问题与制度安排》,《财政研究》2018 年第 1 期。

全面推进和实现发展权利共享、发展机会共享、发展规则共享和发展成果共享。如此，公平正义和共享发展才能在实践中互动共进、得以实现。本书以阐释基于公平正义的共享发展的基本内涵作为切入点，对发展权利共享、发展机会共享、发展规则共享和发展成果共享的内涵和表现进行概括和解读，在此基础上进一步深入研究如何按照公平正义的原则要求完善共享发展的相关政策和制度，着力探讨按照公平正义要求推进共享发展在实践中应遵循的逻辑主线和路径。

本书所要解决的问题是：通过对基于社会公平正义的共享发展的研究，形成系统的理论成果。本书研究的重点同时也是难点主要有三：一是从历史、理论和实践的角度对基于公平正义共享发展的内涵进行概括和解读，特别是如何按照权利公平、机会公平、规则公平、结果公平的内在逻辑和要求，系统阐述发展权利共享、发展机会共享、发展规则共享和发展成果共享的内涵和表现。从权利、机会、规则和结果公平的视角，提出共享发展的内容包括发展权利共享、发展机会共享、发展规则共享、发展成果共享。二是实现共享发展要按照公平正义的原则完善相关政策和制度，不断推进国家治理体系和治理能力现代化。三是对基于公平正义共享发展的政策选择、制度建构和实践路径的研究，即如何按照社会公平正义的原则要求完善共享发展的相关政策和制度，怎样把握基于公平正义的共享发展在实践中应遵循的逻辑主线和路径。按照公平正义要求，本书提出共享发展在实践中应从发展主体、民生保障、政府改革、共同富裕四条主线上来展开。

四、主要研究方法

研究的成功是以科学的研究方法论作为前提条件的。本书将始终遵循马克思主义的方法论原则，坚持把求是性、实践性、系统性和全面性结合起来，坚持整体性研究方法，将公平正义和共享发展放在中国特色社会主义整体发展中进行研究，以揭示共享发展的科学内涵、价值要义和实现路径等。运用比较分析方法、文献研读法等，着重从历史、理论、实践等多个角度对基于社会公平正义的共享发展进行阐述。具体研究方法有四：一是文献分析法，主要对党和国家的相关重要文献进行梳理归纳，对学术界相关研究文献进行分析整理，以奠定研究的基础。二是问题分析方法，从当前存在的分配不公、城乡地区差距、贫困现象等现实问题出发，有针对性地展开研究。三是运用多维研究方法，着重从历史、理论、实践等多个角度对共享发展进行阐述。四是运用动态分析与静态分析相结合方法，既注重对公平正义现实情况的动态分析，也注重对公平正义稳定性的价值特征进行分析，把动态的研究和静态的研究结合起来，把握其对共享发展提出的要求，以确立基本的研究路径。

第一章

社会公平正义是共享发展的价值基础

实现共享发展，是我们长期以来的追求。我们把共享作为追求，是由我国的社会性质决定的。我国作为社会主义国家，在开拓奋进中不仅重视国家发展，也把人民共享作为重要目标，不断推进国家发展进入新的境界。党的十八大以后，针对发展环境的巨大变化，为进一步破解发展难题，我们提出了新发展理念。新发展理念同样把共享发展作为归宿，体现了我国社会主义性质及其本质要求。共享发展凸显发展的目的、意义，强调发展中人的地位、作用和相互关系，指明发展的目的在人、发展的动力靠人，发展最终是为了满足人的需求，是为了人自身的获得和幸福，这是社会主义所要求的。共享发展所强调的对人的满足，不是狭隘的、局部的、为少数人的，而是广泛的、社会性的，是人人参与、人人尽力、人人享有，体现了人与人之间的平等，所要着重解决的正是社会公平正义问题。可见，共享发展是以社会公平正义作为自己的价值基础和指向的，深刻体现了社会公平正义的内在要求和价值目标，同时也指明了推动和实现社会公平正义的基本途径。

一、共享发展的内涵及价值特征

能够适应时代变化和实践发展，不断提出新思想、新理念、新战略，这是中国共产党能够不断取得成功的基本经验。新时代如何破解发展起来以后的新难题？如何实现更有内涵的新发展？关键就在于要牢固树立并切实贯彻新发展理念。新发展理念要解决的是发展的质量、效率和公平问题，而归根到底要使发展成果由人民共享，因此共享发展是新发展理念的核心内容和价值所在。深化对共享发展的认识，首先要把握其内涵，分析其价值特征。

(一)共享发展的基本内涵

共享发展具有丰富而深刻的内涵。就一般意义来讲，我们所说的共享发展是公平性、普惠性发展。如前所述，它是人人参与、人人尽力、人人享有的发展，是以人民为中心、充分实现人民利益的发展。这样的发展理念，不仅是对马克思主义发展观的理论继承，更是中国共产党在科学总结经济社会发展经验、不断深化对发展观认识的基础上提出的崭新思想。共享发展理念，不仅体现了中国特色社会主义的本质要求，也体现了中国共产党执政为民、全心全意为人民服务的根本宗旨。正确理解共享发展的科学内涵，必须结合我国的社会性质和所处的发展阶段，清晰把握发展的本质。说到“共享”，肯定带有全面性、全民性，共享的前提需要人人努力、共同建设，共享的实现程度和水平与经济社会发展的程度和水平要相适应，即共享具有过程性。正是从这几个意义上，习近平对共享发展的内涵进行了清晰的阐述，主要包括四个方面：全民共享、全面共享、共建共享、渐进共享。[①] 这四个方面，分别从共享的覆盖面、共享的内容、共享的实现途径和共享的进程对共享发展的内涵进行了揭示。

首先，就共享的覆盖面而言，共享发展是指“全民共享”。所谓的“全民共享”，就是发展及其成果要惠及全民，能够覆盖每一个人；如果不能覆盖“人人”，也就没有“共享”。习近平指出：“共享发展是人人享有、各得其所，不是少数人共享、一部分人共享。”[②]如果我们的发展只是使少数人得利、少部分人享有，就失去了我们的发展目的，更偏离了社会主义的本质要求。对此，马克思恩格斯早就有过经典论述。他们在《共产党宣言》中指出：“过去的一切运动都是少数人的，或者为少数人谋利益的运动。无产阶级的运动

① 参见《习近平谈治国理政》第2卷，外文出版社2017年版，第215页。

② 《习近平谈治国理政》第2卷，外文出版社2017年版，第215页。

是绝大多数人的,为绝大多数人谋利益的独立的运动。"[①]从革命时期到新中国建立后的建设时期,为多数人、为人民谋利益都是中国共产党始终坚守的初心。在改革开放的伟大实践中,邓小平虽然提出了"先富"政策,但他始终关注和最终想要的是共同富裕。邓小平曾经鲜明地指出:"共同致富,我们从改革一开始就讲,将来总有一天要成为中心课题。社会主义不是少数人富起来、大多数人穷,不是那个样子。"[②]改革开放 40 多年来,正是因为坚持共同富裕,我们才在取得巨大发展成就的同时,人民生活水平也有了巨大飞跃,多数人的利益得到了较好的实现。但发展不充分不平衡问题仍然存在。实现人人享有、迈向更高水平的共同富裕已经成为新时代发展的中心课题。我们提出共享发展,就是要解决好这一历史性课题。共享发展,归根到底是要使人民的生活越来越好,使人人拥有更多获得感。这是共享发展的基本含义,体现的是共享的全面性。也就是说,要通过共同奋斗,让人民过上更加富裕、更有尊严的生活,实现每个人自由而全面的发展。

其次,就共享的内容而言,共享发展是指"全面共享"。所谓"全面共享",就是对各个领域发展成果的全面享有,是各方面需求的全面满足,既体现了人的全面发展的丰富内容,也体现了人的全面发展的真实图景。习近平强调:"共享发展就要共享国家经济、政治、文化、社会、生态各方面建设成果,全面保障人民在各方面的合法权益。"[③]从中国特色社会主义进入新时代的大背景来看,全面共享反映了人民对美好生活的新需求,这种新需求体现于社会生活的各个领域,带有全面性和广泛性。经过 40 多年的改革开放,我国综合国力有了极大提升,经济社会各个领域获得了全面发展和进步,我们在改革开放初期确定的发展战略目标也不断变为现实。目前我国已经稳定地解决了十几亿人的温饱问题,并且完成了全面建成小康社会的历史任务,实现了第一个百年奋斗目标。在此背景下,人民群众对美好生活的需求日益广泛,需求的内容也日益全面,不仅对物质文化生活提出了更高要求,而且在民主、法治、公平、正义、安全、环境等方面的要求也日益提高。这种需求的全面提升,需要我们以全面发展来满足。也就是说,要按照"五位一

① 《马克思恩格斯文集》第 2 卷,人民出版社 2009 年版,第 42 页。
② 《邓小平文选》第 3 卷,人民出版社 1993 年版,第 364 页。
③ 《习近平谈治国理政》第 2 卷,外文出版社 2017 年版,第 215 页。

体”的总布局大力推进经济、政治、文化、社会、生态各方面建设，并不断满足人民的需求，真正实现共享的全面性。

再次，就共享的实现途径而言，共享发展是指“共建共享”。共建共享是从实现途径和人民的主体作用来说的，只有通过人民群众共同努力、共同建设，才有可能共同享有。“共享”内在地包含“共建”，没有“共建”也就没有“共享”；“共建”是达到“共享”的前提，“共享”则是“共建”的目的。习近平强调：“共建才能共享，共建的过程也是共享的过程。”[①]也就是说，要实现“共享”，首先要通过“共建”来创造条件。所谓“共建”是在充分发扬民主的基础上广聚民智，激发民力，使人人参与，让人人尽力，形成人人在场和人人有成就感的社会格局。人民群众是改革发展成果的享有者，但首先是改革发展成果的创造者。“共享”是人民群众的应有权利，而“共建”是人民群众的责任。不能只讲“共享”，而不讲“共建”。共建共享就是要在推进中国特色社会主义建设的过程中，坚持把共同建设、共同享有贯穿于经济社会发展的全过程，真正做到在共建中共享、在共享中共建，不断拓宽实现人民利益的现实途径。

最后，就共享的进程而言，共享发展是指“渐进共享”。我们所说的“共享”，不仅是一个美好目标，更是一个历史进程。“共享”是具体的、历史的，在不同的发展阶段和不同的发展状况下，“共享”的实现程度和水平是不一样的。因此，我们所说的共享发展既不是“平均共享”也不是“同步共享”。正如习近平所说：“一口吃不成胖子，共享发展必将有一个从低级到高级、从不均衡到均衡的过程，即使达到很高的水平也会有差别。我们要立足国情、立足经济社会发展水平来思考设计共享政策，既不裹足不前、铢施两较、该花的钱也不花，也不好高骛远、寅吃卯粮、口惠而实不至。”[②]“共享”是在承认差别基础上的共享，无论经济社会发展水平达到什么程度，在现实中都不能完全消灭差别。但是，在这个问题上我们并不是无所作为，而是要把握好两个基点：一是要解决好贫困问题，不仅要消灭绝对贫困，而且要花更大力气解决相对贫困；二是要始终把缩小贫富差距摆在重要位置，防止两极分化。共享发展的要求就是，随着经济社会的发展，在不断实现人民利益的同时，

---

① 《习近平谈治国理政》第2卷，外文出版社2017年版，第215页。
② 《习近平谈治国理政》第2卷，外文出版社2017年版，第216页。

也要不断缩小人与人之间的利益差距，把共享具体落实到经济社会发展的过程中。

全民共享、全面共享、共建共享、渐进共享是紧密联系、相互贯通的，要从整体上理解和把握这四个方面，不能彼此割裂。如前所述，全民共享是就共享的覆盖面而言，全面共享是就共享的内容而言，共建共享是就共享的实现途径而言，渐进共享是就共享的进程而言，四个方面从不同的侧面诠释了共享发展的意涵。这四个方面的意涵，体现了主体、内容、途径和过程的有机统一，共同构成共享发展的完整内涵和内容。共享发展作为发展的核心要义和最终目标，既包含我们对全面建成小康社会和社会主义现代化强国的期盼，也包含我们对社会公平正义的不懈追求，即我们的小康目标和强国目标都是以共享作为落脚点。党的十八大以来，中国共产党在探索中所形成的习近平新时代中国特色社会主义思想和建设中国特色社会主义的基本方略，从根本上都体现了把促进社会公平正义、增进人民福祉作为出发点和落脚点。社会公平正义全面体现了中国特色社会主义的内在要求，也反映了我们党立党为公、执政为民的执政宗旨，是在新的历史条件下推进和实现共享发展必须牢牢把握的基本价值原则和目标。

（二）共享发展的社会公平正义价值特征

共享发展具有深厚的历史底蕴和现实基础，包含着人类追求社会公平正义的最美好的价值理想。习近平在阐述共享发展的指向时明确强调："共享发展注重的是解决社会公平正义问题。"[①]从价值传承的角度来说，共享发展继承和弘扬了人类对社会公平正义的价值追求。共享发展是对历史经验的总结，也是对当代发展的思考，社会公平正义是其一以贯之的价值支撑。共享发展凝聚了人类社会追求社会公平正义的文明精髓，更传承了中华民族实现社会公平正义的价值理想，同时也总结了近代以来中国人民和中华民族在探求国家出路过程中追求社会公平正义的发展历程，特别是包含着中国共产党为实现社会公平正义而进行的艰苦持续的伟大探索。共享发展就是要满足人民对美好生活的向往，这是最现实的公平正义。习近平强调："我们的人民热爱生活，期盼有更好的教育、更稳定的工作、更满意的收入、

① 《习近平谈治国理政》第2卷，外文出版社2017年版，第199页。

更可靠的社会保障、更高水平的医疗卫生服务、更舒适的居住条件、更优美的环境，期盼孩子们能成长得更好、工作得更好、生活得更好。”[①]习近平的这一重要论述，所体现的正是基于社会公平正义的共享发展的基本要求。可以说，维护社会公平正义是共享发展的核心价值要义。

共享发展承载着人类追求社会公平正义的价值理念。从人类社会发展的进程来看，阶级社会产生以后，社会的不公平就成为长期存在的问题。为了改变这种状况，人们一直在探寻实现社会公平正义的途径，树立了追求公平正义的坚定信念，提升了对公平正义的理论认识。从奴隶社会到封建社会，再到资本主义社会，尽管对抗性和不公平是社会的基本现象，但人类对实现公平正义的追求却一直没有停止过，为此而奋争，努力在当时的环境中寻求改变。这种努力，不仅提高了人们对社会公平正义问题的认识，而且增强了人们为实现社会公平正义而斗争的意识。这种斗争作为一种历史动力，也促进了整个社会的发展进步。从社会本身来看，公平正义维护得越好，社会的效率和良善度就越高；而社会越进步，公平正义状况也越能得以改善。所以社会发展进步与社会公平正义是互动共进的。的确，千百年来，人们在推进社会发展进步的同时，一直试图通过各种努力来实现社会公平正义这一美好理想。共享发展正是对这一美好理想的继承和弘扬。近代，资本主义制度建立之后，公平正义成为一个基本价值原则。但是在私有制条件下，生产资料为少数人所拥有，导致资本主义社会并不能从真实的意义上实现公平。当代，发达资本主义国家仍然无法解决社会公平正义问题，公平正义仍然是人们追求的梦想。可见，从人类的思想和实践历程来看，社会公平正义理念一直贯穿于人类为改变自己命运、实现理想社会的奋斗和愿望中。共享发展继承了人类为社会公平正义不懈奋斗的精神，形成了与整个人类发展相一致的价值内核。

共享发展以社会公平正义作为价值支撑。从根本上说，共享体现了社会生活中人与人之间的关系。这种关系，是由社会的性质及其所有制形式决定的。私有制社会之所以没有共享，是因为其制度基础的不公平性。只有建立以公有制为基础的制度体系，才能保证公平正义，从而实现共享。所以，共享反映了制度基础及其公平正义的价值诉求。在社会主义发展阶段，

① 《习近平谈治国理政》第1卷，外文出版社2018年版，第4页。

讲求公平正义是其基本的社会特征。社会主义之所以产生和存在，之所以合乎理性和人性，就在于其实现了合规律性与合目的性的统一，而二者统一的重要联结点就是社会公平正义。如党的十八大所指出的那样："公平正义是中国特色社会主义的内在要求。"①党的十八大以来，习近平围绕促进社会公平正义提出了一系列重要论断，把对社会公平正义的认识提升到新的水平。他多次明确强调，要"把促进社会公平正义作为核心价值追求"②。习近平的这一论断，实际上指明了我们发展中国特色社会主义要始终坚持的核心价值追求。正是这样的一个价值定位，我们才提出了共享发展。党的十八届五中全会明确提出以人民为中心的发展思想，并把共享发展明确定位为解决社会公平正义问题。由此可见，社会公平正义既是共享发展提出的本义，也为其确立了鲜明的价值支撑。

实现社会公平正义是共享发展的价值目标。中国工人阶级及其先锋队中国共产党从登上历史舞台那一刻起，就把"为中国人民谋幸福，为中华民族谋复兴"作为自己的初心和使命。这一初心与使命，蕴含着实现社会公平正义的价值目标。长期以来，中国共产党在革命、建设和改革的历史进程中，为实现社会公平正义进行了不懈奋斗，改变了旧中国极不公平的状况。旧中国，人民受帝国主义和封建主义的双重压迫，没有丝毫的公平而言。毛泽东在谈到旧中国的状况时指出："现在，我们中华民族是不自由不平等的，受到帝国主义的束缚和压迫；中国人民是不自由不平等的，受到封建势力的束缚与压迫。"③中国共产党成立后，领导中国人民为民族独立和人民解放而奋斗，其本质也是为实现社会公平正义而斗争。新中国建立以后，中国共产党人更是按照马克思主义的社会公平正义观，始终把实现社会公平正义作为自己追求的崇高目标，不断推进实现国家的民主、富强、文明、和谐、美丽和人民的共同富裕。在中国发展进入新时代的关键时期，适时提出新的发展理念，强调共享发展，并从中国发展的实际出发，把实现社会公平正义作为共享发展的重要目标，这是以习近平同志为核心的党中央在发展理论上的重大创新，很好地体现了中国人民和中华民族的理想信念、政治认同和价

---

① 《胡锦涛文选》第 3 卷，人民出版社 2016 年版，第 623 页。
② 《习近平谈治国理政》第 1 卷，外文出版社 2018 年版，第 147 页。
③ 《毛泽东文集》第 2 卷，人民出版社 1993 年版，第 166 页。

值追求。把社会公平正义作为共享发展的价值目标,并不是虚空的口号,而是中国共产党始终如一的现实追求。人民群众是推动历史前进的基本力量,是中国建设和改革的根本依靠力量,也是发展成果的享有者。社会公平正义体现了人民的愿望要求与党的执政主张的内在统一。所以,共享发展必然把推进社会公平正义作为基本价值目标。

二、共享发展凝结着人类社会追求公平正义的价值理念

人类社会的发展是一个复杂的历史进程,活动在其中的人们的追求也是多种多样的。不同的时代、不同社会地位的人,其理想追求和现实需求也都不相同。但无论是在哪个时代,也无论处于什么样的社会地位,人们对社会公平正义的追求却是一以贯之的。从历史传承和思想传承来讲,共享发展的提出,承载了人类追求社会公平正义的美好理想。在人类发展的不同时期,公平正义总能成为激励人们不懈奋斗的号角。进入阶级社会以后,人们所处的经济地位、政治地位、社会地位各不相同,不仅出现了阶级对抗,也产生了极大的社会不公。社会不公平的存在和发展,不断地激发着人们追求社会公平正义的信念。社会越是不公平,人们追求公平正义的信念就越坚定。随着人类社会的发展,一些信仰信念和思想观念也消失于历史的长河中,但对公平正义的追求却从未消失也从未动摇过。从历史规律来看,人类社会的发展总体上是一个不断进步的过程,人们对公平正义问题的认识在加深,为实现公平正义而斗争的意识不断增强。这种对公平正义的追求和为之而进行的奋斗,是社会进步的重要原动力。千百年来,人们在推进社会发展进步的同时,一直试图通过各种努力来实现社会公平正义这一美好理想。共享发展正是对这一美好理想的继承、弘扬和实践。

(一)社会公平正义是贯穿人类发展的基本价值理念

社会公平正义的理念和为之进行的实践,可以说构成了人类历史的重要维度。在原始社会,人类虽然处于早期的发展之中,但公平正义就已经开始萌芽。在这一历史阶段,人类在很大程度上还处于懵懂的自然状态,其时人与人之间的关系比较纯朴和简单,还没有阶级对立,不存在等级高低和尊卑贵贱。因此,当时的社会还只存在自发形态的公平正义,对公平正义的自

觉追求和关于公平正义的思想观念也还未形成。卢梭对原始人类的这种状态有过精彩的描述:“他们不知道什么叫面子,也不知道如何显示高傲、尊贵和看不起他人。他们没有‘你的’和‘我的’这类概念,也没有什么真正的公正感。”[①]这种状况并不奇怪,它是由原始社会低下的物质生产状况和简单的社会生活条件所决定的。原始社会的生产力水平极低,人们获取生活资料的能力极其低下,人们离开共同劳动、共同生活、共同消费就无法生存下去,因此就形成了人与人之间彼此依赖、共有共享的关系,这种关系所体现的正是自然状态的原始公平正义。这种自发形成的共有共享状态,使社会关系自然呈现出一种公平、平等的形态,这正是公平正义的最初萌芽。皮埃尔·勒鲁也曾经提到:“我们深信人类早先的生活包含着平等的萌芽。”[②]在这里,必须明确的是,这种原始公平正义并不是人们自觉的追求,更不是社会刻意的安排,而是一种自然存在的、约定俗成的关系和习惯。因此,在这一时期的人类社会,只存在自发意义上的具有朴素性质的原始公平正义。

原始社会比较简洁的社会关系是自发朴素的原始公平正义的基本体现。公平正义本质上所体现的就是社会关系。在原始社会的氏族内部,生产资料是原始公有,没有阶级和剥削,没有等级制度和压迫机关,处理社会事务采取集体决定的方式。恩格斯曾经赞扬说:“这种十分单纯质朴的氏族制度是一种多么美妙的制度呵!没有士兵、宪兵和警察,没有贵族、国王、总督、地方官和法官,没有监狱,没有诉讼,而一切都是有条有理的。”[③]恩格斯这里所描绘的氏族制度,反映了当时简洁的原始社会关系。在这种社会关系中,当出现相互间的争端和纠纷时,如果在氏族或部落内部,则由当事人的全体来解决;如果在氏族或部落之间,则由各个氏族协商解决。在原始部落中,权力的形成和行使都处于自然状态,反映了当时平等的社会关系,具有原始的公平正义性质。同样,在原始的生产和供给方面,当时所达到的水平还不足于满足社会的基本需求,氏族内部采取了共同分担和分享的形式。正是原始社会这样的生产生活状况,使之在经济上形成了一种平等的状态,由此也构成了当时平等的政治和社会关系。权力的行使,主要取决于集体

① [法]卢梭:《论人与人之间不平等的起因和基础》,李平沤译,商务印书馆 2015 年版,第 79 页。
② [法]皮埃尔·勒鲁:《论平等》,王允道译,商务印书馆 2012 年版,第 248 页。
③ 《马克思恩格斯选集》第 4 卷,人民出版社 2012 年版,第 108 页。

意志，权力的操作更多来自威望和影响力，而鲜少暴力强迫手段，如此也就没有了经济上和政治上的特权。恩格斯指出："酋长在氏族内部的权力，是父亲般的、纯粹道义性质的；他手里没有强制的手段。"[①]由此可见，原始部落中首领的地位和权力，主要由其长期积累和形成的威望来支持，不存在为了统治和压迫而专门设置的权力机构。这种和谐明快的社会关系，体现了原始氏族部落中自然存在的公平正义状态。

权利与义务界限的模糊性与统一性也是原始公平正义的重要表现。真正意义上的现代权利义务意识，在原始社会是不存在的，相应地，也就没有规范权利义务的法律等。当时的人们还没有自觉的权利义务观念，同时也没有足够的人力及物力，所以无法形成像现在一样的完备的政治机构，也就没有超脱于社会之上的专门统治者。部落中各项事务的协调与管理实际上是由有威望的长者和自发形成的自治集团来负责的，任何人都没有超出其他人的特权。"根据当时的狩猎集团判断，旧石器时代，集团首领的权力受到严格的限制，那时还不存在由制度确立、为大家公认的强制性的权力。首领们由于特殊的目的而自然地产生：熟悉宗教仪式的老人被大家推举为司仪，而狩猎本领出众的年青人则当选为狩猎集团的首领。但最重要的是，所有这些首领都不是运用权力而是通过自身的影响来完成自己的职责，因为当时还没有任何制度规定有谁可将自己的意志强加于其他人。"[②]这种状况，虽然不能严格地区分权利义务的界限，却自然体现了权利义务的对等性、统一性，也体现着个体之间权利义务的公平性。这一点，从原始的宗教也可以看出来。原始的宗教也体现着部落之中人与人之间权利义务的模糊性和公平性。在原始社会漫长的初始期，部落成员都能以平等身份参加各种宗教活动，在作为主要社会信仰的宗教活动中没有特权和额外的责任，也就是说没有特殊的权利，也没有特殊的义务。只是到了原始社会后期，才逐步出现了负责祭祀等活动的巫师，但他们并不脱离生产活动，不把巫师作为专门职业。这主要是由于当时的生产生活条件无法供养专门的宗教集团，宗教还没有被作为控制社会的专门工具。总体来说，氏族内部没有严格的、清晰的

① 《马克思恩格斯选集》第4卷，人民出版社2012年版，第97页。

② [美]斯塔夫里阿诺斯：《全球通史——1500年以前的世界》，吴象婴、梁赤民译，上海社会科学院出版社1999年版，第69页。

权利义务划分。恩格斯指出："氏族制度的伟大，但同时也是它的局限，就在于这里没有统治和奴役存在的余地。在氏族制度内部，还没有权利和义务的分别；参与公共事务，实行血族复仇或为此接受赎罪，究竟是权利还是义务这种问题，对印第安人来说是不存在的；在印地安人看来，这种问题正如吃饭、睡觉、打猎究竟是权利还是义务的问题一样荒谬。"①从这个意义上说，氏族内部的关系是公正、平等的关系。

最能体现原始公平正义的是原始社会的生产关系和分配关系。在原始社会，由于生产力水平很低，生产活动往往不是由单个人或单个家庭单独进行，而是协作式生产，依靠的是相互合作和集体劳动。这种生产方式，被马克思称为"原始类型的合作生产或集体生产"。他指出："这种原始类型的合作生产或集体生产显然是单个人的力量太小的结果，而不是生产资料公有化的结果。"②在那时，生产资料不被垄断性占有，不会作为剥削和压迫的工具。整个生产活动是在人与人的相互合作中完成的，产品也是共享的，充分体现着人与人之间公平的关系。当然，这种生产关系和分配关系是在生产资料和劳动产品共有制的基础上形成的，而不是生产资料公有化的结果。原始时期的共有制和共同劳动，是由极端低下的社会生产水平决定的。在这种共有制和共同劳动中，人们处于平等的地位，因而在劳动工具、生产经验、劳动技能、生活资料、社会知识的获得上是完全公平的。原始社会特有的生产方式和生活方式，造就了社会架构中自发的平等的社会关系。在原始社会，也不存在依据某个标准（比如劳动量）进行的分配，分配一般来说是在物质财富有限条件下按需求进行的。这种分配关系是原始生产方式所独有的，是与其生产关系相统一的。原始的生产方式决定了其社会内部的平等关系，体现了原始公平正义的自发性质。

原始社会公平正义尽管带有自发性、朴素性特征，还未形成为人们理性中的普遍理念，却是人们遵循的重要社会原则。无论自觉与否，公正、平等的原则都是当时人们恪守的信条。马克思在《摩尔根〈古代社会〉一书摘要》中，就称赞了摩尔根对原始氏族社会平等状况的研究；恩格斯在《家庭、私有制和国家的起源》中对此也赞赏有加。恩格斯还引用了摩尔根对氏族社会

① 《马克思恩格斯选集》第 4 卷，人民出版社 2012 年版，第 175 页。
② 《马克思恩格斯全集》第 19 卷，人民出版社 1963 年版，第 434 页。

的描述:“它的全体成员都是自由人,都有相互保卫自由的义务;在个人权利方面平等,不论酋长或军事领袖都不能要求任何优先权;他们是由血亲纽带结合起来的同胞。自由、平等、博爱,虽然从来没有明确表达出来,却是氏族的根本原则。”[①]随着生产力的发展,原始社会后期出现了社会大分工,并由此产生了私有制和阶级分化,原始的公平秩序从根本上被破坏了。卢梭在追溯人类不平等的起源时曾经指出:“不平等现象在自然状态中几乎是不存在的;它之得以产生和继续发展,是得助于我们的能力的发展和人类知识的进步,并最终是由私有制的出现和法律的实施而变得十分牢固和合法的。”[②]从原始社会的发展状况看,虽然说社会公平正义的理念以及人们对社会公平正义的追求都还没有成为人类的自觉,但人类最初的这个发展阶段,却已经包含后来人类长久追求和坚守的社会公平正义梦想的萌芽。

进入奴隶社会之后,阶级区分及阶级对抗开始成为人类社会的常态,不公平开始成为显著的社会问题,由此人们也开始了自觉地探讨如何实现社会公平正义的问题。在这个过程中,平等、公正等理念开始产生,人们关于公平正义的认识也开始理论化。从西方的历史发展来看,古希腊奴隶社会在西方古典社会具有代表性,是西方古典文明的典型。恰恰是在古希腊时代,许多思想家对公正、平等、正义、善等问题进行了深入探索,开始形成一些相关的思想理论。比如,古希腊著名哲学家柏拉图在其《理想国》一书中就有关于公平正义问题的探讨,他强调公平就是和谐,并设想建立一个公正的理想国。他首先提出了等级内公平思想。在他的设想中,社会分为统治者、武士、平民三个阶层,并勾画了各个阶层内的公平状态。他把统治者和武士分别作为第一和第二等级,并主张在这两个等级中实行所谓的公有制,消灭私有财产,实行共产公妻,从而消除等级内彼此的不和。而平民作为第三等级,就没有必要实行第一、第二等级那样的制度。在第三等级内,不仅可以保留私有财产,而且可以组建家庭,但是也要有必要的限制,防止出现贫富悬殊。柏拉图的这些设想,实际上是想要在等级内实现一定程度的公平。值得肯定的是,柏拉图承认和确认社会有等级差别,但他反对基于某一等级利益的阶级社会合理性。他也承认等级间有利益差别,但反对不同等

---

① 《马克思恩格斯文集》第4卷,人民出版社2009年版,第102页。

② [法]卢梭:《论人与人之间不平等的起因和基础》,李平沤译,商务印书馆2015年版,第124页。

级间的利益剥夺。他对社会等级的解释是：这些不同等级之所以存在，是由具有不同禀赋的社会成员自然形成。但他认为，将某一等级的利益置于其他等级利益之上，则是显著的不公平。亚里士多德也提出了关于公平、公正的丰富思想。在《政治学》等书中，他认为公平就是公正、平等，并把公正作为一切德性的总汇。在亚里士多德看来，国家必须维持社会等级制度，并提出由中等阶级统治的立宪制政体最能保持稳定和持久，也有利于等级内公平的实现。他指出："这个阶级乃是一个国家中最安稳的公民的阶级，因为他们不像穷人那样觊觎邻人的东西；别人也不觊觎他们的东西，像穷人觊觎富人的东西那样；而既然他们不谋害别人，本身又不遭别人的谋害，所以他们很安全地过活。"①在亚里士多德的政治设计中，他实际上把城邦正义定位为公平："就城邦的正义而言，不仅要制订合乎品德的法律，而且在权益的分配上也要合乎公平的正义，即每一个人分享或获得的利益，应当等于他的应得，在权益分配上都有多和少的极端，在这两极端之间要有个合适的中点，这适度的中道就是公平。"②柏拉图和亚里士多德关于公平的这些思想，对于后世有巨大的启发意义。

古罗马在思想文化上受到古希腊的巨大影响，平等的意识和观念进一步发展，特别是在推进社会公平的实践方面取得了较大进步。比较突出的表现是在法律的制定和实施方面，古罗马在追求法律公平上表现得独树一帜。唐士其对此有一个比较中肯的评价："罗马对于西方政治思想和政治制度最大的贡献是它的法律制度与思想，其中包括两个重要的方面。一是其对个人权利和利益的保护，对于公与私的界限的初步划分；二是它所体现的平等的原则。"③就一般意义而言，人们将罗马分为王政、共和及帝国三个时期。但从本质上来讲，它是典型的奴隶制国家，其政权是由上层贵族来把控的，有贵族和平民的阶级区分，贵族拥有土地，并对平民进行压榨，不公平是社会的基本状态。为争取公平和正义，平民进行了反对贵族的斗争。这一斗争的发展，使平民的政治和法律地位得到一定程度的改善。到了公元前450年，由于平民的争取，罗马社会的习惯法上升为成文法，即《十二铜表

① 北京大学哲学系等编译：《古希腊罗马哲学》，三联书店1957年版，第330页。
② 汪子嵩等：《希腊哲学史》第4卷(下)，人民出版社2014年版，第1423页。
③ 唐士其：《西方政治思想史》，北京大学出版社2002年版，第9页。

法》。这是罗马颁布的第一部成文法典，其中规定了较为严格的债务奴役制，以法律的形式保障了贵族奴隶主的利益。但同时，此法的颁布也多少对贵族的特权形成了限制，使贵族不能随意解释和利用习惯法处置奴隶，这在一定程度上限制了贵族的专横。这部法律虽然还带有很大的不公平性，但也在一定程度上保护了平民的利益。此外，《十二铜表法》一经颁布，也为确立“法律面前人人平等”的理念提供了基本依据。继此法之后，罗马在后来的发展中又颁布了许多法律，比如《查士丁尼法典》等。罗马制定的法律，尽管是以维护贵族奴隶主的利益为主，但也为个人权利等方面的保障提供了法律依据。“这种在法律保护下的权利相对于希腊的政治思想与实践而言，由于它强调的不是公民对城邦政治活动的参与而是国家对公民必须提供的保护与服务，因而是一种崭新的内容，对于以后西方政治思想中自由权利等观念的发展具有深远的意义。”[①]从本质上看，罗马的法律实际上是以法律公平来保障现实经济、政治和社会生活中的不公平。

公元476年，西罗马帝国灭亡，此后欧洲开始进入漫长的中世纪。欧洲的中世纪，是从古希腊罗马文明向近代资本主义的过渡时期，其间西欧封建制经历了从形成、发展到衰亡的历史过程。西欧的封建制度被称为采邑制，并逐渐形成了领主土地所有制，在政治上形成了较严格的封建等级制度，因此中世纪的欧洲在经济、政治、社会等各个层面，都没有公平可言。此外，在中世纪，西欧封建社会的典型特征是教会统治，宗教神学几乎成为唯一的意识形态。如恩格斯所说：“中世纪的历史只知道一种形式的意识形态，即宗教和神学。”[②]在这一时期，神的世界控制着人的世界，教会的僧侣集团几乎主导了经济、政治、社会、思想文化等各个领域，拥有巨大的权力。而处于被奴役地位的农民和农奴，则处于社会的底层，受封建领主及教会的盘剥和压迫。这是一种新形式的社会不公平。这种社会不公平，在中世纪的欧洲被解释为神的安排、上帝的意志。西方神权政治学的创始人奥古斯丁就认为，上帝创造世界，人也是上帝的创造。他还区分了所谓的“上帝之国”和“尘世之国”，前者是由上帝的选民组成，而后者则是由上帝的弃民即罪人组成。“上帝之国”和“尘世之国”都有统治者及被统治者，这种统治和被统治的关

① 唐士其：《西方政治思想史》，北京大学出版社2002年版，第124页。

② 《马克思恩格斯文集》第4卷，人民出版社2009年版，第289页。

系是由上帝安排好的。因此，人们应该各守本分，服从上帝。奥古斯丁的这些思想，把现实社会的不公平神秘化，说成是神和上帝的意志，而让世俗之人心安理得地接受这种不公平的安排。西方的另一位基督教哲学家阿奎那，虽然提出正义是人类的美德之一，但也同样把世俗社会的不公平解释为上帝的安排。他认为有些人智慧较高，就要支配人；而有些人则身强力壮，智力不高，只能当奴仆。这些也都是上帝的安排。中世纪之所以被称为黑暗的时期，就是因为以神和上帝的名义来压制人，人权要服从神权，人的自由和平等权利被剥夺，人性被压抑，社会公平正义的价值完全被神权消解。基督教名义下的平等，无非是原罪的平等和所谓的"上帝选民"的平等。不过，值得肯定的是，在中世纪的神学统治中，也发展出了"上帝面前人人平等"的理念，对后世的人们产生了一定影响。

在古代中国，社会的不公平也是随着原始社会的解体和新的王朝的形成而发展起来。夏王朝被认为是中国的第一个世袭朝代，私有制和阶级产生，社会的不公平由此开始。商朝时，奴隶制进一步发展并逐步走向成熟，奴隶主贵族成为统治集团，组成了完善的官僚统治系统，拥有军队等暴力工具，由此固化了社会关系和社会秩序，维持着当时的阶级关系和社会不公。在社会结构方面，形成了奴隶主贵族和奴隶的对立阶级，奴隶主贵族占有田地，享有种种特权；奴隶只是奴隶主的所有物，没有任何权利。到了周朝，大力推行分封制，土地连同奴隶被层层分封给大小诸侯。起于商代、盛于周代的井田制，也成为当时重要的土地制度。商周时代，土地名义上是国有，但实际掌握在各级奴隶主贵族手里。奴隶主、封建领主和奴隶之间只有压迫和剥削，没有任何公平可言。所以，在中国早期，随着奴隶制国家的形成和不断巩固，不仅社会不公成了普遍现象，而且这种不公还得到了国家制度的保障。正因为社会极度不公平，在奴隶社会晚期，一些思想家开始探讨和提出关于社会公平的思想。比如，儒家鼻祖孔子就提出了他的社会公平思想："丘也闻有国有家者，不患寡而患不均，不患贫而患不安。盖均无贫，和无寡，安无倾。"[①]这里的"患不均"，就是把不公平作为社会发展的隐患。从当时中国社会实际来看，无论是关于社会公平的认识，还是社会内部的公平状况，都建立在严格的等级制之上。因此，当时的社会公平充其量是在君臣父

---

① 孔子：《季氏将伐颛顼》，阙勋吾编：《中国历代文选》，高等教育出版社 1993 年版，第 136～137 页。

子之间、上下之间等级分明的前提下对社会秩序的一种理想安排。其追求的至多是等级内公平，而且这种公平在社会现实中也往往达不到。中国的封建社会是比较发达和成熟的，在其发展过程中社会结构长期处于较稳定的状态，始终存在地主和农民之间的阶级对立，社会不公平始终是常态，这也往往成为农民起义的缘由。

14～15 世纪，欧洲的一些城市出现了资本主义的萌芽，新的生产方式开始孕育和成长。由此，人类开始向近代社会转轨。在这次人类发展的转向中，西欧无疑处于整个世界的前列。就当时的西方社会而言，随着社会状况的变化，人们的认识、思想和追求也在发生急剧变化。对自由、平等、正义等的追求，成为当时思想运动和现实社会生活的重要取向。从 14 世纪开始，文艺复兴运动就在意大利掀起并很快扩展到整个欧洲。文艺复兴运动表面上是“复兴古希腊罗马的文化”，但本质是新兴资产阶级推动的一场思想文化解放运动。文艺复兴就是借助恢复古希腊罗马文明，来发展新的文化，其核心是以“人本”取代“神本”。因而其斗争的矛头鲜明地指向了压抑人性的教会和神权，强调恢复人的价值和尊严，反对等级特权制，提倡个性解放，体现了追求人的自由和平等的强烈愿望。文艺复兴运动所带来的思想解放，也推动了后来的宗教改革运动和启蒙运动，在大力反对教会等级特权和压迫的同时，倡导自由、平等和公正，使人类追求公平正义的努力进入到新的阶段。

思想启蒙运动对封建专制和教会的抨击，为资产阶级革命作了思想理论准备。17～18 世纪，资产阶级革命在欧美普遍兴起。资产阶级革命在推动人类进步方面的一个重要表征就是对公平正义的追求，推翻封建王权、争取自由、平等、公正是革命的重要目标。当然，如果进行更加具体的分析，当时对社会公平正义的追求，不同社会地位的阶级有着不同的诉求。就资产阶级自身而言，反对封建专制压迫和宗教束缚、争取公民自由和宗教自由是最迫切的任务，是促进资本主义发展的必要前提，因此他们所要求的是自由的发展权和政治统治权，是从封建皇权下争取公平权。对于工人和农民等社会下层而言，改善自身的政治地位和社会地位，满足必要的生活需求和生存条件，保障最基本的生存和发展权，是他们迫切的愿望。因此，他们要求实现基本的政治平等、宗教平等、社会平等和经济平等，使自身权利得到更好保障。无论是达到资产阶级的要求，还是实现工人、农民的愿望，都只有在改变封建制度、建立新的制度的条件下才有可能。因此，推翻封建政权、建立资本主义制度是除了封建统治阶级之外各个阶级的共同要求。在革命和建制的过程中，资产阶级根据自己的需要提出和颁布了许多关于自由、平等、人权的纲领性文献。比如，英国资产阶级革命中颁布的《权利法案》，在极大限制国王权力的基础上确立起议会主权，资产阶级从王权中争取到自由公平的发展权。而美国颁布的1787年宪法，在分权制衡和政府架构方面突出了权力为公众福祉和正义目的而行使的理念，其对公民权利的若干规定，在一定程度上体现了公平正义的要求。法国大革命中通过的《人权宣言》更具代表性意义，它鲜明地提出人人生而自由平等口号，强调财产权神圣不可侵犯，规定了自由、财产和安全等方面的一系列基本原则，从而使"自由、平等、博爱"等口号响遍世界。

在肯定近代资本主义发展进步的同时，我们也要清楚它的另一面，必须看到资本主义社会的公平正义带有很大的虚伪性。由于受其不平等制度安排的制约，资本主义社会所强调的公正和平等，在很大程度上只是形式上的。就本质而言，资本主义社会仍然是一个极度不公平的社会。正如皮埃尔·勒鲁在分析当时法国社会时所指出的那样，"无论哪里，到处都是不平等。富人可以世袭，对于勇气、才能的真正竞争是不存在的"；而手工业者和葡萄园工人的儿子，"他们获得的一切恰恰只能当一名无名小卒。不，平等事实上并不存在；但好在原则已经宣布，并为人们所公认"[①]。资本主义的进步性在于破除了僵化的封建等级制，并使社会生产力获得了解放。但资本主义在生产财富的同时也生产着贫困，造成社会的两极分化，造成了新形式的社会不公平。在资本主义的经济基础和制度条件下，资本家对工人的盘剥是残酷却又合法的，因而资本主义社会根本无法解决公平正义问题。资本主义社会实际上是用新形式的社会不公平取代旧的社会不公，人类社会存在的不公平没有也不可能在资本主义条件下得以解决。当代发达资本主义国家普遍建立了社会福利制度，使资本主义的内在矛盾有所缓解，但只要其私有制不改变，就无法真正实现社会公平正义。

总之，人类社会在长期的发展过程之中，经历了社会公平正义的不同发展阶段。在每一个阶段，人们对社会公平正义的认识和公平正义的存在形

---

① [法]皮埃尔·勒鲁：《论平等》，王允道译，商务印书馆1988年版，第26页。

式都不相同,但他们对公平正义的追求却从未停止。正是由于人们对公平正义问题进行了坚持不懈的探讨,进行了各种各样的实践,才使我们对社会公平正义问题的认识日益加深,并形成了关于社会公平正义的诸多思想和理论。这些思想和理论尽管出发点、立场和认识角度都各有不同,但是想要达到公平正义的目标却是一样的。可以说,在人类发展的历史上,没有什么比公平正义更能激励和鼓舞人们,也没有什么比公平正义更让人们如此眷恋。正因为如此,公平正义才能深深地扎根于人们的头脑,成为贯穿人类发展重要的基本价值理念。

(二)追求社会公平正义是人类发展进步的重要动力

从原始的蒙昧时代发展到文明社会,人类经济、政治、社会关系等方面不断发生变化,但是由于阶级和私有制的产生,社会的不公平作为一种社会常态却从未改变。东西方社会都经历了这样的历史性转变,都长期忍受着社会不公平的事实。正是社会不公平的长期存在,刺激了人们为公平正义而奋斗的理想,成为推动社会变革的重要力量。著名全球史家斯塔夫里阿诺斯评述说:"就经济关系和社会关系而言,文明时代到来之前的部落成员在获得生活所必需的自然资源方面享有自由和平等的权利。经济平等和社会地位相同是新石器时代村社的特征。但是,当部落成员变成农民之后,他们不再享有自由获得土地的权利,不再享有自己的全部劳动成果。"[①]也就是说,在文明时代到来之后,人们在经济和社会地位方面的平等已经不复存在,社会不公平变成了社会常态。因此,历史上的诸多起义、抗争、革命、改革无不包含着对社会公平正义的强烈追求,这是人类社会发展进步的重要动力。

对社会公平正义的追求,指引着人类发展进步的价值方向。从发展的角度讲,人类社会的发展进步有其自身的规律,但与自然界不同的是,人类发展还遵循着一些基本的价值理念,因为人类的历史毕竟是由人创造的。在人类追求和遵循的价值理念中,社会公平正义的价值理念经久不衰,引领和鼓舞着人们不断地探索前进。在古希腊时期,正义、平等就已经成为哲学

---

① [美]斯塔夫里阿诺斯:《全球通史——1500年以前的世界》,吴象婴、梁赤民译,上海社会科学院出版社1999年版,第533页。

思想、政治思想等探讨的重要范畴。思想家毕达哥拉斯强调公民之间应该实现平等，他把这看作真理和正义的要求。普罗泰戈拉则主张普遍的平等、民主，认为所有人应该分享廉耻和公正。柏拉图的公平正义思想则更加明确，他在《理想国》中提出了对私有制的批判，并主张在等级内实现公有制。他甚至认为人与人之间以至国家之间的纠纷和灾祸都是由财产私有造成的，因此在一个理想的国家中应该实行财产共有制度。这样，“他们一切公有，一身之外别无长物，这使他们之间不会发生纠纷”①。亚里士多德对正义问题也有多方面丰富的阐述。他强调：“正义以公共利益为依归。按照一般的认识，正义是某种事物的‘平等’（均等）观念。”②到罗马帝国时期，思想家西塞罗提出了“人自然平等”的思想。他认为人类具有共同的理性，因而从根本上应该是平等的，至少在法律面前人人平等。到了中世纪的欧洲，宗教神学占统治地位，产生了上帝面前人人平等的思想，成为人们遵循的重要信条。在古代中国也有着关于公平正义的丰富思想，并产生了“大同之世”理想，而所谓的“大同之世”就是一个公平正义的理想社会。

对社会公平正义的追求，是促动历史中某些重大改革的价值动因。在人类历史发展的某些时期，社会不公平的加剧，引发了较大的社会矛盾。为缓解矛盾，必须矫正社会过度不公，由此就会触发一些重大的改革。比如古希腊时期的梭伦改革。梭伦在公元前594年当选为雅典城邦首席执政官，其时雅典城邦由贵族专权，农民等下层平民生活境况极其艰苦，社会矛盾比较尖锐。为缓解矛盾，梭伦进行了较为全面的改革。在经济方面，梭伦提出了发展农田水利的要求，并制定政策措施鼓励发展手工业及商业；同时，他还颁布了废除公民以人身做抵押的债务，取消了债务奴隶制。在政治方面，梭伦强调不以出身而是以财产来划分等级，废除了权力的世袭垄断，确立起以个人自由为核心的公民权；同时，进行司法改革，设立民众法庭，规定从全体公民中通过抽签选定审判员；改革选举制度，颁布新选举法，对公职人员采用抽签选举和差额选举的办法。梭伦改革，在一定程度上体现了机会均等和公平公开的原则，想要建设更加公平的社会是其改革的重要价值动因。但是，受时代局限，当时的改革只是使过度的社会不公有所缓解，还不能真

① [古希腊]柏拉图：《理想国》，郭斌和等译，商务印书馆1986年版，第201页。
② [古希腊]亚里士多德：《政治学》，吴寿彭译，商务印书馆1981年版，第148页。

正解决阶级、政治和社会生活中的不公平问题。实际上，在当时的雅典城邦社会，能够获得公民权的只是部分人，奴隶、妇女等是没有公民权的，他们受到不公正的待遇。但从改革的内容和努力来看，其基本指向是解决社会的公平、公正问题。再比如，中国宋朝的王安石变法。王安石所处的时代是北宋时期，其时的社会矛盾比较尖锐，国家也比较贫弱。要缓解矛盾、富国强兵，挽救统治危机，就必须抑制地主阶级及大商人过度盘剥，维护一定程度的社会公平，但其中包含对社会公平正义的追求。在王安石看来，国家之所以贫弱，关键不是因为开支多了，而是因为生产不足。而对于当时的农民来说，其贫苦和不能从事正常生产的原因在于官僚富豪的土地兼并和国家繁重的徭役。基于此，王安石提出了一系列改革措施，颁布了青苗法、募役法和方田均税法等法令，限制了地主阶级对农民的残酷剥削，减轻了劳役。这些改革措施，虽然不是专门为实现公平正义而提出，却体现了追求公平正义的愿望。考察人类历史上的一些重大改革，可以发现它们或多或少地都包含着对公平正义的价值追求，对公平正义的渴望是推动改革的重要动因。

对社会公平正义的追求，也是历史上民众起义或革命的价值指向。东西方几乎都经历过奴隶或农民起义，这些起义大多是由极度不平等的社会阶级矛盾激化引发，因而大多数起义都打着追求公正平等的旗号。在中国的历史上，历代的农民运动都是改朝换代的动力，而这些农民运动一般来说都把公平、均等作为自己的追求。比如，中国历史上第一次农民大起义——陈胜吴广起义，提出了“王侯将相宁有种乎”的口号，对世袭贵族统治发起了反抗。宋朝的王小波、李顺起义则明确提出“等贵贱”“均贫富”的平均主义口号。明朝农民起义军领袖李自成，在动员和组织农民的斗争中提出了“均田免粮”的口号。“等贵贱”“均贫富”“均田免粮”等都包含着公平正义的价值指向，体现了中国农民对公平均等的不懈追求。农民的起义和斗争，一方面是为反对封建等级制而争取人身权的公平，另一方面是为争取财富上的均等。但是，由于农民自身的封闭性和保守性，不可能从根本上解决社会公平正义问题。近代西方爆发的资产阶级革命，也鲜明地体现着公平正义的价值指向。如前所述，在欧洲从中世纪向近代转轨的过程中，许多启蒙思想家都把平等、正义理念作为时代变革的价值先导。在启蒙运动的有力推动下，“平等”成为资产阶级革命的一个重要口号，而争取自由、平等、公平的斗争则成为西方近代社会进步的主旋律。而社会主义运动的兴起，天然地把公平正义作为了自己的价值指向。一些国家的社会主义革命，也都是把实现社会公平正义作为自己的价值理想。总之，对公平正义的追求，是人类社会各种类型革命的价值指引。

（三）共享发展是人类追求公平正义价值理想的必然结果

从人类的思想和实践历程来看，社会公平正义理念贯穿于人类为改变自己命运、实现理想社会的奋斗和愿望中。共享发展继承了人类为社会公平正义不懈奋斗的精神，形成了与整个人类梦想相一致的价值内核，高举人类理想的旗帜。我们反复提到的古希腊哲学家柏拉图，他所构筑的理想国包含了真善美的统一。在他看来，正义和善是理想国的永恒追求。他所设想的理想国里，统治者不是享有特权的专制者，而是拥有智慧、正义和善的哲学家。理想国是一个充满智慧、充满正义的场所，其公民能够共享真善美、共享和谐。在中国古代，也有一个“大道之行，天下为公”的美好的大同社会理想。在这样的理想社会里，权力为公而非为私，财物公有而非私有。为了达到这样的社会理想，必须“选贤与能，讲信修睦”。也就是说，在社会管理上，要由公众推选出来的贤能来实施；在社会关系上，要讲求信用、亲亲和睦。在这样的理想社会里，人人都能各得其所，“老有所终，壮有所用，幼有所长，鳏寡孤独废疾者，皆有所养”；同时，这也是一个人人各尽其力的社会。大同理想，实际上是勾画了一个体现公平公正的共享性社会。由此可见，无论是理想国还是大同社会，都包含着公平正义的价值理想，其目标都是在公平正义的基础上建成一个共享型社会。

追求社会公平正义的价值理想之所以必然走向共享发展，是因为只有共享才是衡量社会公平正义的基本标志。在人类社会发展早期的原始社会阶段，由于生产水平很低，社会呈现为一种低水平的共享形态。随着私有制和阶级分化的出现，社会不公平也随之出现。而衡量社会不公的主要标志，就是权力和财富被少数人所垄断和占有，而不能为多数人所共享。这种状况，是生产发展和社会分工的必然结果。前面所述的原始社会的公平和共享，带有显著的自发性质，这种公平与共享状态随着生产发展和分工出现而被彻底终结。生产的发展，特别是生产工具和技术的改进，促使农业和畜牧业分离，这就是所谓的人类社会第一次大分工。这次分工，不仅使人类的物质财富生产能力大大增强，而且也极大地促进了交换的发展。在原始部落中，部落首领等原有的管理者利用自身所拥有的优势，将部落生产的剩余产品以及通过交换获得的公有产品占为己有，私有制随之产生，共享遭到破坏，原始公平也被打破。所以，人类社会的不公平是由“共享”转变为“独占”开始的，随后社会便分裂为对抗的阶级。恩格斯对此做了深刻的论述：“从第一次社会大分工中，也就产生了第一次社会大分裂，分裂为两个阶级：主人和奴隶、剥削者和被剥削者。”[①]人类社会的第二次大分工，是农业和手工业的分离。这次分工，再次促进了生产力和交换的发展，尤其是促进了商品生产的萌生。其结果是私有制得到进一步巩固，社会不公平进一步扩大。人类社会的分化还未停步，随着生产的进一步发展和商品交换的扩大，又出现了脱离生产而专门从事交换的商人阶级，促成了社会的第三次大分工，阶级阶层和利益关系都出现进一步分化，不公平成为社会的普遍现象。由此可见，社会不公平的出现及其表现，主要是在历史演进过程中产生的少数人占有权力和财富、而多数人不能共享的状况，能否共享是公平与否的标志。正因为如此，人类所追求的公平正义的价值理想，就是要改变少数人占有的状况，而实现多数人共享的目标。

人类进入阶级社会以后，社会不公平又由于制度而固化，共享就变得更加困难。亚里士多德虽然对公平正义问题有诸多阐述，但他也曾把人看作天然不平等的，强调有些人生来就是奴隶，而另一些人天生就是统治者。对这种天然论，卢梭给予了批驳。他批评亚里士多德颠倒了因果关系，应该说：“所有在奴隶制度下出生的人，生来都是奴隶；这是肯定无疑的。”[②]卢梭这里所说的，正是不公平的制度根源。原始社会解体后，私有制的出现、阶级的分化、贫富的分化，使社会具有了对抗性。为了在对抗中共存和协调各阶级之间的利益关系，作为统治工具的国家也就随之产生了。国家的产生，实际上使现存的阶级关系、利益关系和权力关系都固定化了，社会被分为统治者和被统治者，社会的不公平也由此固化。国家通过统治机构、法律等相应的制度，形成了严格的统治秩序。在私有制条件下，这种严格的统治秩序带来的是社会成员之间制度化的不公平关系，处于不同社会地位的人，在权力和财富的占有上存在着很大的差别，这就是等级社会。等级社会条件下

① 《马克思恩格斯选集》第4卷，人民出版社2012年版，第178页。

② [法]卢梭：《论人与人之间不平等的起因和基础》，李平沤译，商务印书馆2015年版，第7页。

的社会公平正义只局限于调节某一等级或某个阶级内部的关系。所以，在原始社会以后的以私有制为基础的国家里，制度和法律不仅使不公平完全固化，而且也使之合法化。在这种状况下，共享是无法实现的。这就是为什么人类社会的革命和改革很多都是从改变制度着手。只有改变不公平的制度，才能实现公平正义的价值理想，才能趋近共享发展的目标。

从人类历史发展中，我们也可以清晰认识到，公平、共享都具有历史性。人们对社会公平正义的认识以及为实现社会公平正义而进行的努力，与一定阶段的经济社会发展状况紧密相连；对权力和财富的享有也是如此。原始的公平正义和集体共享，就是与其生产力水平相适应的。由于生产力水平低下，维持基本的生存都很困难，所以没有剩余产品，人们只有在集体生活和共同劳动中才能生存，这就自然形成了原始的公平和共享关系。原始社会解体以后，无论是奴隶社会、封建社会还是资本主义社会，其公平和共享的状况都与其经济社会发展相适应。尽管各个时代各有不同，却都不能实现公平和共享。但是，随着时代转换，公平的实现形式日趋多样，共享的程度也在不断地进步。由此，人们也获得一个深刻的认识，即公平和共享的实现程度不断提高，归根到底取决于经济社会发展水平。马克思指出："权利决不能超出社会的经济结构以及由经济结构制约的社会的文化发展。"①既然公平正义同经济社会发展的一定阶段相联系，就必须把公平正义放到历史发展进程中去认识和考察。唯有这样，才能使公平正义的价值理想得到实现，才能使共享落到实处。

三、中国共产党始终把实现公平正义作为共享发展的价值目标

中华民族走过了曲折而辉煌的历程，在不屈不挠的奋进过程中，中国人民创造了灿烂的文明，为整个人类文明发展进步做出了不可磨灭的贡献。进入近代，中国落后了，在西方列强不断入侵和封建专制的腐败统治之下，中国最终沦为半殖民地半封建社会。中国人民遭受内外压迫，承受了前所未有的苦难，生活在极其不公平的内外环境中。为探寻国家出路、争取自由

① 《马克思恩格斯选集》第3卷，人民出版社2012年版，第364页。

平等，中国人民进行了长期抗争，但屡次努力多归于失败。尽管如此，但中国人民愈挫愈奋，不断向前。在中国共产党成立之后，中国发展迎来了历史性转向。在中国共产党的领导下，中国人民经过长期奋斗，改变了近代中国内忧外患的悲惨命运。经过革命、建设、改革各个阶段持续不断的努力，中国和中国人民实现了站起来、富起来的巨大飞跃，并进入强起来的历史新时代。中国共产党领导中国人民所进行的这一奋斗进程，其目的就是为人民谋幸福、为民族谋复兴。新中国成立之后，中国共产党始终把实现多数人的利益、使全体人民能够共享发展作为执政的宗旨，并把共享发展看作实现公平正义的具体途径，体现着为社会公平正义而奋斗的崇高价值理想。

（一）共享发展体现着马克思主义的社会公平正义思想

在人类思想史上，马克思主义是具有划时代意义的思想体系，其理论内容涵盖人类社会政治、经济、文化、军事、历史等方面，是对人类未来以及人与自然关系的深刻思考，蕴含着对公平正义价值理想的孜孜追求。从理论来源来讲，法国空想社会主义是马克思主义的直接来源之一。空想社会主义虽然带有空想性质，但其包含的公平正义思想却极其丰富。马克思和恩格斯一方面总结和汲取了历代思想家关于公平公正的思想，另一方面批判和继承了空想社会主义者的公平正义思想，形成了自己的公平正义理论。他们不仅把公平正义作为社会发展的重要价值目标，而且科学指明了实现和保障公平正义的实践路径。在马克思、恩格斯看来，过去的社会由于存在阶级和私有制，没有真正意义上的公平正义。要想实现社会的公平正义，最根本的前提条件是消灭私有制，在整个社会实行生产资料公有制。他们关于未来美好理想社会的设想，是在物质财富高度发达的基础上实行公有制，消灭工农、城乡、体力与脑力劳动之间的差别，以实现真实意义上的社会公平。马克思、恩格斯还指明了实现公平正义的主体力量，即包括工人农民在内的最广大劳动群众。马克思、恩格斯所勾画的人类美好前景，就是他们所说的社会主义和共产主义社会。在那样的社会里面，劳动者摆脱压迫和剥削，获得了平等的劳动权和消费权，真正实现共同建设和共同享有。因此，那样的社会是高度公平共享的社会。

1.实现公平正义是马克思主义的社会理想

马克思主义的产生，在很大程度上是基于资本主义不公平的现实，消除社会不公、实现公平正义是马克思主义崇高的社会理想。马克思主义作为工人阶级及人类解放学说，坚信资本主义的灭亡和社会主义的胜利是历史必然，坚信人类将走向更加公平公正的社会。马克思主义之所以有这样的历史自信，根本原因在于资本主义社会的非公平、非正义性质。马克思深刻揭示了资本主义社会资本积累的规律，即资本的积累与贫困的积累是并存的，两者相互对立、互为条件。这种积累必然形成资本主义社会无法解决的内在矛盾和对抗，导致社会的两极分化。马克思曾经鲜明指出，在一极财富积累的同时，另一极却是"贫困、劳动折磨、受奴役、无知、粗野和道德堕落的积累"①。这是资本主义社会的真实状况。相比于封建社会来说，资本主义社会尽管是历史性进步，却仍然是极度不公平的社会。这就预示着资本主义社会必然会被更公平、更正义的新社会替代。马克思主义关于公平正义的社会理想，就是建立在这样的现实批判基础之上。

对于社会公平正义的认识和理解，马克思主义经典作家从来不崇尚空谈。他们不从纯粹道德、情感、人性等角度提出公平公正问题，也不从所谓纯粹理性的角度理解和评判公平公正问题。他们总是依据现实社会的具体状况，对公平正义问题进行具体的历史的分析，把公平正义放在一定的历史发展阶段去考察和评判。他们把公平正义看作社会关系的反映，是社会历史发展的产物，而不是道德情感的产物。因此，社会公平正义以及关于公平正义的观念都不是永恒不变的。恩格斯在批判"永恒公平"时指出："这个公平则始终只是现存经济关系的或者反映其保守方面，或者反映其革命方面的观念化的神圣化的表现。"②因此，对于公平正义问题，不能脱离具体的社会发展阶段抽象地谈论。另外，公平正义的具体表现形态及其实现的程度，也与历史发展的具体阶段紧密联系。正如马克思在谈到权利时所说："权利决不能超出社会的经济结构以及由经济结构制约的社会的文化发展。"③公平正义也是如此，必须放到历史发展的一定阶段去考察。否则，就会变成纯粹的空谈。马克思、恩格斯在分析资本主义社会的公平状况时，正是以历史的辩证的观点去看待，既指出资本主义对公平原则名义上的承认，又揭露其

① 《马克思恩格斯文集》第5卷，人民出版社2009年版，第744页。
② 《马克思恩格斯文集》第3卷，人民出版社2009年版，第323页。
③ 《马克思恩格斯文集》第3卷，人民出版社2009年版，第435页。

对公平原则事实上的践踏。他们指出："这个世界虽然名义上承认公平原则，但是事实上看来时时刻刻都在肆无忌惮地抛弃公平原则。"[①]所以资本主义社会的公平比以往社会具有更大的虚伪性和欺骗性，其表面上大力倡导公平，但掩盖不了其事实上的极大不公平。马克思、恩格斯因此断言，资本主义社会仍然是一个过渡性社会，人们必然会为更加公平正义的理想社会而斗争。

马克思主义关于社会公平正义的理想，不是抽象的、普世的永恒真理，他们认为公平正义也是有阶级性的。公平正义作为人类信奉的基本价值，本质上也是社会关系的一种反映。在人类进入阶级社会之后，公平正义理所当然就成为观察和衡量阶级关系的一个重要范畴，带有鲜明的阶级特征。首先，不同的阶级有着不同的公平观。对于社会公平正义问题，处于不同政治社会地位的阶级会有完全不同的认识和评价标准，会形成各自不同的公平正义观。其次，历史上阶级社会的公平本质上是阶级内部的公平，不同阶级之间没有真正意义上的公平。历史上的阶级社会，一般而言都是等级制社会，公平仅局限于相同的等级之内。也就是说，就社会公平的实际存在而言，一定经济关系下和一定社会发展阶段的公平，仅仅只是在一定阶级内部才会存在的公平，而不同的阶级则不可能享有同等的公平。再次，历史上的阶级社会对公平的保障都是依据阶级地位和阶级利益来确定的。社会中各个阶级的地位和利益不同，他们所享有的公平保障的程度也不同。马克思、恩格斯曾经指出："在过去的各个历史时代，我们几乎到处都可以看到社会完全划分为各个不同的等级，看到社会地位分成多种多样的层次。"[②]比如，奴隶制社会中有贵族奴隶主、平民和奴隶之分，封建制社会中有王侯臣仆、地主、农奴等的区分，在每一个阶级内部又有一些不同的阶层。这些阶级阶层之间的地位不同，利益关系不同，其公平正义的实现形式和保障也完全不同。只有到了共产主义社会，阶级被消灭了，没有了社会等级，利益也一致了，真正的公平正义才会实现。

马克思、恩格斯之后，列宁对社会主义公平正义问题进行了进一步阐述和发展。从列宁的相关论述来看，他更多的时候是讲社会主义平等问题。

---

① 《马克思恩格斯文集》第4卷，人民出版社2009年版，第205页。

② 《马克思恩格斯文集》第2卷，人民出版社2009年版，第31页。

但从内涵看，列宁所讲的平等与公平正义具有一致性。怎样才能达到真正的社会平等呢？列宁明确地提出了要消灭阶级。他在谈到平等时指出："我们要争取的平等就是消灭阶级。"[①]他强调，不消灭阶级，"就谈不到人与人之间在社会政治关系上的真正平等"[②]。也就是说，列宁同马克思、恩格斯一样，是从阶级的角度来理解平等和公平的，他把消灭阶级作为达到社会公平正义的标志。只有消灭了阶级，社会成员才能在社会地位上达到平等。列宁指出："消灭阶级——这就是使全体公民在同整个社会的生产资料的关系上处于同等的地位。"[③]列宁在批判自由派教授杜冈·巴拉诺夫斯基时明确强调，期待社会主义在个人体力和智力上平等是愚蠢的，"社会主义者说平等，一向是指社会的平等，指社会地位的平等"[④]。人的体力和智力是不相同的，从这层意义上来讲，人不是平等的。但列宁明确强调，社会主义者理解的平等，"在政治方面是指权利平等，在经济方面……是指消灭阶级"[⑤]。由此可见，列宁在探讨社会主义平等、公平问题时，主要是从经济、政治和社会地位等方面着眼，他把消灭阶级看作实现经济地位平等的根本途径，只有在此基础上，才能进一步实现政治和社会地位的平等。不消灭阶级，就无法实现生产资料上的平等所有，也就无法使社会成员在政治、经济、文化、社会等方面真正享有同等权利。列宁的这些思想，是对马克思、恩格斯公平正义思想的继承和发展，指明了社会主义和资本主义之间在平等、公平方面的本质区别。前面说过，资产阶级革命时期，平等是资产阶级的重要口号。而在资本主义国家建立之后，资产阶级又把平等写进宪法，规定公民拥有同等的权利。但是，这并不能解决资本主义社会的公平正义问题，资本主义国家的公民在经济、政治、社会地位上实际上仍然处于不平等状态。这是因为资本主义社会仍然是生产资料私有制，由此社会被区分为有产者和无产者，阶级对立仍然是其基本特征。只有在消灭阶级之后，由社会成员共同掌握生产资料，社会成员才能真正拥有政治社会地位上的平等，公平正义的理想才能变为现实。

---

① 《列宁选集》第 3 卷，人民出版社 2012 年版，第 816 页。
② 《列宁全集》第 39 卷，人民出版社 1986 年版，第 425 页。
③ 《列宁全集》第 24 卷，人民出版社 1990 年版，第 392 页。
④ 《列宁全集》第 24 卷，人民出版社 1990 年版，第 393 页。
⑤ 《列宁全集》第 24 卷，人民出版社 1990 年版，第 391 页。

正因为如此，列宁始终把资本主义社会的平等、公平看作表面的、形式上的，它只有关于平等、公平、公正等华丽的口号，而没有实质性内容。列宁指出："在那里没有实现平等，也不可能有平等。"[①]在社会主义运动史上，列宁是第一个不仅在革命时期而且在社会主义建设时期从理论和实践上探索如何实现公平正义理想的革命导师。他对公平正义理想的实践途径进行了多方面的探讨，强调在社会主义阶段，在消灭私有制之后，公平和平等就应该实质性地在政治、经济、文化、性别等各个方面得以体现。在社会主义政治发展方面，列宁认为要实现平等、公平，就必须实行民主，使公民拥有平等权利。他指出："民主意味着在形式上承认公民一律平等。"[②]但这还不够，因为"民主仅仅意味着形式上的平等"[③]。要真正实现公平和平等，必须更进一步在经济方面努力，即实现"社会全体成员在占有生产资料方面的平等即劳动平等、工资平等"，如此才能"从形式上的平等进到事实上的平等"。[④] 在文化发展方面，要赋予社会成员公平的文化享有权和受教育权。在性别平等方面，列宁强调男女平等，要使"妇女享有充分的平等权利"[⑤]。不过，在社会主义发展阶段，公平、平等都具有相对性。与资本主义社会相比，社会主义社会消除了仅重视形式上公平的虚伪一面，开始推进实质性公平；与共产主义社会相比，社会主义社会还会存在许多事实上的不平等。只有在共产主义社会，完全意义上的公平正义才会实现，这也正是马克思主义关于未来的美好社会理想。

2.实现公平正义的社会理想需要制度变革

从历史上来看，私有制和国家产生以后，社会的不公平就通过制度固化下来。马克思主义经典作家在分析资本主义社会的不公平状况时，都明确地把制度看作资本主义社会不公平的重要原因。因此，他们认为，要想达到公平正义的理想社会，必须彻底消灭资本主义制度。资本主义在其发展过程中，尽管也打着公平正义的旗号进行了一些小的、局部的改良，但并不能从根本上消除其制度带来的社会不公。在晚年，恩格斯也看到了在无产阶

① 《列宁选集》第3卷，人民出版社2012年版，第815页。
② 《列宁选集》第3卷，人民出版社1995年版，第201页。
③ 《列宁选集》第3卷，人民出版社1995年版，第201页。
④ 《列宁选集》第3卷，人民出版社1995年版，第201页。
⑤ 《列宁全集》第28卷，人民出版社1990年版，第387页。

级不断斗争中资产阶级做出的些许让步。但他认为，“所有这些对正义和仁爱的让步，事实上只是一种手段”，而工人阶级处境悲惨的原因“应当到资本主义制度本身中去寻找”[①]。如果离开资本主义制度去谈论和认识公平正义问题，必然会误入歧途而得不到正确的结论。马克思主义者从社会现实去思考问题，其关于公平正义的观念，严格地建立在唯物主义历史观和剩余价值学说基础之上。他们把资本主义社会不公平的原因归结为资本主义制度基础的剥削性质，因而要真正实现公平正义，必须彻底变革资本主义制度。马克思主义者分析了资本主义发展的历史趋势，他们认为，在资本主义私有制条件下，随着资本的积累，掠夺和垄断会不断加强，压迫和剥削的程度也会日益加重，而社会的不公平必然日益加深。资本主义的这种内在矛盾，最终会发展到同它的外壳不相容的地步。如此，“这个外壳就要炸毁了。资本主义私有制的丧钟就要敲响了。剥夺者就要被剥夺了”[②]。随着剥夺者被剥夺，生产资料回归社会公有，资本主义经济、政治、社会制度得到全面变革，新的理想社会才能到来，从而真正实现社会公平正义。

从基本经济制度来说，消灭私有制、建立公有制是公平正义的根本制度保障。私有制是资本主义社会不公平现象的根本性决定因素，是社会不公的源头所在。在私有制条件下，雇佣劳动使劳动者总是受制于资本，成为资本剥削和压榨的对象，工人不仅与他们自己的劳动和劳动成果相分离，而且也与自我、与他人相分离。工人的劳动不仅不能改善自己的生存状况，反而不断创造出使自己遭受更大剥削的条件。雇佣劳动制度的这种特性，必然会造成社会的分裂和极度不公。因此，马克思在论述工人阶级的斗争时说过，他们“要在自己的旗帜上写上革命的口号：‘消灭雇佣劳动制度！’”[③]只有消灭了私有制和雇佣劳动，才能为实现社会公平正义奠定基础。随着基本经济制度的变革，分配制度也将发生彻底变革，按劳分配制度的建立将为保障社会公平正义提供基本前提。在资本主义制度消灭之后，生产资料全部由整个社会直接占有，实行产品经济，消灭了商品，价值分配也就没有了实际意义。因而马克思、恩格斯设想，在社会主义社会，对劳动者实行个人消

---

① 《马克思恩格斯文集》第 1 卷，人民出版社 2009 年版，第 368 页。

② 《马克思恩格斯文集》第 5 卷，人民出版社 2009 年版，第 874 页。

③ 《马克思恩格斯文集》第 3 卷，人民出版社 2009 年版，第 77～78 页。

费品的按劳分配，这是实现社会公平正义的基本前提。但马克思也分析了按劳分配的局限性，在个人消费品分配实行按劳分配以后，实际上仍然存在着个人收入的不平等，这是不可避免的。只有在共产主义社会高级阶段，才能完全实现社会的公平正义。

从政治制度来说，无产阶级建立自己的政治统治，是实现公平正义的可靠政治保障。马克思、恩格斯认为，要达到社会彻底变革的目的，无产阶级必须掌握政权。而无产阶级没有自己的私利，其掌握政权的目的不是获得本阶级的特权，而是为了获得平等的权利和义务。马克思曾经明确指出："工人阶级的解放斗争不是要争取阶级特权和垄断权，而是要争取平等的权利和义务，并消灭一切阶级统治。"[①]无产阶级在建立自己的政权之后，就要实施一系列保障公平正义的措施。马克思、恩格斯在《共产党宣言》中列举了10项措施：剥夺地产，把地租用于国家支出；征收高额累进税；废除继承权；没收一切流亡分子和叛乱分子的财产；通过拥有国家资本和独享垄断权的国家银行，把信贷集中在国家手里；把全部运输业集中在国家手里；按照共同的计划增加国家工厂和生产工具，开垦荒地和改良土壤；实行普遍劳动义务制，成立产业军，特别是在农业方面；把农业和工业结合起来，促使城乡对立逐步消灭；对所有儿童实行公共的和免费的教育，取消现在这种形式的儿童的工厂劳动，把教育同物质生产结合起来，等等。[②] 这些措施的基本指向，就是保护劳动者权益，使劳动者获得公平的机会、拥有平等的权利义务。巴黎公社是无产阶级试图掌握国家政权的首次尝试，尽管其存在时间比较短，但在打破资产阶级政权后却采取了许多前所未有的新举措。马克思和恩格斯高度赞赏巴黎公社所提出的防止国家和国家机关由社会公仆变为社会主人的两项措施："第一，它把行政、司法和国民教育方面的一切职位交给由普选选出的人担任，而且规定选举者可以随时撤换被选举者。第二，它对所有公务员，不论职位高低，都只付给跟其他工人同样的工资。"[③]这些措施，从政权和政治制度层面体现了马克思主义的社会理想，是通往和保障公平正义的可靠屏障。

---

① 《马克思恩格斯文集》第3卷，人民出版社2009年版，第226页。

② 参见《马克思恩格斯文集》第2卷，人民出版社2009年版，第52～53页。

③ 《马克思恩格斯文集》第3卷，人民出版社2009年版，第111页。

马克思、恩格斯之后，列宁也把资本主义社会的不公平归咎于其基本制度。列宁认为，只要阶级和私有制存在，资本主义就不可能达到实质性的社会公平。当谈到资本主义的所谓自由、平等时，列宁总是提出这样的问题：是哪一个阶级的自由？到底怎样使用这种自由？是哪个阶级同哪个阶级的平等？到底是哪一方面的平等？列宁强调，“只要闭口不谈这些问题，不谈生产资料的私有制，自由和平等的口号就是资产阶级社会的谎话和伪善”[①]。在社会生产过程中，分配是由所有制来决定的，由于私有制的存在，资本主义社会在分配问题上也同样是不公平的。列宁指出：“全体居民人人必需的产品，仅由一部分居民参加分配，是不公平的，过去在资本主义制度下就是这样做的。”[②]资本主义条件下的民主，也同样带有虚伪的性质。列宁指出：“资本主义怎样和民主结合起来呢？通过间接地行使资本的无限权力！”[③]因此，必须通过消灭阶级和私有制，实行新的经济制度和政治制度，才能为公平正义奠定新的基础。列宁指出：“我们要争取新的、更好的社会制度……这个新的、更好的社会就叫社会主义社会。”[④]十月革命胜利之后，列宁依据马克思主义的基本原理和俄国的实际情况，在探索过程中初步建立了社会主义的基本制度基础，并在实践中提出了一些具体的推进公平正义的制度措施。列宁高度重视巴黎公社的政权建设以及马克思、恩格斯对巴黎公社经验的总结，强调要用工人和职员组成的新机构替代旧的官僚机构。为防止国家机构人员由公仆变成官僚，他提出了如下措施：“(1)不但选举产生，而且随时可以撤换；(2)薪金不得高于工人的工资；(3)立刻转到使所有的人都来执行监督和监察的职能，使所有的人暂时都变成‘官僚’，因而使任何人都不能成为‘官僚’。”[⑤]这些制度措施，实际上是对马克思所总结的巴黎公社原则的继承和发展，是保障社会公平正义的重要举措。

3.人的自由全面发展是基于公平正义共享发展的理想境界

未来美好的共产主义社会到底是什么样的形态？这是马克思主义者必须回答的问题。马克思、恩格斯在科学把握人类社会发展规律的基础上，对

① 《列宁全集》第 39 卷，人民出版社 1986 年版，第 424 页。
② 《列宁全集》第 48 卷，人民出版社 1987 年版，第 563 页。
③ 《列宁选集》第 2 卷，人民出版社 2012 年版，第 752 页。
④ 《列宁专题文集·论社会主义》，人民出版社 2009 年版，第 381 页。
⑤ 《列宁专题文集·论马克思主义》，人民出版社 2009 年版，第 280 页。

共产主义社会的基本特征进行了原则性的论证。马克思、恩格斯认为，未来的共产主义社会是在消灭私有制、消灭阶级的基础上建立起来的。到了那时不仅剥削被消灭了，而且作为压迫工具的国家也消亡了；社会生产力获得高度发展，产品得到极大丰富，社会进入“各尽所能，按需分配”的阶段。随着社会对抗性质的消失，公平正义在整个社会范围内变为现实，共建共享得到充分体现，人的自由而全面发展也充分凸显。到了那样的美好社会，人类梦寐以求的人性的释放、人的需要的满足、人的潜能的开发、人的价值尊严的维护等，都能够得到充分的关照，人在社会各个领域的权利也能够得以充分实现。正因为如此，只有到了共产主义阶段，社会才能真正实现公平共享。恩格斯指出：“真正的自由和真正的平等只有在共产主义制度下才可能实现；而这样的制度是正义所要求的。”①恩格斯的这一论述，充分展现了人的自由全面发展的未来图景，体现了社会发展的美好目标和理想境界。

马克思、恩格斯对未来共产主义社会有过丰富的阐述和设想，描述了社会公平正义的具体状况和共享形态。马克思对共产主义社会的公平共享状态有过清晰的分析。他强调，在共产主义社会高级阶段，“迫使个人奴隶般地服从分工的情形已经消失”“脑力劳动和体力劳动的对立也随之消失”“劳动已经不仅是谋生的手段，而且本身成了生活的第一需要”。“随着个人的全面发展，他们的生产力也增长起来，而集体财富的一切源泉都充分涌流”，在此之后，社会将实行“各尽所能，按需分配！”②这显然是一个消灭了各种社会差别的公平共享社会。恩格斯在一系列著作中，也对共产主义阶段的公平正义状况和共享图景进行了阐述。他认为，将来的社会将由全体成员组成的联合体来进行管理，社会生产按照计划进行，以使生产满足所有人的需要，从而“结束牺牲一些人的利益来满足另一些人的需要的状况；彻底消灭阶级和阶级对立；通过消除旧的分工，通过产业教育、变换工种、所有人共同享受大家创造出来的福利”③。在这样的社会，“人终于成为自己的社会结合的主人，从而也就成为自然界的主人，成为自身的主人——自由的人”④。马

① 《马克思恩格斯全集》第1卷，人民出版社1956年版，第582页。
② 《马克思恩格斯文集》第3卷，人民出版社2009年版，第436页。
③ 《马克思恩格斯文集》第1卷，人民出版社2009年版，第689页。
④ 《马克思恩格斯文集》第3卷，人民出版社2009年版，第566页。

克思、恩格斯对共产主义社会状态的阐述，从原则上说明了未来社会的公平正义状态和全体社会成员共享发展的理想境界。

马克思、恩格斯尽管对社会主义、共产主义社会进行了许多的论证，但在他们生前，除了对短暂存在的巴黎公社有过深刻的观察之外，并没有亲身参与社会主义实践。因而，他们对未来社会的论证都是原则性的。列宁在十月革命之后，亲自领导了俄国的社会主义建设，成为国际共产主义运动中第一个具有社会主义实践经验的革命导师。列宁继承并积极实践马克思、恩格斯的思想，在实践中进一步取得新的认识。列宁认为，要推进公平正义，实现全体社会成员共享，就必须大力推动社会全面发展。列宁并不是把马克思、恩格斯提出的设想作为不变的教条加以固守，而是时时从实际出发，立足俄国国情，来探索俄国社会主义建设的道路。在当时俄国生产力水平比较落后的情况下，列宁认为，只有采取一些中间性途径和手段，才能实现向社会主义的过渡，并在这一国情基础上探索和思考如何建设社会主义。正因为能从国情实际出发，列宁才有可能突破原有的社会主义的某些设想，提出落后国家不能直接向社会主义过渡的一系列观点，并提出把国家资本主义作为中间桥梁的过渡思想。这些与马克思、恩格斯设想的在主要资本主义国家取得胜利之后建立的那种理想的社会主义社会是不同的，而是带有落后国家的特殊性。列宁强调，在经济文化比较落后的情况下，必须在高度重视生产力发展的同时大力推进社会的全面发展。只有推进全面发展，才能提升人民群众的福利，改善人民生活，为人民群众创造更多更好的发展机会，才能逐步推动社会公平正义的实现。列宁始终重视建立强大的社会主义物质技术基础，强调要发挥社会主义的优越性，更快更好地发展生产力和提高劳动生产率。也只有这样，才能为保障社会公平正义提供强大的物质基础。此外，列宁也十分重视文化教育，以促使人民群众公平地享有文化权益。列宁的艰辛探索，为通向更加公平正义的社会和实现共享发展的理想开辟了实践道路。

（二）实现社会公平正义是中国共产党崇高的奋斗目标

新中国成立前，中国共产党所领导的革命，其目标就是要推翻内外压迫，改变近代以来中国人民遭受不公平待遇的境况。新中国成立后，中国共产党在推进建设和改革的历史进程中，始终把推进公平正义、实现全民共享作为奋斗的目标。遵循马克思科学社会主义的要求，我们建立了公有制，实行了按劳分配制度，消除了社会不公的经济制度基础；同时，在政治上强调使人民公平地享有各方面的权益。在社会主义建设中，我们还始终强调要平衡好各方面的利益，处理好国家、集体和个人的关系。为了防止出现过大的贫富差距，我们在劳动就业、工资等级、社会保障、医疗卫生、男女平等等方面实施了一系列措施，使人民群众充分感受到新中国是一个充满公平正义的新社会。中国共产党领导改革开放，同样是为了在大力推进经济社会发展的同时，有效保障和实现人民的利益，推进社会公平共享。在改革开放中，我们深化了对社会主义本质的认识，强调社会主义不仅要大力解放和发展生产力，而且要消灭剥削和两极分化，实现共同富裕。在改革开放中，当收入差距拉大引发一系列矛盾时，我们强调要在改革中平衡好效率与公平的关系，要随着经济社会的发展，把公平正义问题作为重大战略问题加以解决。总之，实现公平正义始终是我们追求的社会发展目标，是中国共产党执政始终关注并着力解决的重大问题。党的十八大以来，以习近平同志为核心的党中央始终将人民对美好生活的向往作为奋斗目标，强调要采取各种措施，增强人民获得感、幸福感、安全感，从而把实现公平正义提到了新的高度。

从建设和改革的实践看，中国共产党不是把公平正义只作为口号上、形式上的追求，而是实实在在地在制度建设、收入分配、社会保障、扶困减贫等多个领域加以推进。在制度构建方面，新中国成立初期，我们通过社会主义改造建立起公有制的基本经济制度，同时实行计划经济和按劳分配，建立起保障社会公平的崭新制度。但在经济运行的实际进程中，“按劳分配”并未真正得到落实，平均主义的倾向发展起来。因此，到 1978 年改革开放前，在分配方面，我们实际上陷入了“大锅饭”式的分配模式。这种分配表面上看似乎比较公平，但本质上是不加区别的平均主义，容易伤害劳动者的积极性。这说明我们当时对社会公平的理解存在偏差，以致陷入个人收入分配的平均主义误区。改革开放以后，我们开始打破平均主义的“大锅饭”式的分配模式，逐步形成新的社会公平观念，逐步形成以按劳分配为主体、多种分配方式并存的分配制度，构建了新的适合社会生产实际的分配模式。在完善社会保障方面，新中国一成立就根据城市和农村的不同情况，建立了城市和农村不同的两套保障制度，改变了旧中国无任何社会保障的状况，为社会提供了相对公平的安全保障。在城市,以政府为主导,建立了由国家财政支持、以就业单位为依托的城镇居民社会保障制度,先后颁布了一系列关于社会保障的法律、政策等,建立了相应的职工养老、劳保、医疗制度以及机关事业单位的养老和医疗保障制度。这一系列社会保障制度安排,使城市居民享有了公平的社会保障。在农村,逐步建立了农村合作医疗和"五保"制度。改革开放之后,在发展社会主义市场经济条件下,我们对社会保障制度也进行了相应的改革,建立了适应市场经济的职工养老保险、城镇职工和居民的医疗保障、失业救济、社会救助等多项制度。在农村,也逐步建立起农村养老保险、新型农村合作医疗、农村社会救济等制度。这些保障制度大大推进了社会的公平正义。在实施减贫方面,针对长期落后造成大量贫困人口存在的现实,新中国成立后以人民政府为主导,实施了持续的扶困减贫行动,取得了重大成效,在维护公平正义方面发挥了重要作用。改革开放以来,随着经济社会的发展,我们开展了大规模扶贫行动,面向贫困地区和贫困人员建立了各种社会救助制度,使贫困人口大幅度减少。随着全面小康社会建成,绝对贫困被彻底消灭,我国将进入解决相对贫困问题的新阶段,公平正义的实现将迈上一个新的台阶。

以习近平同志为核心的党中央,在我国进入新时代的关键时期,把推进社会公平正义摆在了更高的地位,着力解决发展中出现的新的影响社会公平的问题,始终把维护人民利益、保障公平正义作为改革发展的头等任务。当前,我国处于发展的关键时期,经济体制和社会结构都发生了深刻变革和重构,同时也带动了社会利益格局重大调整。这种变革和调整,使我国经济和社会发展充满了活力,但也会不断产生和积累一系列社会矛盾和问题。而很多矛盾和问题都涉及公平正义,影响人民群众的幸福感和心理,必须下功夫进行解决。我们党要化解各种矛盾,解决当前问题,就必须牢牢抓住主要矛盾,加大民生改善力度,使改革发展的成果更多惠及全体人民。近几年,围绕就业、教育、医疗、住房、基本公共服务等基本民生,我们不断加大制度建设力度,构建起保障基本民生的制度体系,使人民群众不断得到越来越多的实惠。习近平也反复强调:"加紧建设对保障社会公平正义具有重大作用的制度,逐步建立社会公平保障体系。"[①]在迈向现代化强国的征程中,我

① 《习近平谈治国理政》第1卷,外文出版社2018年版,第13页。

们面临复杂的内外环境，正在进行具有许多新的历史特点的伟大斗争，以习近平同志为核心的党中央已经把实现公平正义作为核心价值目标加以推进，充分显示了中国共产党追求公平正义的决心。

(三)在不断推进共享发展中实现社会公平正义

推进共享发展，是实现公平正义的前提条件和基础保障。尽管人们从一般的意义上更多地把社会公平正义看作价值理想，但公平正义绝不是虚空的。公平正义渗透和体现于经济社会发展的过程，反映着社会性质和治理状况的善恶。从社会实际生活来看，共享发展和社会公平正义问题是关乎人的发展问题的两个基本方面，两者紧密联系、辩证统一。社会公平正义是共享发展的价值支撑，共享发展则是社会公平正义的实现路径。要维护和实现社会公平正义，就必须让社会成员能够共享发展。共享发展解决的是社会成员在经济社会发展中能够共享机会、共享规则、共享成果等重大问题，这些问题都涉及人的基本权利和各方面利益的实现，衡量着社会公平的程度。正因为如此，习近平明确强调："共享发展注重的是解决社会公平正义问题。"①中国共产党在为人民利益奋斗的过程中，始终把实现公平正义作为一面旗帜，并通过推进发展和实现共享使公平正义不断落到实处。

在社会发展中实现人民共享，是社会公平正义的基本体现。中国共产党始终以此为努力方向，推进中国社会取得了巨大发展进步。还在新民主主义革命时期，中国共产党领导人民进行革命，就是为了改变社会福利为少数人所享有的不公正现实，实现人民解放和共享。在那个时期，根据地无论是推行民主还是"打土豪、分田地"，都是为了赋予人民权利。只要对人民有利，能够使人民享有实实在在的好处，中国共产党就会积极去做。毛泽东在谈到"精兵简政"时指出："'精兵简政'这一条意见，就是党外人士李鼎铭先生提出来的；他提得好，对人民有好处，我们就采用了。"②"对人民有好处"，这是中国共产党追求社会公平正义和实现人民共享的最好表达。新民主主义革命的胜利，使人民摆脱了受剥削、被压迫的极度不公平状态，获得了走向共享社会的前提条件。新中国成立以来，中国共产党领导中国人民实现

① 《习近平谈治国理政》第2卷，外文出版社2017年版，第199页。

② 《毛泽东选集》第3卷，人民出版社1991年版，第1004页。

了站起来和富起来，并开启了向强起来迈进的伟大征程。中国已经进入全面小康社会，在政治、经济、文化、社会、生态权益和发展成果的共享方面，达到了前所未有的水平。这是社会公平正义的具体体现，也是中国共产党推进公平正义取得的最伟大、最显著的成就。

中国共产党深深懂得，不断解放和发展生产力，实现可持续、有效率、高质量的发展，是共享的坚实基础，是实现社会公平正义的基本前提。不坚持解放和发展生产力，没有强大的物质基础做保障，就谈不上共享发展，更谈不上社会公平正义。只有坚持不懈地抓发展，并在此基础上更快更好地改善人民生活水平，才能体现社会公平正义的要求。在马克思主义经典作家看来，只有生产力高度发达、物质财富充分涌流，才能保证共享的实现，这是达到公平正义理想社会的物质基础。马克思在阐述"各尽所能、按需分配"的共建共享的共产主义社会时，明确把在"个人的全面发展"和"生产力增长"而造成"集体财富的一切源泉都充分涌流"作为先决条件。[①] 解放和发展生产力是社会主义的根本任务，体现着社会主义的本质要求。邓小平强调："社会主义的任务很多，但根本一条就是发展生产力，在发展生产力的基础上体现出优于资本主义，为实现共产主义创造物质基础。"[②]正是在这个意义上，我们明确提出了发展是硬道理，是党执政兴国的第一要务，强调必须大力推进科学发展，使国家快速强盛起来，使人民生活水平快速提高起来。可以说，解放和发展生产力是实现共享的基本途径，也是达到公平正义的基本途径。忽视生产力的解放和发展，就会使共享失去可靠的物质保障，也会使公平正义陷于空想。

但是，实现了发展，并不是自然地就实现了共享，也不会自动地达到公平正义。要达到公平共享，还必须处理好效率与公平的关系，使发展效率与公平共享在实践中统一起来，使社会主义更加注重公平正义的优势充分凸显。社会主义不仅强调效率，而且更加关注公平。中国共产党不仅始终强调发展，而且强调在发展中实现公平与效率的有机统一。如前所述，发展是共享的基础，只有解决好发展问题，不断积累物质财富，才能为共享开辟道路，也才能消除社会不公。同时，实现社会公平正义又是推进发展的价值目

---

① 参见《马克思恩格斯文集》第3卷，人民出版社2009年版，第436页。

② 《邓小平文选》第3卷，人民出版社1993年版，第137页。

标，没有公平正义的发展是不科学的发展，也不是可持续的发展。这实际上就是努力做大蛋糕和公平分享蛋糕的关系，必须在发展中去谋求共享和公平，也必须在公平共享中去实现更好的发展。要实现效率与公平具体的历史的统一，把握好发展的关节点和阶段性转换，使公平共享体现于发展过程，不能使之绝对化。改革开放以来，我们极大地推动了经济社会的发展；同时，经济社会发展中贫富差距不断拉大的事实，又要求我们以更多的注意力和更大的精力来关注和解决这个问题。只有这样才能实现共享，才能更好解决公平正义问题。

民生是共享发展的具体表现，也是衡量社会公平的重要表征。推进共享发展，促进公平正义，必须把改善民生作为社会发展头等重要的工作来抓。中国共产党领导中国人民所进行的奋斗，最根本的目标就是要让人民过上美好生活。即便是在革命战争年代的艰苦条件下，中国共产党也始终不忘民生，始终把改善民生作为促进社会公平正义的具体行动。在新民主主义革命时期，在根据地有限的条件下，中国共产党同样把物质生活的改善作为重要的努力方向，强调要在不断发展生产的同时，尽力改善物质生活。毛泽东曾经明确指出："在有根据地的条件下，不提倡发展生产并在发展生产的条件下为改善物质生活而斗争，只是片面地提倡艰苦奋斗的观点，是错误的。"[①]我们所进行的革命、建设和改革，如果不是为了人民生活得更好，如果不能随着社会发展而改善民生，那么我们的革命、建设和改革就会失去其意义。进入新时代，要着力解决发展起来以后的问题，民生成为我们关注的头等大事。习近平强调："增进民生福祉是发展的根本目的。"[②]我们要不断加大改善民生的力度，扎扎实实地解决劳动就业、居民收入、衣食住行、最低生活保障、贫困等具体问题，使民生落在实处，以有效实现共享，促进社会公平正义。

推进共享发展，促进公平正义，也要强化制度保障。构建和完善体现公平正义的基本制度体系，是实现社会共享发展目标的关键。制度作为重要的社会发展要素，一经确立，就成为社会成员的行动准则与规范，是调节社会关系的刚性手段，也是人们判断社会公平的重要视角和基本尺度。一般

---

① 《毛泽东选集》第3卷，人民出版社1991年版，第912页。

② 《习近平谈治国理政》第3卷，外文出版社2020年版，第18页。

来说，制度确立以后，对所有的社会成员具有同等的约束作用，人人必须遵循，没有例外，这是制度自身公平性的表现。但是，制度的确立要受到阶级关系、社会发展水平、人们的认识水平以及其他多种因素的制约。对不同社会群体来说，制度的偏好会带来不同程度的赋权和利益配比。因此，在剥削阶级社会，制度会成为剥削和压迫的合法外衣，其表面的公平维护着社会实际上的不公平。只有在社会主义社会，制度才能在全体人民利益一致基础上变为维护人民利益的工具，才能成为共享的基本保障。但要很好地发挥制度的效能，也必须经常性地对制度体系进行调整和创新。只有这样，才能为实现公平正义创造必要的制度条件。新中国成立以后，中国共产党迅速打破了旧的制度，并通过社会主义改造，在中国建立起社会主义制度，逐步形成了保障公平正义的基本制度体系。改革开放以后，经过坚持不懈的改革，形成了中国特色社会主义制度体系，为保障人民共享和社会公平创造了条件。进入新时代，围绕国家治理需求，进一步加大制度改革和建设力度，形成了较为稳定的制度体系；各个领域的重要制度和体制机制也加快完善，逐步向更加成熟的社会迈进。制度的发展，使人民的共享发展权益得到了更好的保障，也为保障公平正义提供了有力支撑。

（四）中国共产党推进基于公平正义的共享发展的基本经验

善于总结历史经验并从中汲取智慧，是中国共产党前进发展的重要特征和突出优势。中国共产党为实现人民共享发展和追求公平正义长期奋斗，在每一个发展阶段都能根据经济社会发展状况和人民的愿望，不断提出新理论，制定新战略和新政策，把共享和公平具体落实于发展实践中。尽管也经历过错误和曲折，陷入过对公平正义问题的认识误区，在实践中出现过绝对化的偏差，但总体上我们在实现公平共享方面取得了巨大成就。在为公平共享奋斗的历程中，我们也取得了多方面丰富的经验，主要包括从国情出发认识公平共享问题、靠推动发展来解决公平共享问题、始终关注和实现大多数人的利益、始终体现社会主义的本质要求等方面。这些经验，对于进一步认识和推进人民的公平共享具有重大指导意义。

首先，对公平共享问题的认识和实践，必须坚持从实际出发，立足于基本国情。国情实际，是我们做好一切工作的出发点，脱离实际，就会出现错误和偏差。中国共产党在推进公平共享的历史进程中，一个重要经验就是坚持从国情出发来认识、思考和推进。公平正义问题的产生，以及人们对公平正义问题的认识，在很大程度上不仅是理论推演和道德关切，本质上也反映了一定的社会关系。而基于公平正义的共享问题，则深刻体现着人与人之间的权利和利益关系，其涉及的不仅仅是分配问题，也包括政治、经济、文化和社会生活各个领域的权益实现。因此，共享发展以及其代表的公平正义价值，都融会于现存的社会实际进程，体现在各种社会关系中。这就要求我们要结合国情实际，从社会现实情况出发去思考社会公平正义和共享问题。社会主义从来都是把公平共享置于生产力与生产关系的辩证统一中去认识和实践，而不是将其当作抽象的伦理主张。社会主义所关注的是共享基础上的真实公平，而非虚幻的或形式上的公平。如果脱离基本国情去思考，就会陷于空想，就会不利于共享的实现，从而置公平正义于虚幻。新时代，我国社会的主要矛盾虽然发生了转化，但我国仍处于社会主义初级阶段的国情没有变，推进公平共享仍必须立足于这个实际。就社会性质来说，我们已经确立了社会主义的制度基础，构建了实现公平共享的基础平台。就发展阶段来说，我们还处于社会主义初级阶段，社会生活的很多领域、很多方面还存在许多不公平现象。我们要从这种状况出发，以正确的态度去认识公平共享问题，稳步地提高其实现水平，既要积极推进，又不能盲目拉高预期。如习近平在谈到民生问题时所说，要遵循“坚守底线、突出重点、完善制度、引导预期”[①]的工作思路。切忌把公平共享问题抽象化，搞不切实际的幻想，要从真正解决人民现实的利益问题入手，使人民群众共享改革和发展的成果。

其次，推进公平共享的实现，不能陷于空想，必须靠发展来解决。公平共享的实现不能靠喊口号而只能靠发展来解决，这是我们最成功的经验。从人类历史看，在不同的发展阶段，共享之所以不能实现或其实现水平低，原因主要在于社会性质、等级差别。但也有发展不足的原因，发展不足，物质基础薄弱，更容易导致财富为少数人所占有。当然，现代社会，发展程度较高的国家仍然不能很好地实现共享，主要是由社会性质导致的。进入社会主义阶段，由社会性质导致的不公平已经大大改变，共享的实现水平和公平的发展程度则主要取决于发展的状况。在发展程度较低的情况下，公平

① 《习近平谈治国理政》第3卷，外文出版社2020年版，第35页。

共享的实现水平就比较低。因此，必须把发展作为解决公平共享的关键，用发展的成果为公平共享创造条件。从新中国成立后的实践看，我们始终坚持靠发展解决问题的思路，通过发展来提升人民享有水平，促进公平正义。尽管出现过失误，经历过曲折，但我们还是走上了以发展实现社会公平和实现共享的正确道路。改革开放以来，在先期的发展中，我们坚持了效率优先，实现了快速发展；同时，经济社会发展中贫富差距不断扩大的事实，又要求我们以更多的注意力和更大的精力来关注和解决它，因为这涉及能否共享、是否公平的问题。我们当前正以极大的力度解决这个问题，使共享和社会公平得到了更好的体现。发展是实现共享的基础，发展才能更好解决公平正义问题，这是从实践中取得的基本经验。

再次，衡量公平共享的实现状况，不能靠主观意志，必须依据最大多数人利益的实现。对公平正义问题的认识和评判，历来有各种各样的争论，认识和评判的标准也有很大的不同。在社会发展的不同阶段、站在不同的立场、处于不同的社会层级，人们对公平正义的认识与评价极其不同。中国共产党作为工人阶级政党，始终把实现最大多数人的共享，满足最大多数人的利益，作为最真实的公平正义。也正因为如此，党始终把立党为公、执政为民作为自己的执政宗旨，无论提出新的理论、制定新的战略、出台新的政策，都把人民放在中心位置，以人民利益作为根本出发点和检验标准。人民是推动历史前进的动力，是我国改革发展的根本依靠力量。一切物质和精神财富都是由人民创造，也理应由人民共享。历史上的非公平正义，正是表现为财富创造与财富享有的分离。无产阶级政党执政的重要任务就是要改变历史上这一非公平状况，实现劳动创造与财富享有的真正统一，使大多数人参与社会发展过程、共享社会发展成果。只要坚持共享、坚守以最大多数人的利益实现作为公平正义的评判标准，就能够得到人民衷心拥护。

最后，推进公平共享要把握好基本遵循，必须体现社会主义的本质要求，坚守社会主义的特征原则。中国共产党领导人民为公平共享奋斗，是在中国特色社会主义道路上推进的。社会主义的本质要求和特征原则，是实现公平共享的基本遵循。就社会主义本质来说，不仅包括体现效率的解放和发展生产力，更包括体现公平正义的消灭剥削、消除两极分化和共同富裕。而后一个方面，是资本主义社会和其他社会所不具备的，表明了社会主义从本质层面来说是更加公平正义的社会。本质决定特征。社会主义特征原则虽然表现为许多方面，但最根本的是消灭私有制和共同富裕。这两个方面，一个指明了消灭剥削的根本制度基础，另一个指明了人类从事各项活动要达到的根本发展目标。这两方面，使社会主义和资本主义从根本上区别开来，也从根本上体现了两者的优劣。因此，中国共产党在推进中国特色社会主义发展中始终牢牢把握两大任务：一是不断解放和发展生产力；一是逐步实现社会公平与正义。这是我们始终坚持的原则方向，也是推进发展的重要经验。

四、社会公平正义视域下共享发展面临的挑战

实现全体人民共享发展，是维护公平正义的迫切要求，也是解决社会上存在的非公平正义问题的基本途径。改革开放 40 多年，中国创造了震惊世界的奇迹，自 2010 年以来，中国国内生产总值经济总量稳居世界第二位，2019 年人均国内生产总值首次突破 1 万美元，民生有了大幅度的改善，绝对贫困已经消除，已进入全面小康社会。应当说，我们在实现共享发展方面取得了重大的成就，公平正义在我国社会发展中得到了很好的展现。当前，我国站在全新历史起点上，相比过去有了更好的基础条件，也有了更高的发展起点，我们拥有的发展优势是过去从来没有过的。但是我们也不能不看到，在改革开放进入攻坚期和经济进入新常态的背景下，经济社会发展长期积累的一系列问题凸显，社会成员收入差距和利益差别扩大的趋势依然存在，公平与效率失衡的问题还未得到根本扭转，保障社会公平正义的制度仍不完善，不公平问题仍是各种社会矛盾的聚焦点，社会公平正义仍然是现阶段我国经济社会发展必须关注的重大问题。在改革和发展中，既有利益固化、制度不完善、路径阻隔等对共享发展的阻碍，还有权利、机会、规则、分配等方面的不公平对共享发展的制约。推进共享发展、维护公平正义，就必须直面这些问题和挑战。

（一）我国仍然处于社会公平正义问题凸显期

尽管我国发展进入新时代，长期存在的一些重大问题和深层次矛盾不断得到更好的解决，但公平正义问题仍然存在于经济社会发展过程中，需要我们更加关注，以更大的力气去解决。我国在长期的快速发展中积累了一

系列矛盾和问题，进入21世纪后，这些矛盾和问题日趋尖锐，引起了社会的广泛关注。虽然我们付出了极大的努力，但许多社会矛盾和问题仍未得到根本扭转和解决，我国仍然处于社会公平正义问题凸显期。邓小平早在1993年就指出："过去我们讲先发展起来。现在看，发展起来以后的问题不比不发展时少。"[①]邓小平的这个论断，正好是现在面临的实际。进入新时代，我们有许多发展起来以后的问题，需要勇敢面对和大力解决。习近平强调："当前，全党面临的一个重要课题，就是如何正确认识和妥善处理我国发展起来后不断出现的新情况新问题。现在，我们遇到的问题中，有些是老问题，或者是我们长期努力解决但还没有解决好的问题，或者是有新的表现形式的老问题，但大量是新出现的问题。"[②]新情况新问题的出现，不仅是由国内外急剧变化的新形势引发，更是由我们所处发展阶段所决定。

当前社会上公平正义问题的凸显，反映的是我国所处发展阶段的一些深层矛盾。党的十九大对我国社会主要矛盾和基本国情做出了新的判断和认识。习近平指出："我国社会主要矛盾已经转化为人民日益增长的美好生活需要和不平衡不充分的发展之间的矛盾。"[③]但主要矛盾的转化，并不意味着我国社会主义初级阶段的基本国情发生了改变，也不代表我国作为世界上最大发展中国家的国际地位发生了改变。我们取得的发展成就有目共睹，但发展中存在的问题也显而易见，如发展中的不平衡和不协调的问题，发展不足的问题、收入分配和贫富差距依然较大的问题，民生领域还存在许多短板的问题等。习近平深刻分析了当前存在的困难和问题："我国已进入高质量发展阶段，经济发展前景向好，同时发展不平衡不充分问题仍然突出，实现高质量发展还有许多短板弱项。"[④]所有的问题、短板和弱项，都事关能否共享发展，都涉及社会公平正义，必须予以高度重视。

从发展特征来看，我国正处于重要历史交汇期，发展的机遇和挑战仍在变化，制度体制改革仍在不断深化，社会结构和利益格局仍在深刻调整。这些变化和调整前所未有，也与改革开放前期所遇到的情况大不相同，必然会使一些深层次矛盾和问题集中显现，给实现共享发展和公平正义带来重大

---

① 冷溶、汪作玲主编：《邓小平年谱：1975～1997》，中央文献出版社2004版，第1364页。
② 《习近平谈治国理政》第1卷，外文出版社2018年版，第401页。
③ 《习近平谈治国理政》第3卷，外文出版社2020年版，第9页。
④ 习近平：《在基层代表座谈会上的讲话》，《人民日报》2020年9月20日。

影响。特别是在就业、教育、分配、医疗、住房、生态环境、社会保障、安全生产、社会治安等方面，都还存在许多影响人民美好生活需要的、无法回避的矛盾和问题。这些问题和矛盾，很多是发展起来以后产生的，涉及经济发展和社会生活的一系列基本关系：人与人、人与自然、区域城乡发展、公共服务、财富分配、政府消费与公共财政规模、干部和群众、中央和地方的权责能、公权与私权、政治行政体制、改革期待与改革现实、治理理念与现代化发展等。这些矛盾和问题都集中指向社会公平正义，处理不好，就会导致社会发展失衡，从而使社会分化加剧，使共享发展落空。如果不采取得力措施及时加以解决，就会影响整个改革发展的大局，就会给我们事业的发展带来难以估量的损失。正因为如此，我们要深刻认识和把握矛盾凸显期容易产生的问题，紧紧围绕共享和公平正义作文章，不断回应人民的期待。

(二)发展中的利益差别对公平正义产生重大影响

社会成员之间的利益差别状况，是衡量社会能否实现共享、是否公平正义的基本要素。原始社会之后，利益差别问题一直是存在于人类社会发展过程中的基本问题。在不同性质的社会，在不同的发展阶段，利益差别的表现形式和程度都不一样。利益差别的程度实际上代表着利益在不同群体之间的实现状况，是一个社会共享发展水平的基本表现，是影响社会公平正义的主要指标。在私有制社会，社会具有对抗性质，社会成员之间的利益关系也是对立的，社会上不同阶级之间存在着巨大的利益差别，显示着社会极度的不公。到了社会主义社会，对抗性的利益关系消失了，总体上达到了根本利益一致。但这并不是说社会主义社会就没有利益差别了，利益差别将会在社会主义社会长期存在，只不过在不同的发展阶段差别的程度不同罢了。在社会主义发展的较低阶段，利益差别会较大，随着社会主义向高级阶段的前进，利益差别将会逐步缩小。但在共产主义社会到来之前，利益差别不会彻底消除。

从我国实际来看，当前还处于社会主义初级阶段，社会上存在的矛盾和问题，仍然大量地表现为利益矛盾和利益差别。这些矛盾和问题，是实现共享发展必须解决的重大实际问题，也是实现公平正义应该着力解决的核心问题。利益差别问题解决不好，就有可能出现颠覆性错误。习近平强调："我国是一个大国，决不能在根本性问题上出现颠覆性错误，一旦出现就无法挽回、无法弥补。下一步改革将不可避免触及深层次社会关系和利益矛盾，牵动既有利益格局变化。”[①]这一论述实际上指明了解决利益矛盾关系着国家发展的根本，也指明了利益格局调整将是改革要啃的一块硬骨头。一般来说，当前的社会利益差别和不公平，是由两类因素形成的。一类是自然性因素，主要包括人的先天禀赋等，这类因素所造成的社会不公平是人们能够容忍和接受的。一类属于社会性因素，包括地区城乡差距、阶层差距、行业差距、隐性收入、权钱交易等等，这类因素是导致社会不公的主要原因，也是人们无法忍受的。社会性因素一般来说与经济社会发展密切相关。我国已经经历并仍在经历着空前的经济社会变革，这种变革必然会引发许多深层利益矛盾和冲突。经济体制改革不断深化引起的社会利益关系重大调整和重组，多种所有制快速发展和激烈的市场竞争导致收入差距不断拉大和社会阶层不断分化，这些都会使利益差别扩大，影响共享和公平。

同时，分配不公也是造成当前利益差别的一个重要原因。从市场经济的一般规则来说，按劳分配或按生产要素贡献分配所带来的收入差距的扩大是正常的，而且有利于提高效率。但是，在现实经济生活和社会生活中，许多收入差距的扩大是由一些不合理和不公平的因素造成的。这些因素体现在分配的各个领域："在初次分配领域，差距明显扩大的主要是私营部门和外资部门。随着私营经济发展、经济市场化和国际化加深，收入差距是继续扩大的趋势。而在所谓‘体制内’部分，平均主义仍然普遍存在，公务员系列收入的平均主义甚至比过去还要严重，但在某些垄断行业和一般行业之间、不同地区的公务员之间，也存在着差距过大的问题。群众不满意的，主要是非法暴富者和体制不合理造成的灰色收入。”[②]也就是说，在初次分配领域，由于行业垄断、地区垄断、部门垄断、改革政策不完善和改革措施不到位等情况，使分配从源头上就发生了倾斜。另外，市场中的制假售假、偷税漏税以及钱权交易等非法活动，也严重损害了收入分配和社会公平。而对于再分配领域来说，由于集团利益、权力垄断、社会保障政策和措施不到位及不落实等情况，再分配也出现较大的不公平。再加上一定阶段政府再分配

① 《习近平关于全面深化改革论述摘编》，中央文献出版社 2014 年版，第 42 页。

② 王梦奎主编：《中国中长期发展的重要问题(2006～2020)》，中国发展出版社 2005 年版，第 11 页。

的调节能力不足,分配不公加剧。总体来看,到目前为止,我国分配制度改革相对于经济社会发展来说仍然显得滞后,公平分配的机制还很不完善。这些不公平的分配造成社会成员之间利益差别扩大、贫富差距拉大,影响社会公平。

利益差别所导致的社会不公平使改革中部分社会成员的付出与应得不相称。改革实际上也是利益调整,势必要触及不同的利益群体。在不同群体的利益搏弈当中,利益的再分配是否合理地反映了各个群体的状况,也是社会公平正义必须关注的深层次问题。我国的改革在经历了初期的普惠阶段之后,开始出现阶层分化和利益分化。从20世纪90年代开始,我国经历了从社会主义市场经济开始建立到迅猛发展的改革历程,社会结构变动和阶层分化加快,各种利益群体快速形成,其中有些群体受益较大,有些群体受益较小,有些群体不受益甚至受损。另外,社会不公平现象,既存在于生产、流通及分配等诸环节,也存在于行政司法和文化教育等诸领域。这些不公平现象深刻影响着社会成员的公平感,成为诱发社会矛盾的焦点。人民群众对合理合法的收入差距能够接受,但对于违法、特权等造成的暴富以及人为造成的不公平竞争极其不满,迫切要求改变不公平的现状。这就要求我们必须高度关注公平正义问题,在推进经济社会发展的过程中切实把维护公平正义作为重大战略问题加以解决。

另外,利益矛盾也存在于对公平与效率关系的处理中。发展过程中如何处理公平与效率的关系,在中外的经济理论和经济实践中都是一个充满争议的问题。改革开放前,我们所追求的"公平"在很大程度上是绝对平均主义的公平,结果束缚了社会发展活力,导致效率低下。改革开放以来,我们坚持效率优先、让一部分人和地区先富起来,较好地解决了"效率"问题,但随着利益差别和社会差别的扩大,公平问题也凸显出来,积累了许多社会矛盾和问题,这是我们必须予以正视的。利益差别和其他社会差别导致的社会不公,往往是引发其他众多社会矛盾和问题的根由。从社会利益关系的本质上来讲,公平与效率的失衡,其背后隐藏的实际是利益关系的失衡。所以,处理好公平与效率的关系,实质上在于协调好社会成员的利益关系。在前期的改革中,我们提出"效率优先,兼顾公平"并没有错。问题在于我们在实践中把效率优先绝对化了,出现了只顾效率、不要公平的倾向,从而导致在一些领域和一些时期内公平问题没有得到很好的兼顾,使社会成员收入差距持续扩大，引起了社会的不满，也引发了一系列其他社会矛盾和问题。效率与公平失衡，使相当部分的社会成员感到利益受损。这仍然是我们在下一步全面深化改革中应着力解决的问题，否则公平与效率的失衡会对社会公平正义产生重大影响。这也是进入新时代以后我们把共享发展和公平正义作为发展中的重大战略问题来解决的深层动因。

（三）基于公平正义的共享发展的制度保障有待完善

在社会发展的任何阶段，制度在保障共享、推进公平正义方面都发挥着重要作用。在早期的原始社会，主要靠习俗来指导和约束人们的活动。在那个时期，习俗实际上发挥着制度的作用。阶级社会到来之后，制度就作为人们活动的固定规范确定下来。从这个意义上来说，人类所从事的各项社会活动都与制度密切关联。在人类社会不同的发展阶段，制度安排也各不相同。但从制度本性看，制度一经确立，其发挥的作用却是基本相同的。比如，在任何社会，制度都有引导作用、约束作用、规范作用等。历史上，由于阶级地位和所处等级不同，制度的倾向性也非常明显，即倾向于维护哪个阶级、哪部分人的利益，所以制度本身带有不公平性。但制度确立以后，在制度面前人们一般会得到公平对待，即便有时是形式上和表面上的。在社会主义条件下，人民在根本利益上是一致的，制度也就有了公平的基础。制度有一个不断完善和发展的过程，社会主义时期也是如此。我国的社会主义制度确立以后，也有一个不断完善发展的过程。我们所进行的改革，其主要目的就是实现制度的自我完善和发展，以提升国家治理水平。改革是一个逐步推进的过程，在改革中，我国的制度不断趋于完善，但也有一些具体领域的制度政策的完善发展却相对滞后，制度体系还不够成熟。习近平强调："制度更加成熟更加定型是一个动态过程，治理能力现代化也是一个动态过程，不可能一蹴而就，也不可能一劳永逸。"[①]制度体系的不成熟、不完善，会降低制度对社会公平正义的保障作用。只有充分认清制度体系存在的问题，才能有针对性地实施改革，从而使中国特色社会主义制度更加完善，使其能更好地保障社会公平正义的实现。

我国的根本和基本民主政治制度具有先进性，但具体制度还不完善，造

---

① 《习近平谈治国理政》第3卷，外文出版社2020年版，第127页。

成制度本质上的民主性、优越性与制度的具体落实之间存在一定的差距，对人民公平地行使民主权利产生一定影响。人民民主是社会主义的生命。我国的根本政治制度和基本政治制度充分赋予了人民当家作主的权利，从根本上体现了制度的优越性。但在实际政治生活中，由于民主法治方面的一些具体制度还不健全，许多人缺乏“当家作主”的感觉，说明我们的民主制度建设还存在一些问题。比如，法治观念淡薄、“人治”色彩浓厚、拍脑袋、乱作为等，缺乏有效制度制约，人民代表的选举和作用发挥方面的制度还不完善，选举人与被选举人的见面沟通、代表与选民联系等常态化渠道和制度安排缺失，人民民主参与的渠道还不畅通，重大政策的制定和实施透明度不够，与人民群众协商沟通的常规性制度安排缺失等。邓小平早在1980年就明确指出：“我们的民主制度还有不完善的地方，要制定一系列的法律、法令和条例，使民主制度化、法律化。”[①]习近平也强调：“我们一直认为，我们的民主法治建设同扩大人民民主和经济社会发展的要求还不完全适应，社会主义民主政治的体制、机制、程序、规范以及具体运行上还存在不完善的地方，在保障人民民主权利、发挥人民创造精神方面也还存在一些不足，必须继续加以完善。”[②]民主制度的不完善，既影响中国特色社会主义制度优越性的发挥，也阻碍人民公平地行使民主权利。

具体制度的设计和建构的滞后性，造成具体制度的统一性配套性不强，甚至相互抵触，对公平正义产生负面影响。制度是各方面相互联系的规范体系，是多种要素构成的一个整体，具有一定的内在架构。学者林尚立指出：“制度体系好比一棵大树，对其进行塑造需要根、干、枝、叶等不同层次，并保持它们内在的逻辑关系。因而，制度可以学习却绝不可照搬。目前的制度设计缺少对法律内在逻辑的考虑，而仅根据制度的用途来进行设计。”[③]经过改革，中国特色社会主义制度已经确立和发展起来，但从制度架构和具体制度的相互关系来讲，各个部分、各个层次、各个环节的具体制度的相互衔接还存在一些问题，统一性、配套性还不强，更有一些制度空洞乏力。习近平在讲到制度问题时指出：“制度不在多，而在于精，在于务实管用，突出

① 《邓小平文选》第2卷，人民出版社1994年版，第359页。
② 《习近平谈治国理政》第2卷，外文出版社2017年版，第289页。
③ 李玉、胡言：《制度建设是国家建设的核心问题》，《中国社会科学报》2013年第536期。

针对性和指导性。如果空洞乏力，起不到应有的作用，再多的制度也会流于形式。牛栏关猫是不行的！要搞好配套衔接，做到彼此呼应，增强整体功能。”①制度的不完善、不统一、不配套，甚至在一些方面和环节相互抵触，都会造成制度效率的下降，削减其保障社会公平正义的功能。另外，城乡的二元结构仍然存在，导致城乡在制度保障上公平性不足。改革开放以来，我国城乡关系经历了重大调整，制度鸿沟逐步变窄，但并未完全消除。所以，从制度的视角看，制度的公平性要求与城乡二元制度结构的矛盾，是长期存在的影响社会公平正义的重大问题。

在局部利益与整体利益的协调方面，制度的制定、改革和发展还在一定程度上受到地区利益、部门利益、利益集团等的干扰和阻挠，使制度自身的公平性及其公平保障能力受到极大影响。我国在改革进程中，已经实现了基本经济制度的深刻变革，完成了从计划经济体制到社会主义市场经济体制的彻底转轨，但旧的计划经济体制的弊端以及与计划经济体制相联系的一些具体制度并未完全打破，局部利益固化现象也未完全消除。比如，一些权力部门凭借手中权力把公共利益转化为部门利益；一些行业和地区凭借市场垄断地位把社会整体利益转化为自身局部利益；一些组织和个人依靠政策优势和对公共资源的占有以不公平竞争获取超额利润；等等。这些现象，极大地破坏和侵蚀了社会公平，障碍了社会共享。从改革开放的历史进程来看，这些现象的存在以及长期得不到扭转，很大程度上是受地区利益、部门利益及利益集团的干扰。习近平指出：“我国社会主义市场经济体制已经初步建立，但仍存在不少问题，主要是市场秩序不规范，以不正当手段谋取经济利益的现象广泛存在；生产要素市场发展滞后，要素闲置和大量有效需求得不到满足并存；市场规则不统一，部门保护主义和地方保护主义大量存在；市场竞争不充分，阻碍优胜劣汰和结构调整，等等。”②这些问题，归根到底都与制度改革不到位有关。而制度改革不到位又与部门保护主义、地方保护主义以及利益集团的牵制有关，这些就是所谓“利益固化的藩篱”，严重干扰社会公平正义的实现。

---

① 习近平：《在党的群众路线教育实践活动总结大会上的讲话（2014 年 10 月 8 日）》，《人民日报》2014 年 10 月 9 日。

② 《习近平谈治国理政》第 1 卷，外文出版社 2018 年版，第 76 页。

总之，我国的制度体系具有显著优越性，但确实还不够完善，还不成熟定型，还需要一个很长的完善发展过程。邓小平曾经指出："恐怕再有三十年的时间，我们才会在各方面形成一整套更加成熟、更加定型的制度。"[①]当代中国的根本制度和基本制度已经比较清晰稳定，包括制度框架和内容都比较明确，而各方面的具体制度还不完善，制度运行机制还不规范、不健全。正如习近平所说："中国特色社会主义制度是特色鲜明、富有效率的，但还不是尽善尽美、成熟定型的。"[②]中国特色社会主义制度不完善、不成熟的方面和环节，都影响和制约着制度的社会共享性，也影响着制度保障社会公平正义功能的发挥，必须通过深化改革来解决。

① 《邓小平文选》第3卷，人民出版社1993年版，第372页。
② 《习近平谈治国理政》第1卷，外文出版社2018年版，第10页。

第二章

权利公平视域中的发展权利共享

在早期人类社会发展过程中，权利观念还没有发展起来，自觉的权利意识也没有普遍形成。随着人类文明的发展，人们开始意识到自身的权利，特别是进入近代以后，权利意识普遍发展起来。而伴随着权利意识的普遍增强，人们对于权利公平的要求也普遍提高。权利公平在社会公平正义中具有基础性地位，没有权利公平，社会公平正义就失去了基础支撑。权利公平体现在发展实践中，其基本要求就是社会所有成员要公平共享发展权利。发展权利共享是权利公平在共享发展中的首要表现。没有发展权利的公平共享，就谈不上共享发展的实现。权利公平要求在经济社会发展中要着眼于满足每一个社会成员的利益和需要，为社会成员提供平等的生存和发展权利，从而为推进共享发展提供基础条件和保证。

一、权利公平的内涵要义

考察权利公平问题，首先要对权利公平的内涵有一个基本阐释。权利公平作为社会公平正义的重要组成部分和基本内容，有着丰富的内涵。在实际社会生活中，由于对权利的多重理解，人们对于权利公平也必然有不同的看法。处于不同的历史时代、站在不同的阶级立场上，人们对权利的认识有着极大的不同，对权利公平的理解也千差万别。深刻把握权利公平的内涵、特征和基本依据，对于在实践中落实权利公平、实现发展权利共享具有重大意义。

（一）权利公平的内涵

权利是一个意义广泛的话语，在不同的语境中能够演绎出众多的含义。权利是指人的权利，是人从事社会活动和处理相关事务所拥有的资格。故而，谈到权利的时候，相应地就会产生一个问题，即作为一种资格的人的权利是与生俱来的还是被社会赋予的？如果说权利与生俱来，即天赋权利，那么人与人之间的权利应该是一样、天然平等的。实际上，在迈向近代的过程中，西方以霍布斯、洛克、斯宾诺莎等为代表的一些思想家，发展了自然法和自然权利学说，强调自由平等等人类基本权利。后来的卢梭、康德等人，进一步发展了自然权利学说，提出天赋人权论，强调人的权利是先天的，人生来就是自由平等的。自然权利学说大大地推进了人们对权利的认识，增强了人们的权利意识，但其并没有很好地解决权利平等问题。从根本上来说，权利反映了人与人之间的社会关系，不能脱离社会发展和社会关系去理解权利。人与人之间的社会关系是多种多样的，相应地权利也就有多种多样的表现形式，因而从不同的角度对权利会有不同的认识。而就来源来说，权利并非“天赋”，而是根植于社会。在一定的社会发展阶段，权利通常是由相关的法律制度赋予的，是在法律规定下人所获得的从事社会实践、获取自身利益的资格。这种赋权不是虚构的，而是反映着现实的经济基础和阶级关系。

和权利话语具有多重含义一样，权利公平也是如此。对于权利公平的理解，也不能脱离现实的社会经济关系，要从具体的政治、经济、文化、社会、生态等领域的发展去把握。理论上对权利公平的理解，存在不同学科的区分，既可以从政治哲学的意义去把握，也可以从伦理学和现代法学的意义去把握，不同学科赋予了权利公平以不同的内涵。在现实社会生活中，从不同的角度理解权利公平，又可以做出不同的区分。比如，在个体与集体的区分中，有个人权利公平、群体权利公平、民族权利公平、国家权利公平，在自然人性的要求上，有人与生俱来的天然的权利公平；在法治国家的意义上，有国家赋予的“法律面前人人平等”的公民权利公平；在社会发展的视域中，有政治权利公平、经济权利公平、文化权利公平、社会权利公平和生态权利公平；在人权内容的框定上，有生存权利公平和发展权利公平；等等。权利公平尽管有如此多的含义，但其中最基本的无外乎是对一定社会关系的一种反映，而且归根到底体现于社会成员的相互关系，是社会成员彼此之间关系是否合理与适当的一种表达。社会成员平等拥有获取自身利益的适当资格就是权利公平。

权利公平是公平正义的基本要求和重要内容，是现实社会中公平正义的基础支撑。没有权利公平，就没有公平正义可言。社会公平正义并不是抽象于社会现实之上的纯粹理念，它首先体现的是一种社会关系，标识着一个社会中的所有成员得到合理和适当的对待。公平正义的具体内容可以从多个角度去认识，但其一般性内容大致包括权利公平、机会公平、规则公平等方面。在这几方面的公平中，权利公平无疑是社会成员获得其他方面公平的条件，是公平正义赖以实现的逻辑起点和实践起点。从权利主体角度来说，权利公平所要求的是权利应公正平等地在社会成员之间分配，体现的是权利配置的“不偏袒性”。也就是说，权利的分配和享有不应因社会成员的阶级阶层、社会地位、家庭背景、种族性别、财富多寡等而有所不同。在现代社会，社会成员在法律意义上一律平等，社会应通过不同形式的赋权，给予在不同领域以不同方式从事社会活动的社会成员以平等的参与权利，使他们能够在平等的起点上融入社会。当然，权利公平还要考虑和关注智力、身体等有缺陷的弱势群体，并赋予他们特定的权利。从这个意义上来说，权利公平应包括两方面要求：一方面，所有社会成员平等地获取和拥有权利；另一方面，社会上因自然或不可抗因素而处于弱势地位的社会成员应得到特殊对待，这是一种特殊的权利保护。这两个方面，不是相互矛盾的，而是相辅相成的。只有把权利平等和特殊对待结合起来，才能真正实现权利公平。

权利公平不是抽象的，而是具体的，它的内容体现于社会成员在政治经济活动和生存发展等各方面享有权利的范围和程度上具有同等性。就范围而言，社会成员应广泛享有各方面的权利。权利公平首先表现为政治权利公平，即权利主体平等地享有各项政治权利，在政治参与、决策、监督中能够同等地发挥作用。从经济角度来讲，权利公平最基本的表现是劳动权利公平和成果享有权利公平，权利主体具有同等的选择生产项目和从事经营活动的权利，也具有同等的享有劳动成果的权利，任何主体都没有垄断生产项目和独占劳动成果的权利。从人的生存发展来讲，权利公平是实现人权的基本保证。人权是从权利主体的社会存在来讲的，对权利公平具有根本性意义。人权是人应享有的基本权利，具有真实而广泛的内容。正如有的学者所讲："人权所包括的内容十分广泛，如适当生活水准权、适当住房权、健康权、自决权、发展权、自由迁徙权、财产权、社会保障权、劳动权和就业中的权利、教育权、文化权等等，而且，其具体项目的清单有不断拉长的趋势。"①在当代中国，人权主要体现为：人的生命权，人身的自由和安全不可剥夺，生命应该得到尊重和保障；人的生存权，包括通过自由选择谋生的权利、免于饥饿的权利、获得社会保障的权利等；人的发展权，接受教育培训的权利和享有适当生活水准的权利；人的参与权，每个人享有社会参与权利，有权参与社会生活和文化生活过程，也有权参与各项公共事务，等等。这些权利，归结起来就是生存权利和发展权利。因此，权利公平最终表现为各主体具有平等的生存权利和发展权利；生存权利和发展权利是人的发展的基本标识，是权利公平的根基所在，具有底线公平性质。生存权和发展权作为人必须获得的基本权利，是对人的社会地位及社会参与资格的普遍确认，也就是要使他们获得同样的权利，从而在一定的社会活动中获得自己需要的和应得的利益。这正是人的解放的先决条件。正如马克思所说："任何一种解放都是把人的世界和人的关系还给人自己。"②人的解放的程度体现着人权实现的程度。就社会成员享有权利的程度来说，所谓的同等性，是从权利义务相统一的角度来衡量的，即拥有相应的权利必须承担相应的义务，因此权利和义务落实在不同主体身上是不一样的，这是社会分工和社会差别的必然结果，只要摈弃特权、消除权利义务的不对等性，就是公平合理的。在完全消灭各种社会差别的理想社会到来之前，若把权利公平绝对化反而会损害权利公平的实现。

权利公平是人的自由与尊严的体现。自由与尊严是人与生俱来的天然权利，但是人的自由与尊严又不是抽象的，而是存在于现实的社会生活之中，与社会发展阶段和相应的制度紧密相连。在发展水平较低以及等级制

---

① 吴忠民：《走向公正的中国社会》，山东人民出版社2008年版，第122页。

② 《马克思恩格斯全集》第1卷，人民出版社1956年版，第443页。

度严格的社会，人的自由与尊严往往遭到破坏和践踏，人的基本权利无法得到保障。比如，以等级制度为基本特征的奴隶社会和封建社会，人的权利表现为阶级特权，人失去了起码的自由与尊严。马克思指出："在中世纪，权利、自由和社会存在的每一种形式都表现为一种特权，一种脱离常规的例外。"[①]作为社会底层的奴隶和农奴，都没有真正意义上的人格和尊严。到了资本主义社会，人的自由和尊严表面上得到了前所未有的尊重，但由于其制度缺陷和资本侵蚀，人的权利仍然表现为对人的自由和尊严的严格扭曲，"人权并没有使人摆脱财产，而是使人有占有财产的自由；人权并没有使人放弃追求财富的龌龊行为，而只是使人有经营的自由。"[②]社会主义制度的建立，为人的自由和尊严的恢复提供了前提条件，而人的自由和尊严的恢复则对权利公平提出了必然要求。没有基本的权利公平，就谈不上对人的自由与尊严的保障。只有在权利公平的基础上才能建立起人人自由、人人享有尊严的社会。所以，维护人的自由与尊严是权利公平的基本功能。

从权利保障角度来讲，权利公平的要求是社会成员拥有的权利及其实现必须获得平等的保护。如前所述，权利公平的实现是与社会发展的一定阶段相联系的。从人类总体发展进程来观察，人的权利及其实现都是随着经济社会发展而向前推进的，社会发展进步水平越高、制度越完善合理，权利就会得到越好的保障。但具体说来，不同的国家也有不同的情况。每一个国家有着不同的发展水平、不同的历史传统、不同的法律制度，其对权利和权利公平的认识和保障也各不相同。也就是说，在权利保障的优先顺序上，各个国家是不同的，它们所追求的权利公平的内容也不相同。比如，在中国建设和改革历史进程中，我们依据基本国情，把生存权和发展权作为最基本的人权放在权利保障的首位。如习近平强调的那样："中国坚持把人权的普遍性原则同本国实际相结合，坚持生存权和发展权是首要的基本人权。"[③]而我们所说的权利公平，也首先是生存权和发展权的公平。这符合马克思主义的基本原理。马克思指出："人们为了能够'创造历史'，必须能够

① 《马克思恩格斯全集》第1卷，人民出版社1956年版，第381页。

② 《马克思恩格斯全集》第2卷，人民出版社1957年版，第145页。

③ 《习近平致"纪念〈发展权利宣言〉通过30周年国际研讨会"的贺信》，《人民日报》2016年12月5日。

生活。”[①]也就是说，人们只有在解决了基本的生存和发展问题的基础上才能进行其他社会活动，实现其他权利。可见，只有生存权和发展权得到了保障，社会成员才能进一步行使经济、政治、文化及其他各项权利，也才能使各方面权利得到公平保障。此外，权利公平还受到法律制度的较大影响。法律和制度安排不同，权利公平的实现也不同。一般来说，一定的社会不仅通过法律制度进行赋权，而且也运用法律制度进行权利保护。所以，在既定的社会条件下，通过法律制度的制定和完善能够比较公平地保障权利的获得和实现。

(二)权利公平的特征

权利公平体现着权利要求的普遍性。权利要求的普遍性在于权利由所有人拥有和享有，而每个人拥有和享有的权利不应该有差异，这在本质上所体现的就是权利公平。美国伦理学家罗尔斯提出的两个正义原则的第一个就是：“每个人对与其他人所拥有的最广泛的基本自由体系相容的类似自由体系都应有一种平等的权利。”[②]这一原则，就是平等权利原则，主要用于确定和保障公民享有平等权利的自由，包括选举和被选举担任公职、思想言论和集会的自由、个人自由和个人财产保障、不受任意逮捕和财产剥夺等。而这些自由和权利都要求是一律平等的，“因为一个正义社会中的公民拥有同样的基本权利”[③]。在这里，罗尔斯所阐明的一个重要问题就是平等权利所提出的权利要求的普遍性问题。一方面，权利要求是对每一个人而言的，即包括所有公民；另一方面，每个人所拥有的基本权利是相同的，没有特殊和例外。没有权利要求的普遍性，就没有真正的权利公平。但权利公平所体现的权利要求的普遍性又不是绝对的，受到国家、阶级等因素的制约。也就是说，这种普遍性是相对的，即存在于一定的时期、一定的范围、一定的阶级、一定的种族之中。在人类社会的发展中，资本主义及其以前的社会，由于受到阶级基础、经济关系、政治制度等方面的限制，权利要求的普遍性很难在社会现实中得以展现，权利公平无法真正实现。社会主义制度的优越

---

① 《马克思恩格斯文集》第1卷，人民出版社2009年版，第531页。

② [美]约翰·罗尔斯：《正义论》，何怀宏等译，中国社会科学出版社1988年版，第60～61页。

③ [美]约翰·罗尔斯：《正义论》，何怀宏等译，中国社会科学出版社1988年版，第61页。

性就在于把普遍性的权利要求扩展到全社会，为权利公平的真正实现开辟了道路。

权利公平具有鲜明的阶级性。权利公平所体现的权利要求的普遍性，并不排斥权利公平的阶级性。相反，只有从阶级区分的视角才能真正认清权利公平的本质特征。随着社会生产力的不断发展，当人类社会产生私有制和进入阶级社会以后，权利公平就区分成了社会各阶级内部的权利公平。不同的阶级绝不会享有同等的权利，因而阶级一旦产生，权利公平就具有了鲜明的阶级特征。恩格斯在评价资本主义的平等时指出："平等归结为法律面前的资产阶级的平等；被宣布为最主要的人权之一的是资产阶级的所有权。"[①]在阶级社会，由于社会各阶级的经济、政治地位不同，因而对权利的认识和获得权利的要求也不同。一定社会发展阶段的权利公平，往往是一定阶级内部的权利公平，而不同的阶级在同样的社会生活环境中只能享有不同程度的权利。也就是说，权利和权利公平都带有很强的阶级性，在既定的国家和既定的社会，公民权利虽然具有天然性，但在很大程度上必须得到国家的确认和保护，而国家的确认和保护本质上反映了统治阶级的意志，因而权利体现的正是阶级之间关系。因此，权利公平及其实现的程度，取决于在一个国家占统治地位的阶级所持的立场，即统治阶级是代表多数人利益还是代表少数人利益。

权利公平具有历史性。权利本身是历史的和发展的，因而权利公平也是历史的和发展的。离开具体的社会历史发展进程，抽象地谈论权利公平，没有任何意义。权利公平是具体的历史的，与经济社会发展的一定阶段相联系，这是马克思主义关于权利公平的基本观点。马克思主义经典作家历来反对抽象地谈论公平问题，他们坚持从历史唯物主义的基本原理出发来评判权利公平，认为权利公平作为一定社会关系的反映，是社会历史发展的产物，必须把权利公平放在历史进程中去考察。正如马克思所说："权利决不能超出社会的经济结构以及由经济结构制约的社会的文化发展。"[②]权利公平的具体存在形态和实现水平取决于一定的历史条件，也随着历史条件的变化而变化。从历史发展来看，自从国家产生以后，权利公平就与各国发

① 《马克思恩格斯选集》第 3 卷，人民出版社 2012 年版，第 392 页。
② 《马克思恩格斯文集》第 3 卷，人民出版社 2009 年版，第 435 页。

展的具体情况密切关联。每个国家所处的发展阶段不同,其经济发展水平、文化传统习俗、具体法律制度、社会基本构成也不相同,其对权利公平的认识、权利公平的实现水平以及对权利公平的保障方式自然不同。

权利公平的实现具有渐进性。权利公平作为一种社会关系的反映,是与人类社会一起产生和发展的。随着人类经济形态更替、政治发展和社会进步,权利公平及其实现程度经历了一个由低级形态向高级形态发展的渐进的过程。人类早期的权利意识以及对权利公平的追求都是模糊的,没有现代意义上的权利义务关系和权利观念,权利公平是在没有经济特权和政治特权的基础上自然形成,那时的权力主要来自于威望,人们的经济关系、社会地位和知识技能的获得都是一种自发的平等关系。进入阶级社会以后,权利和权利公平发生了性质上的根本变化,不再有普遍意义上的权利公平。从奴隶社会开始,社会就产生权利的绝对分化,奴隶主垄断了社会权力和财富,而奴隶一无所有。在奴隶和奴隶主两大阶级之间,没有任何权利公平可言。封建社会在法律上承认了农民阶级一定的权利,赋予了农民一定的人身自由,使农民不再像奴隶那样被当作非人来看待。但是封建社会的权利公平保障毕竟是由封建生产关系所决定的,在封建社会关系的束缚中,人格的独立和人身的平等实际上被否定了。资本主义把自由、平等、博爱等观念深深地烙在人们的脑海里,极大激发了人们的权利意识,把对权利公平的追求和实现权利公平的实践大大向前推进了一步。然而,资本主义社会由于其制度的缺陷,其宣称的普遍权利实质上只是资产阶级的权利,是资本剥削的权利。列宁指出:“资本主义怎样和民主结合起来呢?通过间接地行使资本的无限权力!”[①]资本主义社会所构筑的新的权利和义务关系,并没有建立起新的权利公平。即便是进入社会主义阶段,权利公平也还受到诸多限制,也还需要一个长期的渐进的发展过程,只有到了共产主义社会才能够完全实现权利公平。

(三)权利公平的依据

从应然角度讲,人生而平等是权利公平的天然基础。平等作为人与生俱来的权利,在很大程度上是一种应然的形态。人生而平等、天赋人权,是

① 《列宁选集》第2卷,人民出版社2012年版,第752页。

近代西方极其推崇的价值法则。霍布斯强调人天生平等:“自然赋予了每个人在所有东西和事务上的权利。”[①]洛克则把人生来就拥有平等的自然权利称为“自然状态”:“在这种状态中,一切权力都是相互,每个人的权力都是相等的,没有一个人享有多于其他人的权力。显而易见,相同种族和相同地位的人生来就享有同等的自然条件,拥有相同的身心能力,理应人人平等。”[②]但是,他们也意识到,要保护每个人的权利不受侵犯,就必须共同遵守由自然理想引申出的指导人类生活的一些规则,即自然法。显然,人生而平等、天赋人权更多是一种抽象的理念。其所肯定的人的权利的与生俱来性和普遍平等性,只是建立在抽象的人性基础上。在阶级和国家产生以后,只有在排除了国家性质、制度构成、阶级区分、社会地位、习俗传统、发展状况等种种因素之后,在纯粹的抽象理性和自然人性的意义之上,才会有所谓的天然的权利公平。尽管人生而平等的天然的权利公平是应然层面的,却具有巨大的启蒙意义,能够为现实社会的权利公平提供价值引领和重要依据。

从实然角度讲,一个国家的宪法法律是权利公平的可靠保障。国家的法律尤其是宪法对公民的权利进行了明确的确认,这种确认是国家作为一个社群共同体以自己超越社会的力量赋予社会成员的。“天赋人权”作为一种自然权利,往往是模糊和不确定的,而由法律赋予公民的权利则是被肯定的实在的权利。国家宪法法律赋予公民的权利,既反映了社会共识,也是人权的基本保证。在法律面前,人人享有平等的权利,这是法治的基本精神,也是现代文明国家的基本遵循,并构成现代社会权利公平的基本依据。从人类社会发展来看,在阶级和国家产生以后,权利都是有阶级区分的,同时也是由国家的法律确认和维护的。资本主义国家产生以后,其宪法对公民权利的确认,形式上是平等的,但实质上受制于阶级的区分和资本力量的干预。社会主义国家则追求在实质意义上的公民权利公平。但是,无论是资本主义国家还是社会主义国家,在公民权利保障上都强调法律意义上的平等,这是现代法治国家的共同追求。一国的宪法和法律,对人民权利的规定和确认,是人民公平享有权利的前提和基础。习近平把宪法看作人民权利的根本保障:“如果宪法受到漠视、削弱甚至破坏,人民权利和自由就无法保

① [英]霍布斯:《论公民》,应星、冯克利译,贵州人民出版社 2003 年版,第 8 页。
② [英]洛克:《政府论》,刘晓根编译,北京出版社 2007 年版,第 58 页。

证，党和国家事业就会遭受挫折。”[①]所以，从根本意义上讲，国家的宪法法律对人民权利的确认和保障，是现代法治国家和法治社会权利公平的基本依据和可靠保证。

从发展角度讲，经济社会的发展进步是权利公平实现的根本基础。经济社会发展是解决一切社会问题的根本基础，也是实现权利公平的物质前提。权利公平首先体现在生存权和发展权的获得和保障。没有经济社会发展所带来的物质条件保障，就没有基本的生存权利公平和发展权利公平，而其他的一切权利公平也就无从谈起。恩格斯指出：“马克思发现了人类历史的发展规律，即历来为繁芜丛杂的意识形态所掩盖着的一个简单事实：人们首先必须吃、喝、住、穿，然后才能从事政治、科学、艺术、宗教等等。”[②]这充分说明了物质生产在人类社会发展中的基础性作用，人类各项权利的产生和实现也必然建立于这个基础之上。推进经济社会发展，不断满足社会成员在生存权利和发展权利方面的要求，是达到权利公平的基本前提和可靠基础。因此，紧紧抓住经济社会发展这个第一要务，是解决权利实现和权利公平的关键所在。发展是人类社会的永恒主题，致力于经济社会发展，并在这个基础上不断提升社会成员的的生活水平，满足其生存和发展需要，是人的基本权利要求。只有把人的生存权和发展权解决好了，权利公平才能实现和发展。

从权利义务关系角度讲，权利与义务的平衡统一是权利公平实现的重要前提。权利义务关系与人类相伴而生，无论我们是否意识到，这种关系都客观存在。权利与义务的统一表现为，有相应的权利，就必须履行相应的义务，履行义务以拥有相应权利为基础，而拥有相应权利又以履行义务为前提。就社会成员而言，既是享有权利的主体，也是履行义务的主体。只有权利与义务相统一，才能实现权利公平。权利公平建立在权利与义务相统一的基础上。马克思主义认为，权利和义务是统一的、不可分割的，“没有无义务的权利，也没有无权利的义务”[③]。权利与义务的分离是社会不公平的表现。历史上，在存在阶级压迫和阶级剥削的社会里，权利和义务是分离的，

---

① 《习近平谈治国理政》第 1 卷，外文出版社 2018 年版，第 137 页。

② 《马克思恩格斯文集》第 3 卷，人民出版社 2009 年版，第 601 页。

③ 《马克思恩格斯选集》第 3 卷，人民出版社 2012 年版，第 172 页。

权利公平只是形式上的，甚至连形式上的公平也不存在。只有在人民根本利益一致的社会主义社会，才有权利与义务的高度统一，才能实现真正的权利公平。权利公平既是对权利的确认，也是对相应义务的确认。在社会生活中，“每个行为主体承认自己的合法权利，这是一种‘权利意识’；每个行为主体承认他人、集体、社会的权利，这是一种‘义务意识’。在现实生活中，那种只讲自己的权利，不讲别人的权利；只讲对自己的尊重、满足，不讲对别人的尊重、满足；只讲自己的生存、发展，不讲别人的生存、发展的价值观、人权观，在理论上是片面的，在实践上是有害的”[①]。在人类社会的历史发展中，正是权利和义务的分离和对立，导致人们在享有权利方面的极大不公平。随着社会的发展，只有在逐步改变少数人压迫多数人的社会状况的基础上，才能为权利和义务的统一提供坚实的经济政治基础，权利公平才能在此基础上逐步获得真正的实现。

二、权利公平强调发展权利共享

权利公平对共享发展的要求，主要体现为强调发展权利共享，即不论社会主体背景状况如何，都应使他们享有平等的发展权。权利公平既要求在全球发展中实现发展权利共享，也要求在一国之内实现社会成员的发展权利共享。我们所倡导的发展权利共享，既体现于国家之间，也体现于一国之内。就国家之间的相互关系来讲，国家无论大小、贫富、强弱，在国际上都拥有平等的发展权利。依靠国家实力，对其他国家实施霸权和霸凌的行为，打压其他国家的正常发展，这是对国际社会权利公平的践踏。就一国内部而言，我们所说的发展权利共享是指所有社会成员共同享有发展机会、参与发展过程和分享发展成果的权利，任何成员不能得到“偏袒”和额外照顾。也就是说，在发展权利的享有方面，应排除地位、背景、财富等诸多因素的影响，使社会成员能够平等地参与社会活动。发展权利共享是共享发展的重要内容，也是实现共享发展的重要前提，体现着权利公平的内在要求。没有发展权利共享，就没有真正的权利公平，也就谈不上共享发展。

① 袁贵仁：《马克思的人学思想》，北京师范大学出版社1996年版，第202页。

(一)发展权利共享是权利公平的必然要求

权利公平在社会实践中的要求是权利分配必须公正和平等，而公正和平等地分配权利就意味着权利是共享的。没有权利的公平分配，就谈不上权利的公平共享。在这一问题上，美国法哲学家德沃金的观点可以给我们一些启示。在对权利的阐释上，德沃金与罗尔斯有所不同，他所强调的核心概念是平等而非自由，他认为权利必须严格按照公正和平等来分配，不能因为格外的关注而赋予一些人更多的权利，任何人的权利既不比其他人多，也不比其他人少。他认为："政府必须不仅仅关心和尊重人民，而且必须平等地关心和尊重人民。它千万不要根据由于某些人值得更多地关注从而授予其更多的权利这一理由而不平等地分配物品和机会。它千万不要根据某个公民的某一集团良好生活的概念更高尚或高于另一个公民的同样概念而限制自由权。"[①]这里所说的，实际上是强调政府在权利分配上要不偏不倚，即遵循公平性原则。当然，说到权利分配，首先要追问"谁的权利""与谁分配"，即权利有其承载的主体，公正和平等地分配权利显然是在权利主体之间进行的。就社会来说，无论是个体还是集体，都是完整意义上的权利主体。所以，权利公平不仅体现为作为个体的社会成员之间的权利平等，也体现为社会集体之间的权利平等。在这里，我们不想从非常抽象的意义上来看待权利公平，而是从国内国际发展的实际来分析权利公平给发展权利共享带来的影响。

从我国当前的发展来说，权利公平首先应体现在发展权利上，必然要求社会成员之间共享发展权利。发展权利共享具有很强的现实针对性，因为现实社会存在的权利不公平影响公平发展权的实现。改革开放使我国实现了经济社会等各个领域的深刻转型，这种转型仍然在持续深入，促使我国不断向市场化、开放型社会转变。这是我国迈向现代化的实际过程，其间，阶层关系的变化、制度政策的不完善，会使权利公平问题显得更加突出，使不同主体之间的发展权利共享存在较大差距。比如，从公共政策实施和公共物品提供来看，城乡之间和地区之间仍然存在较大差别，导致不同地域在发展权利共享上出现失衡；从体制转轨的实际进程来看，一些旧体制的弊端并

---

① [美]罗纳德·德沃金：《认真对待权利》，信春鹰、吴玉章译，上海三联书店2008年版，第362页。

未完全消除，一些部门、行业和地区继续凭借垄断地位把公共利益转化为个人利益，使其他社会成员发展权利受损；从对权力的行使来看，特权和腐败等现象还在很多领域存在，很多人还享受着一些法律规定外以及与其贡献不相符的特权，这也使社会成员的公平发展权受到侵蚀。正如有的学者所指出的那样，“最严重的问题在于，由于权力参与财产和收入的分配、由于缺乏必要的规则与监管而出现的‘额外的收入分配不公平’，以及由于在市场经济发展初期法治、规则（包括执法）不健全情况下出现的违法和腐败行为导致的‘额外不公平’现象”①。尽管我国发展已经进入新时代，但这些现象仍未从根本上解决。这些现象的存在表明，权利公平在当前还未得到切实保障，社会成员无法在更大的程度上公平享有发展权利。权利公平所强调的发展权利共享，就是要着力解决权利不公平问题。这就需要在发展过程中协力解决经济发展中的深层次、结构性问题，实现发展权利公平共享，从而达到共享发展的目的。

从整个世界发展来看，权利公平也应优先体现在发展权利上，要求国与国之间共享发展权利。当前的国际社会，存在显著的强权和霸权，发展中国家和一些弱小国家的发展权利往往受到侵害。国际社会这种权利不公平的现状，是影响各国发展权利共享的最大障碍。我们所提出的共享发展，首先就要共享发展权利。这一理念的提出，不仅是针对一国国内的发展权问题，也包括解决全球性发展中存在的发展权无法共享的问题。就当今世界发展来讲，造成全球发展不平衡的重要原因，仍然是长期存在的国际关系中权利配置的不公平。在现有国际经济政治秩序、国际关系及国际分工体系中，发达国家仍然处于主宰地位，掌握着政治话语权和资源要素配置的优先权。这种优先权，使少数发达国家占据世界发展的优势地位，造成了国与国之间发展权利的巨大差异。更大的问题在于，以美国为代表的发达国家为了保持自身的优势地位，往往强行压制其他国家，不愿意看到像中国这样的发展中国家强势崛起。正如罗斯玛丽·富特所分析的那样：“美国一直是全球体系中的主导权力，对形成 1945 年后的制度和行为秩序起了关键作用。很少人会觉得权力分配向有利于中国的方向转移对美国来说是一次轻松的调

① “中国改革与发展报告”专家组：《中国财富报告：转型期要素分配与收入分配》，上海远东出版社 2002 年版，第 2 页。

整，后者在政治及军事行动方面长期享有极大的战略自由度。”[①]国际社会这种权利不公平的现状，严重影响着国家之间公平共享发展权利。因此，要实现发展权利共享，迫切需要解决国际社会权利公平的问题。随着世界的发展和国际关系的民主化，全球发展中的权利调整是不可避免的，这是国际社会发展中权利公平的必然要求，也是世界人民的普遍愿望。

（二）以权利公平推动发展权利共享

权利公平是发展权利共享的重要保障和基本条件。实现发展权利共享，就要着力解决社会生活中存在的各种权利不公平问题，以权利公平推动权利共享。从我国经济社会发展实际来说，推动发展权利共享要把权利公平落在经济社会发展的各个领域和环节，并以完善的制度和适当的政策作为保障。同时，权利公平本质上也是一种利益衡量标准，社会成员在追求自身利益的同时不能伤害他人的利益。无论是个人还是集体，如果以损害别人的利益作为自己利益的实现条件，形成“利益互损”模式，实际上损害的也是彼此的权利，就会破坏权利公平，阻碍发展权利共享。我们在发展中强调构建和谐社会，以公平推动共享，就是要打破“利益互损”模式，真正实现发展权利共享。从权利公平的实现来讲，要高度重视结果公平，与之相适应的就是分配权公平问题。只有分配权利公平，才能有公平合理的“结果”。而分配权利公平的关键是分配尺度平等，比如以劳动作为尺度进行的分配，能够实现劳动权与分配权的统一，能够更好地实现平等的分配权。从世界发展来说，在处理国际事务中国与国之间也存在权利不公平问题，只有改变目前不公平的现状，重构世界体系，建立新的国际政治经济秩序，才能推动各国共享发展权利。

以权利公平推动发展权利共享，首先要消除特权。特权是一种法外之权，是权利享有方面的特殊化。古代的等级制社会，本质上就是特权社会。比如，在奴隶社会和封建社会，权利主要表现为阶级特权。在现代社会，虽然名义上消除了严格的等级制，但是特权并没有被消除，它还存在于社会生活的各个领域。特权是对权利公平的直接侵害。只要存在特权，就不可能实现发展权利共享。倡导权利公平就是要促进权利在所有社会成员之间平

① ［英］罗斯玛丽·富特：《中国和美国：冷暖和平之间》，严春松译，《国外社会科学文摘》2010年8月号。

等地分配和享有，反对把权利据为己有或对他人的权利进行压制的特权行为和特权现象。消灭特权，使权利回归人民，是近代以后各种革命运动的一个重要目标。比如，资产阶级革命把自由和民主作为基本口号，开启了近代意义上的民权运动。但是资本主义社会倡导的自由和民主是建立在财产占有自由的基础之上，权利的来源和享有都根植于其财产关系，资本成为真正的社会主宰，从而以资本为基础的权利成为一种特权。这使得资本主义社会不可能成为发展权利公平共享的社会。社会主义社会就其本质来说，是在消灭了社会对抗和达到社会各方面利益一致的前提下建立起来的，这就为消除特权提供了前提条件。但是社会主义的发展完善是一个比较长的过程，在一定阶段仍然存在特权现象。进入新时代，中国仍然是一个处于社会主义初级阶段的发展中国家，在党内和领导干部中还存在特权意识和特权现象。反对特权，消除特权对人民利益和人民权利的侵害，是实现权利公平的重要任务。正因为如此，习近平明确提出："要采取得力措施，坚决反对和克服特权思想、特权现象。"[①]只有克服和消除特权，真正实现权利公平，才能使人民共享发展权利。

以权利公平推动发展权利共享，还要大力推动劳动权平等。劳动权是社会成员最基本的发展权利，是各种权利中最核心的。在社会发展中，劳动是最基本的人类活动，是人生存发展的基础。劳动权包括人们从事劳动和获得劳动成果的权利，是人不可剥夺的权利。劳动权就是劳动自由权，即劳动者自由支配自己的劳动、自由选择职业、自由选择生产项目等方面的权利。劳动权平等是权利公平的基本体现，也是发展权利共享的重要表征。从人的社会存在来说，权利公平要求每个人都有不能被剥夺的从事劳动的权利。对于具有劳动能力的社会成员来说，劳动权利公平就是拥有公平的参与社会劳动的机会、享有公平的劳动环境和具有公平获得劳动报酬的权利。从事社会劳动是人生存和发展的基础，因而劳动权利公平是实现社会成员共享发展权利的基本前提。从一般意义来讲，劳动权利公平并不必然导致结果公平，却一定能够为共享发展创设必要的条件。正如有的学者所说："如果一个社会能够保障所有社会成员享有普遍公平的劳动权，即使存在结果不平等，这种社会制度和社会秩序也可能被容忍和维持，甚至某种程

① 《习近平谈治国理政》第1卷，外文出版社2018年版，第388页。

度上，这些制度结果所形成的社会差距可能转化为或本身就是社会发展的动力。”[①]在人类社会发展的历史上，劳动权利长期处于扭曲之中，社会成员的劳动由于受制度和其他种种的限制，成了为少数人创造财富的手段。社会成员的劳动权利极其不公平，因此也无法通过劳动来实现发展权利共享。进入资本主义社会以后，尽管资产阶级国家通过法律对普通劳动者的劳动权进行了确认，有了形式上的平等劳动权，但是普通劳动者的劳动权利实际上处于资本的统治之下，他们仍然无法通过劳动来实现真正意义上的发展权利共享。这一问题，只有在社会主义社会才能得到较好解决。进入社会主义社会，劳动者的劳动权利不仅在法律上是平等的，而且在生产过程中也是平等的。这种实质性的劳动权利公平，必然使劳动者在社会生产和生活过程中获得公平的发展权利，从而实现发展权利共享。

三、实现权利共享要把权利公平落实于发展实践

权利共享是共享发展理念的基本要求，集中体现着权利公平的价值取向。在经济社会发展实践中，要真正实现发展权利共享，就要把权利公平切实地落实在经济社会发展全过程和各个环节。权利公平的落实，需要从多方面努力，其中比较重要的是要落实好人民群众的政治权利公平、社会保障权利公平、城乡发展权公平和生态保障权公平等。这些虽然不是权利公平的所有方面，却是实现共享发展的重要方面，是共享发展权利的重要标志。要使人民群众真正享有共享发展的权利，就要在实践中把这些方面的权利落实好，使其公平地惠及所有人，从而使人民群众通过共享发展权利增强获得感。

（一）赋予公民更加广泛的民主权利

对于一个国家和一个社会而言，公民享有广泛的民主权利，是权利公平的集中体现。社会的不公平，首先源自对权利的垄断和独占。权利公平就是排除对权利的独占和独享，使全体社会成员平等地享有各项权利。民主权利作为公民的基本权利涉及多个层面，这些权利体现在社会生活的方方

---

① 苏昕、何璐瑶：《“三个公平”视野中城市新移民权利体系建设研究》，《江淮论坛》2019年第3期。

面面，主要包括普通公民的政治参与权利和政治自由、各项经济权利、信仰自由的权利、财产权利和科学文化权利等。这些权利，既是对公民身份的确证和肯定，又是公民参与各项社会活动的基本条件。民主权利带有很强的公共性质，标识着公民参与政治社会活动的资格。权利公平所要求的权利共享，就是要在赋权、参与等基本社会实践活动中，面向全体社会成员，使他们能够平等获取和行使民主权利，尤其要把实现弱势群体的民主权利作为关注的重点。

在新时代，享有更加广泛的民主权利，是人民美好生活的重要内容。我们所说的权利共享，其本质要求就是在政治、经济、文化及社会生活的各个领域，切实保障所有社会成员平等地拥有和行使各项民主权利。尤其是要通过法律、制度、体制等方面的改革和完善，保障人民民主权利落在实处。习近平指出："要在全体人民共同奋斗、经济社会不断发展的基础上，通过制度安排，依法保障人民权益，让全体人民依法平等享有权利和履行义务。"[①]一般来说，现代社会的民主建设，都会通过宪法法律对民主权利的赋予、行使和保障做出规定，使民主权利能够为全体人民所享有。中国的民主政治建设是在中国共产党的领导之下围绕人民当家作主这个核心展开的。在民主权利的赋予方面，国家通过宪法法律不仅赋予公民选举权和被选举权，保障公民主体地位，而且为了透明和公正，也赋予公民以知情权、表达权和监督权等民主权利。在民主权利的行使方面，国家不断增强公民民主意识，引导公民自觉参与，强化公民的自我管理、服务和监督。同时，不断拓展民主渠道，丰富民主形式，在坚持传统的信访等反映民意渠道的基础上，组织公民直接参与各类决策咨询会、民主评议会、听证会等，也吸引公民参与各种议题的网上讨论、评议和意见征集。在民主权利保障方面，坚持依法实行民主选举、民主决策、民主管理、民主监督，保障公民享有广泛民主权利。党的十九届四中全会强调："必须坚持人民主体地位，坚定不移走中国特色社会主义政治发展道路，健全民主制度，丰富民主形式，拓宽民主渠道，依法实行民主选举、民主协商、民主决策、民主管理、民主监督，使各方面制度和国家治理更好体现人民意志、保障人民权益、激发人民创造，确保人民依法通过

① 习近平：《加强对改革重大问题调查研究 提高全面深化改革决策科学性》，《人民日报》2013年7月25日。

各种途径和形式管理国家事务，管理经济文化事业，管理社会事务。”①

特定群体的民主权利保障，是权利公平实现的重要标志，也是实现发展权利共享不可或缺的方面。特定群体的权利保障主要涉及少数民族、妇女儿童、老年人和残疾人等。如何处理好民族关系，保障少数民族的正当权利，是实现权利公平共享的重要体现。在实现权利公平共享方面，中国历史上存在民族之间的不平等，世界其他国家也存在民族不平等的问题，即便是现代发达的西方社会也仍然存在不同程度的种族歧视。新中国在少数民族地区实行民族区域自治制度，使少数民族享有广泛的自治权，有效保障了少数民族平等的政治参与权利和管理国家事务的权利。妇女权利保障，是衡量权利公平的重要方面。新中国在解放妇女和保障妇女权利方面取得的成就，是中国历史上前所未有的，新中国妇女的政治参与权利和各方面的权益都得到了充分保障。另外，对儿童和老年人的权益也要实施保护，使他们也能在经济社会发展中公平享有各方面的权利。残疾人也是如此，一个社会对残疾人的权利保障，不仅是社会的道德良心，更是社会公平正义所要求的，社会必须赋予他们公平的政治参与权利和劳动工作权利。总之，只有把特定群体的民主权利保障好，才能使全社会不同群体都能公平共享发展权利。

（二）推动社会保障权的公平共享

社会保障权利是现代社会赋予公民的一项重要权利，是社会文明进步的标志。从社会层面来讲，社会成员的生老病死以及其他社会变故是不可避免的，社会的良心和责任在于能够为他们提供底线保障。社会保障在维护公平正义中发挥着重大作用。正如有的研究所强调的：“社会保障是国家面向全体国民、依法实施的具有经济福利性的各项保障措施的统称，是用经济手段解决社会问题进而实现特定政治目标的重大制度安排，是维护社会公平、促进人民福祉和实现国民共享发展成果的基本制度保障。”②发展权利共享，应该包括社会保障权的公平共享。无论职业和背景如何，社会成员普

① 《中共中央关于坚持和完善中国特色社会主义制度　推进国家治理体系和治理能力现代化若干重大问题的决定》，《人民日报》2019 年 11 月 6 日。

② 郑功成主编：《中国社会保障改革与发展战略》（总论卷），人民出版社 2011 年版，第 1 页。

遍享有社会保障权利是现代社会发展的特征。社会保障权利的共享不仅是经济社会发展的可靠安全保障，而且也是权利公平的重要体现。一般来说，社会保障权利主要包括社会保险、社会福利、社会救济、社会互助等方面，是普惠共享性权利，涵盖所有社会成员。从现代社会发展来看，社会保障无疑为社会筑起了一道安全网，它通过明确的立法和相关的政策形成一整套制度，为年老、患病、失业以及其他丧失劳动能力的社会成员提供帮助，也为遭受意外灾害和因为意外事故而失去生活基础的社会成员提供必要的保障。所以，社会成员普遍享有公平的社会保障权利，是社会公平正义的最好体现。当今社会是权利意识不断增强的社会，社会成员对于权利的主张多种多样，但享有社会保障权利是普遍的共识。社会成员从事经济和社会活动，其目的都是更好地满足自身的需要。在一个社会中，不论一个人职位高低、能力大小，都应平等地共享发展成果。社会保障提供了一个共享发展成果的基本路径，能够使社会成员在面临生老病死和灾害、伤残、贫困等难以克服的困难时得到社会支援，从而解除人们的各种痛苦，减轻生活贫困带来的压力，有效缓解各种社会矛盾，为社会成员的生存发展提供基本保证。其基本目的就是为了人，体现的是人的基本权利。

社会保障既是面向社会全体成员，更是对社会弱者发展权利的特殊保障。社会保障权公平不仅是对社会成员基本权利的确认，也是对社会中禀赋不同的成员的特殊对待，体现了基本权利保障和特殊对待的统一。社会保障作为一种普惠大众的福利性保障，其本质是社会成员之间利益的再调整，是通过再分配的手段推进社会的公平正义，使社会成员之间不至于贫富悬殊，使社会弱势群体的基本生活得到保障。在社会主义市场经济条件下，社会成员的收入分配主要取决于市场，市场讲究效率，市场内的公平实际是效率上的公平，竞争和优胜劣汰是不可避免的。这就必然会导致社会成员在收入分配方面的差别，特别是一些弱者会因此而陷入困境。在此情况下，就要运用政府和整个社会的力量对社会经济生活进行调控，以克服市场的缺陷，这是维护公平正义的必然要求。通过建立社会保障制度，从总体上对社会成员的收入进行调节，利用再分配等措施平衡社会成员的收入，缩小社会成员之间的贫富差距，对弱者实施保护，这是共享发展权利的真实体现。因此，从经济社会进步来讲，实现社会保障权的公平共享，是实现权利公平的重要保障。

社会保障与社会和谐发展是正相关关系，核心都在于是否能够共享发展权利。社会保障权公平是发展权利公平的重要内容和组成部分，对和谐社会发展和公民权的实现起着重要的促进作用。和谐社会的本义在于社会关系和谐，人与人彼此相处融洽，公平正义得到维护。要达到这样的和谐状态，就应该使全体社会成员拥有公平分享发展成果的权利。但是人们之间的自然条件和能力素质毕竟不同，尤其是丧失工作能力者、失业者、病伤残疾者等比较弱势的群体，按照社会竞争规则，很难完全实现所有人的发展权利。因此对弱势群体和收入较低者应该进行必要的社会补偿，使他们获得基本生活保障，这是权利公平的基本要求，也是实现发展权利共享必须优先考虑解决的基本问题。这一问题如果得不到解决，社会和谐的目标就无法实现。在现代社会，这一问题主要是通过建设社会保障体系来解决。在当代中国，随着经济社会发展，要不断完善和发展社会保障体系，提升社会保障水平，实现实际上平等的公民权利，使社会全体公民无论是在城市还是农村、无论是在公有制企业还是非公有制企业都享有获得社会保障的权利，促进社会和谐稳定。这就是说，要遵循权利公平的要求，本着社会成员共建共享的原则，把社会保障权的公平共享落实于发展实践，通过社会保障权的实现促进发展权利共享。

(三)实现城乡平等的发展权

城乡平等的发展权是权利公平在城乡发展中的体现，是实现农村居民发展权利的关键。城乡居民在发展权利上的不平等，是由多个方面的因素造成的，其中城乡二元结构是主要原因。城乡二元结构是历史形成的，是我国城乡发展长期存在的一个重大问题。这一结构主要以城乡分割的户籍制度为特征，使城镇居民和农村居民被分为两个部分，从而形成两种社会身份，享有不同的社会保障和公共服务，造成城乡之间的差距，使城乡居民在各项权利的享有上存在较大差别。比如，在就业、教育、社会保障、公共服务等方面，城乡居民之间都存在较大的不平衡。一般来说，城镇居民比农村居民能够获得更好的保障，更容易实现发展权利。虽然在改革开放的历史进程中，消除城乡二元结构是改革的一个重要领域，但这个问题一直没有很好解决。党的十八大以来，随着改革步伐的加快，许多地方废除了城乡户籍分割制度，城乡二元结构逐渐被打破，但城乡差别仍没有从根本上解决，城乡二元社会结构也还未根本上消弭打破。城乡二元社会结构是造成城乡社会成员的社会地位、身份和各方面社会参与权利不公平的根源，是发展权利不公平的具体体现。权利共享要求把权利公平体现于农村的发展实践中，必须打破和消除城乡二元社会结构，真正取消现有的城乡户籍制度等不合理的制度安排，形成统一公平的城乡运行管理机制，赋予农民以真正平等的身份和待遇，保证农民公平共享发展权利。

在新时代，要使农民更好地平等享有发展权利，就要持续深入地推进“乡村振兴”战略，处理好城乡关系和工农关系，走城乡融合发展之路。习近平指出：“在现代化进程中，如何处理好工农关系、城乡关系，在一定程度上决定着现代化的成败。从世界各国现代化历史看，有的国家没有处理好工农关系、城乡关系，农业发展跟不上，农村发展跟不上，农产品供应不足，不能有效吸纳农村劳动力，大量失业农民涌向城市贫民窟，乡村和乡村经济走向凋敝，工业化和城镇化走入困境，甚至造成社会动荡，最终陷入‘中等收入陷阱’。”[①]城乡融合发展就是要大力缩小城乡之间在经济社会政策等方面的差距，充分尊重农民的主体地位，赋予农民在农村发展中的主导权，使农民真正获得各方面平等的发展权利。在户籍制度改革方面，要推动各地进一步放宽农民在城镇落户的条件，消除各种限制，为农业转移人口在城市就业地落户提供方便。同时，要推进城乡公共服务一体化，努力增加农村公共服务供给，切实补齐农村发展的短板。要坚持把国家社会事业发展的重点放在农村，在发展公共教育、医疗卫生、社会保障等方面，要大力推动资源下沉，按照城乡一体化发展要求，加快建立健全全民覆盖、普惠共享、城乡一体的基本公共服务体系，使农民享有与城市同等的基本公共服务。只有这样才能逐步缩小城乡发展差距，维护城乡居民在各个方面的权利公平，使他们真正共享发展权利。

（四）保障生态权利公平共享

发展权利共享包括对生态权利的共享，生态权利公平共享也是权利公平的重要内容。权利公平问题，既涉及人与人、人与社会的关系，也涉及人、社会与自然的关系。在经济社会发展实践中，实现发展权利共享，也必须把

---

① 《习近平谈治国理政》第3卷，外文出版社2020年版，第255页。

生态权利公平作为权利公平的重要内容和领域加以保障。生态权利公平既反映人与自然关系的要求，也反映人类自身发展的要求。生态权利公平实际上包括两个重要维度：一个是社会中的人、集体在对自然给予的拥有方面享有平等权利；另一个是人、社会与自然的生命和非生命存在之间的平等权利。前一个维度的权利公平，包括代内公平和代际公平，即处于当世的同代人之间的公平和当代人与后代人之间的公平。后一个维度的权利公平，主要涉及人与自然、社会与自然之间享有的平等权利，即人、社会、自然都拥有属于自我的不可剥夺的权利，要把人、社会与自然放在平等的位置对待，不能以人类中心主义来对待自然，把自然纯粹看作征服和索取的对象。如果把自然纯粹看作改造对象，就会不顾自然自身的平衡而恣意破坏，给下一代留下生态问题。从这一意义上来说，人类社会和自然之间平等的权利实际是代际权利公平的合理延伸，即保护或是毁坏自然环境涉及的是下一代人的权利，关乎的是当代人和后代人的公平。

应该肯定，当代人和后代人在利用自然谋求生存发展上的权利是公平的，而能否达到公平则完全依赖于当代人对待自然的态度及其相应的作为。在人和自然的关系中，生态公平表现为人与其他自然存在物具有同等的生存发展权利，人的权利并不高于其他生命和非生命体。强调人与自然之间生态权利公平，主要就是要协调好人与自然各自享有的权利如何公平实现的问题，归根到底是人的全面发展问题，因为离开自然就谈不上人的全面发展。人的全面发展是人从自然力量和社会关系束缚下解放出来的结果。而在人与自然关系的层面，就不能仅仅关注当代人的权利实现，还要关注后代人的权利实现。当代人和后代人都拥有同等的生态权利。权利公平共享不仅要处理好人与人、人与社会之间的关系，还要处理好人与自然的关系，使处于不同时代的人们享有公平的生态权利，实现发展权利的可持续共享。从当今世界发展来看，人们更多关注的是自身目前的利益，强调的是现实的权利。这导致了当代人对自然的过度索取，造成生态破坏，不仅影响了当代人的生态权利实现，更剥夺了后代人应公平享有的生态权利。因此，要实现发展权利的公平共享，必须协调好人、社会、自然之间的关系，使自然得到公平的对待，使当代人和后代人公平享有可持续发展的权利。

实现生态权利公平的关键，在于改变人类对自然的态度。在人与自然的关系中，由于生产力发展不充分，人在很长时期处于受自然支配的地位。

以往的人类活动总在试图改变这种状况，人类按照自己的意志和愿望，把自然作为对立面和改造的对象，努力去驾驭和支配自然。其结果是，随着人的能力的提升和社会生产力的提高，人对自然无度开发，造成人与自然之间关系紧张，也使人自身的发展权利受到损害。在早期科技尚不达阶段，人与自然的对立关系还比较缓和；随着科技的发展，人改造自然的能力不断提升，人与自然的紧张关系就尖锐地表现出来。当代，人类面临严峻的生态和环境问题。这些问题极大地制约着人类的进一步发展，如果解决不好，势必会造成人类自身发展的失调和灾难，阻碍人的发展权利实现。恩格斯指出："我们不要过分陶醉于我们人类对自然界的胜利。对于每一次这样的胜利，自然界都对我们进行报复。每一次胜利，起初确实取得了我们预期的结果，但是往后和再往后却发生完全不同的、出乎预料的影响，常常把最初的结果又消除了。"[①]因此，在推进社会发展的进程中，要实现权利公平共享，就必须改变人对自然的态度，调整长期以来人与自然对立的关系，推动人与自然和谐共生。这是权利公平得以实现的基础条件，也是人自身发展的重要前提。离开人与自然的协调与和谐，权利公平和人的全面发展都无法得以实现。协调人与自然的关系，从观念层面来讲，就是要改变对自然的态度，把自然从征服的对象变为与人和谐相处的朋友，善待自然，尊重自然发展的权利和规律，使人对自然的主观欲求与自然发展的客观规律和谐统一。只有这样人才能逐步从自然的奴役中解放出来。从实践层面来讲，就是要实施绿色发展战略，把节约资源和保护环境落实在发展之中。只有创造和谐的人与自然关系，才能更好实现人的发展权，也才能实现发展权利的共享。

---

① 《马克思恩格斯选集》第 3 卷，人民出版社 2012 年版，第 998 页。

第三章

机会公平视域中的发展机会共享

机会公平是公平正义的又一基本内容，是公平正义赖以实现的前提基础。对于社会主体而言，机会公平与否，关键在于机会能否共享，实现机会共享是机会公平的首要标志。就经济社会发展来说，没有发展机会共享，就没有机会公平，因此机会公平必然要求发展机会共享。而对于个体来说，发展机会共享又是共享发展的实现条件。发展机会共享就是在社会发展过程中人人能够公平获得机会或者拥有获得机会的公平环境，这正是机会公平的要义。任何一项社会实践活动，个体的参与首先要看是否拥有机会，能够拥有机会就有了参与的资格，因此机会共享是公平的首要标志。习近平强调："我们的方向就是让每个人获得发展自我和奉献社会的机会，共同享有人生出彩的机会，共同享有梦想成真的机会，保证人民平等参与、平等发展权利，维护社会公平正义，使发展成果更多更公平惠及全体人民，朝着共同富裕方向稳步前进。"[①]只有推进发展机会共享，实现机会公平，才能为每一个人公平参与经济社会发展提供平等的起点。

① 习近平：《在中法建交五十周年纪念大会上的讲话》，《人民日报》2014年3月29日。

一、机会公平的内涵和要求

在经济社会发展过程中，实现机会公平是社会公平正义的重要体现。而要在经济社会发展实践中推动机会公平、实现发展机会共享，首先就要深刻把握机会公平的内涵和基本要求。机会和机会公平都是有着丰富内涵的概念，人们对其理解也多种多样。说到个体在社会活动中的机会，不可避免地要涉及其自然禀赋和背景条件。自然禀赋和背景条件不同，创设和把握机会的能力素质不同，获取机会的概率就不同。这必然给机会公平的认识和理解带来影响，也是我们谈论机会公平时必须考虑的因素。但是，从社会发展来说，机会是否公平主要看社会提供的机会对所有成员是否平等，这是机会公平的主要意涵，也是界定机会公平的主要视角。

（一）机会公平的内涵

“机会”一词的含义极其广泛，通常指获得某种发展或做某事的恰当时机，由各种有利因素聚合而成。当然，机会也与主体的体验和把握有关，不同的情景，对一些人来说是机会，而对另外一些人来说则未必是。我们这里所说的“机会”，主要是指经济社会发展提供给社会主体的、有利于其生存发展的可用资源能够被其真实拥有的情形。这些可用资源包括客观情景、关键时机、公开信息、相关规则、必要赋权等。当社会主体获得这些资源的时候，也就意味着获得了相应的机会，就拥有了获得相应发展或实现某种目标的机缘和前提。在实际社会生活中，我们所说的机会，更多地是指社会主体被赋予从事某项活动或做某事的资格和权利。有学者把机会看作权利的一种：“‘机会公平’中的‘机会’是参加某种活动的权利，做某事的权利，它不是接受权，而是行为权。”[①]获得了相应的权利，就拥有了进行社会活动的机会。从公平的角度讲，社会主体获得能够形成机会的资源的资格或权利应该是一样的，这就是机会公平的含义。

由于对机会有着多种理解，所以对机会公平也有多种理解。有的学者把机会看作一种可能性，即获取社会资源的可能性。由此，他们强调：“机会

① 徐梦秋：《机会的公平和权利的公平》，《光明日报》2014年12月17日。

公平是指每一个公民能够平等地参与经济社会生活并分享由此带来的成果，在获得各种资源的可能性上，处于同一条起跑线上。”[①]这实际上是把机会公平看作起点公平的重要标志。也有学者从机会就是权利的角度理解机会公平：“机会公平在很大程度上就是一种权利公平，即平等的参与权、选择权、表达权和发展权。”[②]我们认为，机会公平是指社会提供的生存、发展、享受机会对于每一个社会主体都始终均等。在实际社会生活中，机会公平主要表现为两个方面：一方面，都有平等的社会参与机会，主要体现为自由选择、职务升迁、资源利用等方面的机会平等；另一方面，都有获得平等的发展潜力、施展才干的机会，主要体现在接受教育和培训、获得信息等方面的机会平等。就平等的参与机会来说，其强调的是社会的开放性，社会主体在从事社会活动、获取相应职位、进入相应社会层级方面不受身份和背景的限制。就获得平等的发展潜力的机会来说，其强调的是社会主体获取和积累自身条件的机会，即主体具有平等地拥有提升自己能力、才智、技能的机会。如果机会被种种社会限制封闭，它只能是少数相关社会主体的“专利”，就会堵塞多数社会主体的参与机会。如果参与机会是开放性的，而社会主体能够抓住和实现机会的能力素质的获取条件不平等，也无法实现机会公平。这两个方面是相辅相成的，只有拥有平等的发展机会，同时又具有实现机会的能力素质，才能真正地达到机会公平。

机会公平是社会参与中的准入性公平，是实现社会公平正义的关键环节。没有准入性公平，就谈不上其他公平。对社会公平正义的维护和保障，权利公平、机会公平、规则公平、结果公平在其中有着不同的作用，但机会公平是前提，发挥着重要的基础性作用。这几种公平相互联系、密不可分。提倡权利公平必然要求机会公平，而机会公平又是实现权利公平的基本前提；机会公平也离不开规则公平，需要规则公平作为保障；机会公平与结果公平也不是对立的，尽管机会公平并不一定必然导致结果公平，但没有机会公平就必定没有结果公平。如果失去了机会公平，权利公平就会流于口号和形式，规则公平和结果公平也就更谈不上了。因此，机会公平在维护和实现社

---

① 国家发展改革委宏观经济研究院课题组：《改革红利与发展活力》，人民出版社2013年版，第167页。

② 杜帮云：《分配公平论》，人民出版社2013年版，第135页。

会公平正义中具有基础性地位。机会公平既强调要通过经济社会发展创造各种机会，又强调要使各种发展机会平等地开放。这对于国与国之间，以及一国内部的社会成员都是一样的。从国与国之间的关系来看，在全球发展中，机会公平体现为各个国家、各个民族和各个地区都能获得平等的发展机会，体现了人类命运的休戚与共。就一国的经济发展和社会生活而言，机会公平意味着社会成员都能平等地获得发展机会。正因为如此，机会公平为整个社会的公平正义实现提供了前提条件。

（二）机会公平的基本要求

倡导机会公平的主要目的是使社会成员在参与各项社会活动中能够获得均等机会，而不被排除在活动之外。对于社会成员来说，要平等融入社会，最起码的要求是起点和发展的机会公平，这是机会公平的最重要内容和要求。起点机会公平就是要使禀赋大致相同的社会成员能够具有同等获得相应社会职位或参与某项社会活动的机缘，使他们拥有相同的参与起点，不应因家庭背景或财富多寡等因素而在在起点上不平等。对此，罗尔斯有过较为贴切的论述："在社会的所有部分，对每个具有相似动机和禀赋的人来说，都应当有大致平等的教育和成就前景。那些具有同样能力和志向的人的期望，不应当受到他们的社会出身的影响。"[①]发展机会公平则主要存在于社会发展过程中，是社会成员在生存发展方面相应机会的获得和实现。在发展机会公平方面，不应当出现人为因素的阻碍或社会性安排的不当导致的社会成员机会的丧失甚至剥夺。哈耶克在考察近代平等理想所经历的变化时强调："百年以前，亦即传统的自由运动(classical liberal movement)发展至高潮的时候，人们一般都是以这样的主张来表达其平等要求的，即'任才能驰骋'。这一要求包括三个含义：一是阻碍某些人发展的任何人为障碍，都应当被清除；二是个人所拥有的任何特权，都应当被取消；三是国家为改进人们之状况而采取的措施，应当同等地适用于所有的人。"[②]这其中实际上就包含发展机会公平的要求。对于一个社会来说，如果没有起点和发展

---

① ［美］约翰·罗尔斯：《正义论》，何怀宏等译，中国社会科学出版社 1988 年版，第 73 页。

② ［英］弗里德里希·冯·哈耶克：《自由秩序原理》（上），邓正来译，生活·读书·新知三联书店 1997 年版，第 111 页。

的机会公平，就不可能有真正的公平正义。只有社会成员拥有公平的起点和发展机会，他们才会获得公平发展的可能性，社会才会显得正义。

那么，机会公平会不会带来不同禀赋的社会成员之间的差异和不公？答案是肯定的，这就是公平与不公的辩证法则。我们所说的机会公平不可能是绝对化的公平，除了普惠性服务和福利的获得机会应一律平等之外，其他机会尤其是竞争性机会的获得，必然会因为社会成员个体禀赋的不同而存在很大的差异。作为社会个体而言，其能力素质各不相同，不仅他们的先天性智能、体质不同，而且在教育训练、知识能力、实际经验等方面也存在很大差异。这些不同和差异，使他们在获得机会和实现机会方面的实际能力存在较大差距，这就是我们通常所说的天然的平等权利中所包含的事实上的不平等。正因为如此，把同样的机会提供给不同禀赋的社会成员，就会出现形式上公平而实际上不公的结果。阿瑟·奥肯认为："机会不均等的起跑线一方面是天赋能力的遗传，另一方面显然是家庭的不利地位。但这个领域中还有许多因素尚未确定。谚语中银勺子（比喻出身在富贵人家——引者著）的哪些方面，应该被视为造成了机会的不均等呢？这条起跑线的差距开始于胎儿期的影响吗？抑或开始于幼儿期较好的健康照顾，鼓励取得成就的培养，教育程度，职业安排上的家庭帮助，物质财富继承等方面受到的好处？"[①]天赋遗传及家庭背景必然会造成社会成员的起跑点不同，这是毋容置疑的。因此，要真正实现机会公平，就要贯彻差别化对待的原则。对于禀赋大致相当的社会成员，应遵循普遍和一般意义上的机会公平原则，承认和肯定其应得的机会，并提供获取机会的公平条件和环境；对于有先天或后天缺陷以及其他禀赋不足的社会成员，应遵循"机会倾斜"原则，一方面为他们创设特殊的机会；另一方面在一定的环境条件下赋予他们获得机会的优先权。也就是说，对禀赋不同的社会成员必须给予不同的对待。这并不违背机会公平原则，而恰恰是机会公平的精义所在。因此，对于机会公平，在理论上应辩证地理解，在实践中应辩证地对待。如果不顾社会成员的实际差别而绝对化地对待机会公平，其结果必然是造成更大的社会差别。

机会公平要求社会公开透明，反对封闭垄断造成的机会独享。公开透明是现代社会良性运行的基础，是防止社会不公的基本条件。在现代社会，

① ［美］阿瑟·奥肯：《平等与效率》，王奔洲等译，华夏出版社1999年版，第73～74页。

除了必要的个人隐私、各类机构和组织不便公开的内情、国家的相关秘密等，各种信息都应该向社会公开。公开透明是维护机会公平的关键环节，也是实现公平正义的重要前提。如果一个社会缺乏透明度，凡事暗箱操作，机会只能被特定的少数社会成员知晓和掌握，就必然会带来机会不公平，那么整个社会的公平正义也就无从谈起。一般来说，不论任何机会，都会涉及各方参与主体，关系他们的切身利益，只有公开透明、排除暗箱操作，才做到机会公平。通常情况下，如果某一机会属于普惠性机会，就必须坚持公开原则，向全体社会成员开放，使他们知晓获得机会的条件和程序，而不能将机会优先锁定于少数群体。而如果是竞争性机会，也必须进行公开操作，及时公布相关信息，明确参与范围、参与程序、参与条件等，使各方主体心中有数、公平竞争。应当说，在现实社会生活中存在的机会不公平问题，有许多是不够公开透明所致。总之，机会公平要求社会开放透明，倡导平等竞争，消除“机会垄断”，即机会应该惠及全体社会成员，这是机会公平的必然要求。

二、机会公平的实现条件

在实际的社会生活中，如何实现机会公平是一个比较难以把握的问题。就机会享有来说，机会公平要求无差别平等对待所有社会主体。无论社会主体处于何种社会地位，也无论其能力素质有何差异，机会公平都强调机会要对所有社会主体同等开放。就社会主体来说，机会之所以是机会，就是因为具有有限性和稀缺性，不可能平均分配，须主体凭借其自身的能力和努力通过平等竞争来获取。所以，机会公平的实现起码应考虑两个前提：一个是机会对于所有社会主体平等开放，另一个是对处于不利地位的社会弱势群体的差异化对待。只有平衡好这两个方面，才能在实际社会生活中更好地实现机会公平。

（一）机会要对所有社会主体平等地开放

实现机会公平的先决条件，就是机会要对所有社会主体平等开放。没有机会平等开放，就谈不上机会的公平共享。机会公平就是为参与经济社会活动的每个社会主体提供同样的活动空间和活动内容，它要求机会必须对全社会平等开放，使之成为每个社会成员生存与发展的可能性资源。正如弗里德曼所说："同人身平等一样，机会平等也不能完全按字面来理解。它的真正含义的最好的表达也许是法国大革命时的一句话：前程为人才开放。任何专制障碍都无法阻止人们达到与其才能相称的、而且其品质引导他们去谋求的地位。出身、民族、肤色、信仰、性别或任何其他无关的特性都不决定对一个人开放的机会，只有他的才能决定他所得到的机会。"①也就是说，在经济社会发展和人们的社会生活中，机会应该对所有的社会主体同等地开放，而机会的获得取决于他们的才能。罗尔斯提出社会的和经济的不平等应这样安排："使它们：1.适合于最少受惠者的最大利益；2.依系于在机会公平平等的条件下职务和地位向所有人开放。"②只有机会开放才可能有机会共享。机会开放是公平正义的基本要求，是文明社会的重要标志。如有的学者所说："机会的全面开放与个人的自主选择和公平竞争，构成了文明社会自由和正义的基本内涵，因此机会开放是文明社会的一项基本准则。"③

机会对所有社会主体平等开放，并不是一个虚空的口号，而是体现在经济社会发展的具体实践中。比如，在市场经济运行方面，机会的平等开放表现为市场主体应该享有平等的市场准入和公平的竞争环境。市场准入本质上是国家对市场进行调节和干预的一种制度安排，是通过某种许可对市场主体赋权的行为，决定着市场主体的市场参与状况和参与程度。也就是说，市场准入是国家对市场主体资格的一种确认，是市场主体能否参与和在多大程度上参与市场的先决条件，其核心体现的就是市场机会公平。除非具有特殊意义的领域，无论大中小企业、中资外资企业、国有民营企业，在市场准入方面不应有不同的待遇。这样才能创造公平的市场机会。如果市场主体在准入方面遭受歧视，就意味着在获取市场机会的入口处就丧失了公平。另外，机会的平等开放还体现在市场和市场体系本身的开放上，如果市场处于封闭和分割状态，就没有公平的市场竞争环境，资源就会被扭曲性配置，市场机会就会被垄断，因此必须通过创设公平竞争的环境去实现机会公平。

---

① [美]米尔顿·弗里德曼、罗斯·弗里德曼：《自由选择》，胡骑等译，商务印书馆 1982 年版，第 135 页。

② [美]约翰·罗尔斯：《正义论》，何怀宏等译，中国社会科学出版社 1988 年版，第 83～84 页。

③ 沈晓阳：《正义论经纬》，人民出版社 2007 年版，第 185 页。

又如，在实际社会生活方面，机会的平等开放表现为机会应该为不同的社会群体平等享有。在实际社会生活当中，城乡之间、不同地域之间、不同阶层之间有着很多差别，从而导致不同的群体在获取机会的条件和优势方面具有很大的不同。机会的平等开放就是要超越城乡、地域、阶层，使机会平等地面向所有社会群体。再如，在社会主体自身方面，机会的平等开放表现为能否平等获得成长发展的基本条件，核心在于所有社会主体能否获得平等的受教育机会、平等的就业机会、平等的升迁机会和平等的社会保障机会。无论哪种情况，机会的平等开放都是实现机会公平的关键条件。

机会开放对于实现共享发展具有重要作用。只有开放机会推动发展机会共享，才能更好实现共享发展。共享发展是人人参与、各尽其力的发展，只有坚持机会开放共享的原则，才能使更多社会主体抓住和享有各种机会。实现共享发展，既需要全民族的共同奋斗，也需要个人的自我奋斗。这就要求我们允许不同阶级、不同阶层、不同群体、不同社会成员有他们自己的利益，并承认和允许利益差别的存在。但是要处理好社会各方面相互交错的利益关系和利益矛盾，就需要有全社会都能认同和接受的共同准则，这个准则就是通过机会开放达到机会公平。只有坚持这一原则，才能为判断社会发展是否合理、正当、均衡提供价值标准，保证人们在实现梦想的奋斗过程中的起点公平。也就是说，在机会有限的情况下，要使机会向全体社会成员开放，优先获得机会的成员不得损害其他成员获得机会的可能性。同时，为避免恶性竞争所造成的内耗和无序状态，就必须制定规则、规范路径，使社会成员能够理性行为，防止机会竞争和获取的过程成为相互倾轧的过程。在现实社会中，只有实现机会公平，使社会成员处于相同的起点，才能使更多社会成员享有人生出彩和梦想成真的机会，才能为共享发展奠定基本条件。

（二）机会公平中的差异化对待

机会公平中的差异化对待，是从社会主体之间存在的差异和处于不利社会地位的弱势群体角度提出的原则。机会公平并不是不考虑社会主体之间的差异，而是在尊重差异的基础上，使社会主体之间的利益关系得到更好的调适。尊重差异，最关键的就是要使处于不利社会地位的弱势群体得到差异化对待。机会应该对所有的社会成员同等地开放，但是机会的获得和实现又是由社会成员的身心和才智等条件决定的。机会开放只是为社会成员提供了同等的进取发展的可能性，使社会成员在把握和获得机会方面不会因其社会地位、教育程度、性别出身等而有所不同。但是，机会能不能实现，则有赖于社会成员的自身条件和相应的社会条件。因此，机会公平只是从一般的和普遍的意义上来说的，对于社会成员的能力差异所带来的机会实现的差异，还要给予特殊对待。当然，机会公平实现中的差异化对待，必须把握好度。实施差异化对待，要有明确的条件，并且条件是可控的和公开透明的。否则，差异化对待就会变成少数人垄断机会的特权。机会公平中之所以要有差异化对待，其根本原因在于社会成员个体条件的多样性和差异性。差异化对待就是要在推进机会公平中把握好矛盾的特殊性、个性，处理好一般性和特殊性、共性与个性的关系。也就是说，从机会公平的发展规律来看，其本身就包含着差异化对待。没有差异化对待的机会公平只是形式上的机会公平，不是实质上的机会公平。从一般意义来说，差异化对待体现在以下几个方面。

一是特殊条件下的机会倾斜。社会作为一个运行发展的整体，离不开社会角色区分和社会职业分工。在社会上，担负不同的角色和从事不同的职业，需要有不同的能力素质和职业条件。因此，在实际社会生活中，机会开放所要求的机会面向所有社会主体，其本质是面向最适合的主体，即机会向最适合者倾斜。比如，国家公务员的招考，从道理上说应该不预设任何先决条件，机会应开放给所有公民。但是从实际情况看，国家公务员行使国家权力，需要有很高的能力素质和基础条件。再者，不同的岗位有不同的要求，需要不同的教育背景和经历。因此，国家公务员的招考，不仅要设立基本的准入条件，而且不同的岗位还会设定不同的准入条件，这就是把机会向最合适的人倾斜。经济社会发展的过程和人们社会生活的过程是复杂的，机会公平所强调的机会对所有社会主体开放，主要是指面对机会所有社会主体都能知晓、都能去把握、都能朝着它去奋斗。而机会的实现却又往往是通过机会倾斜达到的，具有竞争性的机会具有稀缺性和有限性，不可能人人拥有。在实际社会生活中，机会的出现往往是在特定的条件下，没有“无背景”和“无前提”的机会。而有了“特殊条件”这一限定，就意味着机会是向部分社会主体倾斜的。机会需要去追寻、去把握，因此常言道：“机会是给有准备的人。”当然，机会倾斜于部分社会主体应以社会整体利益去衡量，即机会倾斜不应牺牲其他社会主体的权益，而应有利于增进普遍的社会福祉。机会倾斜只是使机会偏向于最合适者，这正是机会公平的一种表现，也是推动社会文明进步的重要动力。

二是特殊的赋权。机会在很大程度上是一种参与的权利，拥有某种权利就意味着获得某种机会，所以通过特殊的赋权可以使一些特定社会主体在获得机会方面享有差别化对待。特别是对于社会弱势群体，只有通过特殊的赋权才能使他们获得必要的发展机会，走出社会生活的困境。从理念上讲，机会能够对社会公平开放，但是对机会的把握和实现却会因主体的不同出现巨大的差异。从客观层面来讲，生活于现实社会的每个社会成员，其天赋才能不同、家庭出身不同、社会地位不同、教育程度不同、所处地域不同，对机会的确认和把握就不同。从主观层面来讲，面对同样的机会，每个人追求和抓住机会的意愿不同。对于各方面条件基本相同而又积极把握机会的社会主体，理所当然地要将机会同等地赋予他们。但是，对于各方面条件差距较大的社会主体，要想使他们站在同一起跑线上，就需要特殊的赋权。机会公平中的特殊赋权，主要是从客观层面来考虑。也就是说，对于那些因天赋才能、家庭出身、社会地位、教育程度、所处地域不同陷入不利境地的弱势群体，给予特殊对待，以增强他们获取机会的可能性。在实现机会公平的过程中，如果没有必要的特殊赋权，机会将会成为强者的专利，弱势群体的权利和尊严将得不到有效保障，最终会损害整个社会的公平正义。

三是特殊群体的机会创设。一般情况下，对于先天性条件有缺陷的特殊社会群体，在很多时候不可能通过与正常的社会群体平等竞争获得自身成功的机会。再者，如果把不同类型的社会群体放在一起，使他们通过竞争获得机会，这本身也不符合公平正义的要求。机会公平并不是完全无视群体的差异，而是要针对不同的群体创设不同的机会。对于有先天性缺陷的特殊社会群体，就应该特殊对待，创设属于他们的专享机会。比如，作为国际性大型体育运动会的奥运会，就通常意义而言，身体残疾者很难与身体正常者获得同样的参与机会与成功机会，因此对残疾者群体就必须特殊对待，残奥会的设立就体现了为残疾者群体创设专享机会的原则。为特殊群体创设机会，就是要为他们保留专门的机会和设置适合他们发展的机会。在教育方面，要充分保障贫困地区和贫困家庭适龄人口的受教育权利，同时通过创建特殊类型的学校保障残疾者受教育的权利，为这些特殊群体创设公平的教育机会。在社会活动方面，要充分保障弱势群体的参与权利，在条件适当的情况下优先赋予他们参与机会，为他们创设公平的社会参与机会。在就业方面，要把合适的职业岗位优先分配给残疾者，为他们创设平等的发展机会。社会文明的发展，不能遵循丛林法则，弱肉强食。为特殊群体创设机会，是机会公平的重要体现，也是社会公平正义的底线。

三、以机会公平推进发展机会共享

机会公平是社会公平正义的起点和基础，既是促进经济社会发展的价值导引，又是经济社会发展的重要动力。机会公平能够引领社会主体充分释放自身潜能，适应社会发展趋势，跟上社会发展步伐，努力实现与其他社会主体的机会共享。在现实社会发展中，虽然人们对机会公平的理解不尽相同，虽然机会公平还具有相对性和对其实现条件把握的困难性，但通过追求机会公平达到机会共享，是人们的普遍愿望。机会公平是实现机会共享的必要前提和重要条件。只有以机会公平作为引领，社会主体才能不断开拓自身潜力，规划自我发展愿景，努力参与和分享各种发展机会。如此，才能激发经济社会发展活力，调动社会主体的积极性、主动性和创造性，才能实现机会的普遍共享。

（一）机会公平提倡发展机会共享

从理念和价值上来说，公平正义首先体现在机会公平上。而在实践中衡量机会是否公平，关键看机会能否被社会主体共享。机会公平的核心是倡导发展机会共享，是共享发展的重要起点。发展机会共享既是实现共享发展的前提基础，也是实现共享发展的首要标志。共享发展首先强调的是机会平等的发展，既要在经济社会发展中创造充分的就业及其他发展机会，又要在发展机会的获取与实现中达到公平共享。这不仅对一国的发展具有重要意义，而且对整个世界的发展也具有重大意义。就一个国家、一个民族而言，其所有社会成员都具有平等的身份，因而都应该有获得平等发展潜力的机会、平等社会参与的机会和平等实现自身发展的机会，这是机会公平的要求。推进机会公平，就是要在发展进程中使全体社会成员得到平等对待，都能拥有平等获得机会的权利，而不被排除在外，其目标就在于实现发展机会共享。就整个世界而言，机会公平提倡国与国之间的发展机会平等，不论是哪个国家、哪个民族，抑或是哪个地区，也不论是哪个种族、何种肤色，都必须获得平等发展自己的机会。在发展机会的获得方面，不能以大欺小、恃强凌弱，损害他国的发展机会。也就是说，在世界范围内，机会公平也要求各个国家、各个民族和各个地区实现发展机会共享。

机会共享可以从两个方面来把握。一方面，机会平等地开放给所有社会主体，使所有主体都有追求和抓住机会的可能性；另一方面，带有普惠意义的机会，应该平等地分配给所有社会主体，不能使主体受到不平等对待。前一个方面，主要指一些竞争性的只能为部分社会主体所拥有的机会，这种机会可以面向每个主体，但最后不可能被每个主体都拥有。这种机会要通过经验的积累、不懈的追求、精准的把握和必要的竞争获得，而不是平等分配给所有主体。比如，一个大型公司要选拔一名部门经理，参与选拔的机会开放给所有合格主体，在设置一定的条件和程序的基础上，大家通过竞争去获取职位，但职位是有限的，不可能人人获得。也就是说，机会最后只能落在少数主体身上，而不是平等分配给每个主体。在这里，参与机会的开放就是机会共享的重要表现。后一个方面，主要指每个社会主体都能拥有的机会，这种机会带有社会性特征，是普惠性的机会，既能面向所有主体，又能使所有主体同等地拥有。这种机会一般不需要通过竞争获得，而是通过必要的政策、法律和制度平等地赋予每个主体。比如，受教育的机会、接受培训的机会等。在保障起点公平的意义上，通过义务教育的法律制度，可以使适龄主体获得同等的受教育机会；在保障过程公平的意义上，通过实施职业培训政策，可以使社会主体获得同等的再教育机会。这些机会都能够为社会主体普遍共享。不论是前一种机会对社会主体的平等开放，还是后一种机会平等分配给社会主体，都体现了机会的共享，是机会公平的基本表征。

在现实社会生活中，发展机会的不公平还存在于许多领域，影响着发展机会共享。从整个人类发展过程来看，机会不公平是社会不公平的一个基本表现，多数情况下，机会往往被部分强势群体直接占有或优先获取，使机会不能公平共享。这种情况，在当今世界发展过程中仍部分存在，无论是国家、经济体之间，还是一国之内的社会成员之间，机会并没有完全实现自由开放，强势者往往占据优先地位。从国家和经济体的相互关系来看，发达国家和发达经济体占据世界话语权和资源支配权，拥有各种机会优势。经济全球化使世界经济活动的规模不断扩大，跨国经济联系日益紧密，资本的全球扩张势不可挡。但是，发达国家、发达地区和发展中国家、落后地区的生存状况差别极大，发达国家和经济体并没有在实现自身发展的同时给不发达国家和经济体带来更多的发展机会。发达国家往往利用自己的经济、科技、信息优势，实施机会垄断，使发展中国家处于劣势地位。如今世界范围内的反全球化浪潮和民粹主义，更使这种状况加剧。另外，从一国之内社会成员的实际状况来看，出身、地位、教育背景等诸多方面的不同，使社会成员在经济社会活动中所享有的机会也不公平，背景、禀赋强势者一般会更易获取各种机会。由此可见，现有的发展和竞争状况造成了发展机会不能真正实现共享。因此，不断强化机会公平理念，既协调好国与国之间的关系，又保障好社会主体合法权益，使机会惠及更多国家、地区和人民，使生存和发展机会能够实现共享，这是人类社会发展的美好愿望。

机会公平所倡导的发展机会共享，就是要解决发展进程中的机会不公平问题。解决机会不公平问题，不只是从理念和价值层面引导，还必须付诸于经济社会发展的实践。在发展实践中，倡导机会公平，促进发展机会共享，最重要的就是要促进起点的机会公平和发展的机会公平，这是机会公平共享的基本要求。就全球层面来说，要协调好国与国之间的共享关系，因为发达国家和发展中国家发展的起点和发展的程度有着很大的差距。因此，在发展中必须强调在承担相应国际义务方面必须实行“共同但有区别”的原则。否则机会将会偏向发达国家，发展中国家将不可能与发达国家站在同一起跑线上，也不可能拥有公平的发展机会。就各国的经济社会发展来说，起点和发展的机会公平是社会主体公平融入社会的前提，特别是对于家庭出身、能力素质等较低的社会主体，起点和发展的机会公平更为关键。促进起点机会公平，旨在使具有相同禀赋的社会成员能够拥有同样的社会起点，不应在起点上就丧失机会。促进发展机会公平，旨在使社会成员在发展过程中能够享有平等的机会，不应因各种不公平因素的阻碍无法获得和实现机会。只有起点和发展的机会公平，社会成员才能拥有公平发展的可能性，也才能共享发展机会，从而实现社会的共享发展。

（二）推进机会的公平配置与共享

机会能否做到公平共享，基本的前提条件在于机会如何配置。机会及其配置并不是神秘和偶然的，也不是不可把握的。从根本上来说，机会的配置反映着现实的社会关系，是社会资源和权利在社会主体之间的分配。实现机会公平共享，最重要的就是要使机会得到合理的配置，并使机会有利于社会主体公平地去获取。机会的合理配置，是实现机会公平的重要途径和必要手段。一般来说，带有竞争性的机会体现的是资源和权利分配的有限性，而公共性机会体现的是资源和权利分配的普惠性，也称为共享性机会。竞争性机会的配置，其条件必须是公开透明地面向所有社会主体，使之能平等争取，但不一定能够人人拥有；公共性机会则需要平等地面向所有社会主体，使之能人人参与，平等共享。有学者明确区分了两类不同的机会："从机会对于不同层面的社会成员所具有的不同意义的角度着眼，可以把机会平等分为'共享的机会平等'（共享机会）和'有差别的机会平等'（差别机会）这样两种类型。"[①]这里共享的机会平等，主要是指每个社会成员都应当具有大致相同的基本发展机会；而有差别的机会平等，主要是指社会成员的生存发展机会有着程度不同的差别，不可能完全相等，这类机会一般通过竞争获得。机会公平的价值就在于，不论哪种机会，其配置都要有利于减少机会获取的阻力，并能够增强社会主体普遍的获得感。在现实社会生活中，机会的配置受许多因素的影响，具有一定的复杂性。机会如何合理配置，涉及配置主体、配置原则、配置方式、配置内容等一系列基本问题，需要进行整体性把握。

在机会配置的主体方面，涉及执政党、政府、各类经济组织和社会组织、行业协会以及公民个人等。执政党、政府等是机会配置的主体，发挥着主导作用，从政策、制度、法律及其执行方面为机会配置提供保障。同时，执政党和政府在平衡机会配置的过程中，在强势群体和弱势群体之间，必须把弱势群体作为关注的重点，在政策法律的制定和制度保障方面要采取倾斜对待的差异化原则。另外，执政党和政府作为机会配置的主体，在公共性机会的配置中担负着重要责任，应通过政策、制度、法律等规范将权利和机会平等配置给所有社会主体，使公共性机会真正地实现公平共享。各类经济社会组织和行业协会等是竞争性机会的主要提供者，是机会配置的重要主体。

---

① 吴忠民：《社会公正论》，山东人民出版社2004年版，第121页。

这类社会性组织，在提供机会的同时，要制定清晰的参与资格和参与条件，设置明确的参与程序，使社会主体面对机会能够进行公平的竞争。机会是面向社会成员配置的，就社会成员自身而言，既是参与配置的主体，也是享有的主体。社会成员应主动作为，不断提升自己的能力和素质，积极参与机会分配，并从中获取促进自身发展的良好机会。由此可见，机会配置是各方主体努力的结果，执政党和政府主要通过政策制度等对机会配置进行引导，并以国家的强制性权力为机会配置提供保障；各类经济组织和社会组织等在政策制度的引导下，通过公平的程序向社会提供机会；社会主体则以自己的努力从社会获取各种机会，扩展自己的发展前景。

在机会配置原则和方式方面，要区分类别，合理对待。机会按照什么样的原则和方式进行配置，对机会公平共享至关重要。一般来说，机会分为公共性机会和竞争性机会。对于公共性机会，应在政府的主导之下进行配置，其遵循的是公平共享原则。这类机会的配置，不受家庭出身、性别年龄、社会阶层等因素的限制和影响，其目标在于达到社会主体的普遍共享。公共性机会是具有普惠性的机会，即正常的社会成员都有资格和权利去获得，比如政治参与机会、教育机会、职业培训机会、社会保障机会等，都必须普及于全民也惠及全民。对于竞争性机会，应以市场为主体来配置，遵循竞争获取原则。这类机会的配置，一般设置一定的准入资格和必要条件，尽管其也强调不受社会主体的自然和社会条件的限制，但其真正面向的是符合条件的合格主体，其目标是让最合适的主体获得。竞争性机会是稀缺性的机会，只能为部分社会成员所拥有。这类机会是通过严格的选拔和竞争程序，最后由部分社会主体所拥有。比如，各类就业岗位、职务升迁、赛事参与等机会，都是通过竞争为部分社会主体所拥有。另外，还有一类以特殊需求为导向的特设机会，其配置一般遵循的是特殊对待原则。这类机会一般面向残疾人和由于种种原因而陷于极端不利地位的社会主体等。无论是哪一类机会的配置，所要坚持的总的原则都是正义的平等原则。公共性机会的公平分配、竞争性机会的竞争获取、特殊需求导向的机会的设置，都必须在平等原则指导下进行，这是社会正义的必然要求。

从社会主体的生存发展而言，机会的平等配置在内容上有以下几个方面是不可或缺的。一是平等的政治社会参与机会。社会主体平等的政治社会参与机会，是机会公平配置并实现共享的重要体现。民主的实质就是公民政治参与和社会参与的广泛性，通过参与表达自己的愿望和诉求，促进资源和利益分配最优化。而参与的过程就是多方利益协调和平衡的过程，有利于推动机会的公平共享。没有广泛的政治、社会参与机会，就无法在经济社会发展中形成机会共享的局面。所以，平等的政治、社会参与机会是机会配置的首要内容，也是现代社会文明发展的重要维度。赋予社会主体平等的政治、社会参与机会，就是要排除其身份背景等的影响，不仅使他们拥有平等的参与身份和参与权利，而且要设置畅顺的参与渠道和透明的参与程序，使他们能够真正参与到政治生活和社会生活的实际过程。二是平等的接受教育的机会。教育机会的平等配置，在很大程度上决定着社会主体的参与起点公平，也极大影响着其参与过程公平。没有平等的接受教育的机会，社会主体必然会在社会参与中处于不利地位。教育机会的配置，应该彻底贯彻“有教无类”的原则，使社会主体不因身份、财富而在接受教育方面产生显著的差别，使他们能够平等地享有接受教育的权利，平等地享有公共教育资源和平等地享有教育的过程。尤其是对处于弱势的困难家庭和流动人口，要在教育机会的配置上实行特殊对待，确保他们不会丧失受教育的机会。三是平等的获取就业和升迁的机会。就业和升迁机会，是社会主体生存发展的基础性机会，必须要平衡好竞争获取和特殊照顾之间的关系，既遵循市场规律，又保护好弱势群体。四是平等的收入分配机会。在社会活动中，社会主体的付出应该有相应的回报，这是分配公平的基本要求。要达到分配公平，就必须保证社会主体享有平等的分配机会，即在分配机会的配置上要遵循平等原则。在按劳分配过程中，要使同等的劳动能够获得同样的报酬；在按生产要素分配的过程中，要协调好劳资关系，防止资本过度强势。五是平等的社会保障机会。平等的社会保障机会是社会主体生存发展的底线保障，应该按照人人平等、人人享有的要求面向所有的社会成员进行配置，确保再分配公平的普遍共享。

（三）创设机会公平共享的社会环境

创设良好的社会环境，是实现机会公平共享的重要条件。机会公平不是空洞的抽象的，而是具体的历史的，它存在于一定社会发展阶段，同时也反映社会发展状况。机会公平共享不仅需要社会主体自我的努力，也受制于多种多样的社会因素，经济社会发展状况、教育状况、制度政策等都影响机会公平共享。因此，在社会发展过程中，应该从多方面创设条件，着力减少机会公平共享中的阻碍，努力营造机会公平共享的社会环境，使社会主体能够通过自己的努力平等地享有和实现自我发展的机会。

1.着力消除影响机会公平共享的自然性和社会性障碍因素

影响机会公平共享的因素，大致可以分为自然性因素和社会性因素。自然性因素属于社会主体的先天性所得，包括出身、性别、年龄、身体状况、天赋智慧等。自然性因素的差异，会给社会主体在获取机会和谋求发展前景方面带来很大影响。社会主体的自然禀赋差异，必然造成其在社会活动中获取机会能力的不同。自然禀赋优越的社会主体，在获取机会方面一般处于优势地位；而自然禀赋较低的社会主体，在获取机会方面则处于劣势地位。因此，实现机会公平共享，必须关注社会主体自然禀赋的差异。社会性因素是社会主体在社会生活的实际过程中所获得的经历、资质和其他客观条件，包括所受教育、社会地位、社会关系、经济基础、制度法律等。社会性因素的差异，同样会给社会主体在获取机会和谋求发展前景方面带来巨大影响。一般来说，处于有利社会地位者比处于不利社会地位者能够更容易和更优先获得发展机会。比如，在社会主体的职业选择和实际就业方面，其所处地域、教育经历、经济背景、所处层级等会对就业机会公平产生巨大影响。优越的社会背景，会使社会主体在职业选择和实际就业方面占据优势地位，获得更多更好的机会。另外，在推进机会公平共享方面，也要注重消除代际差异。代际差异是由自然性因素和社会性因素共同促成的，是资源和利益代际传递的结果。比如，我们经常讲的“官二代”“富二代”“贫二代”等，他们拥有的资源具有巨大差异，也会造成他们在获取机会方面的巨大差异。推进机会公平共享，也要注重消除这种代际的不公平，阻止因代际传递而导致的机会不能公平共享。

2.把教育机会公平作为创设机会公平共享的社会环境的关键

教育作为提升社会主体能力素质和职业技能的基本途径，对社会主体的生存发展起着至关重要的作用。能否接受良好的教育，直接关系着社会主体在未来社会活动中把握机会的能力，决定着其发展的前景。所以，教育机会公平是实现机会公平的基础和前提。教育机会公平是共享性、普惠性公平，其基本要求就是社会主体平等享有受教育权，不能因为家庭出身、经济条件和地域限制而失去受教育的机会。在当今世界，教育机会公平受到了普遍的关注，成为社会公平正义的重要标志。目前，教育机会公平的阻碍，主要来自于教育资源的公平配置问题。比如，在教育经费投入方面，按照教育优先发展战略，公共教育经费的投入总量较大，但地区差距、城乡差距以及高等教育和基础教育的不平衡还广泛存在。同时，在师资配备、教育质量等方面，还存在“重点”“非重点”学校以及“强校”“弱校”之分。这就需要在教育资源配置方面充分协调好地区、城乡、基础教育和高等教育之间的关系，平衡好“重点”与“非重点”和“强校”与“弱校”的资源配置，通过不断减少直至消除地区、城乡、家庭出身、经济条件等差异而造成的教育机会不公平，创设优良教育环境，使平等受教育的权利落在实处。在这里，最重要的是对处于社会弱势地位阶层的教育机会保障，即对家庭经济条件较弱、处于边远地区、进城务工人员等群体，要加大帮扶力度，为他们提供平等的教育机会。党的十九大针对我国发展的战略目标和当前教育发展的实际，提出了推进教育机会公平的基本方向：“推动城乡义务教育一体化发展，高度重视农村义务教育，办好学前教育、特殊教育和网络教育，普及高中阶段教育，努力让每个孩子都能享有公平而有质量的教育。”[①]只有让每个孩子享有公平而有质量的教育，才能增强他们在未来发展中把握和运用机会的能力，从而获得更好的发展前景。

3.赋予具有同等能力和潜质的社会主体以平等竞争的环境

在社会发展过程中，有些机会是有限的、稀缺的，这样的机会不可能人人拥有，需要在满足一定条件的基础上通过竞争去获得。在这种情况下，机会公平所要求的不是把机会平均分配给所有社会主体，而是为能够满足条件和符合资质的社会主体创造平等的竞争环境。只要社会主体的能力和潜质相当，不论他们家庭出身、经济基础、社会地位如何，都要使机会对他们同等地开放。从社会实际运行的过程来看，竞争性机会是刺激社会效率提升的重要动力，也是激发社会主体奋斗欲望的强大牵引力。正是因为对机会

① 《习近平谈治国理政》第3卷，外文出版社2020年版，第36页。

的竞争和获取机会所能带来的成功，才有了社会主体持续不断的奋斗和社会的发展进步。创设平等的机会竞争环境，在经济领域，主要是赋予市场主体同等的国民待遇和市场准入，解决身份平等问题。同时，尊重市场规律，遵循优胜劣汰的规则，按照资源优化配置的原则来决定机会的享有。在其他社会领域，必须打破阻碍平等分配机会的樊篱。比如，权力介入造成的机会倾斜、强势群体对机会的独占、利益集团对机会的垄断等，这些妨碍机会平等竞争的阻碍必须破除。一般情况下，有限的竞争性机会的获取，会使社会主体在结果上产生较大差异，这需要通过普惠性机会的赋予和通过其他必要的社会治理手段去校正，而不能以平均主义的思维去打破平等竞争的环境。

4.优化机会公平共享的政策、制度和法律环境

政策、制度和法律在实现机会公平共享中发挥着重要的保障作用。正义的制度能够保障机会公平；而非正义的制度则妨害机会公平。机会本质上是社会资源和利益的分配，而政策、制度和法律在社会资源和利益分配中，既能为社会主体提供同等的标准、规范和路径，又能为社会主体的社会活动设定明确的边界，从而为机会公平共享提供保障。政策、制度和法律可以从两个方面对机会公平共享发挥作用，一方面，通过合理化的制度政策供给，构筑机会分配的明确规范，使所有社会主体在机会面前受到平等的对待；另一方面，通过制度政策规定落实差异化原则和特殊对待，弥补一些社会主体特别是弱势社会主体能力和资源的不足，为他们提供必要的参与和发展机会。当然，政策、制度和法律对机会公平共享的保障作用，归根到底取决于社会性质。在以私有制为基础的社会，生产资料掌握在少数人手里，资源和利益的分配倾向于掌握资源的少数人，使他们拥有获得机会的优先权，所以私有制社会没有真正意义上的机会公平。比如，资本主义社会也强调机会公平，但由于其生产资料的私人占有性质，机会极大地受制于资本，其强调的机会公平只能是形式上的公平，而非真正的实质性公平。社会主义社会为机会公平奠定了根本的制度基础，但这并不意味着机会公平就会完全实现。在社会主义社会，政策、制度和法律等都有一个不断发展完善的过程。其间，政策、制度和法律也会存在一些弊端，妨碍机会的公平共享。所以，必须通过改革等不断地调整和完善政策、制度和法律，为机会公平共享提供良好的制度环境。

第四章

规则公平视域中的发展规则共享

规则公平是社会公平正义的重要内容和基本存在形式，是实现共享发展的重要环节和必要保证。通常来讲，一个社会是否公平正义，在很大程度上取决于这个社会的制度、政策、各方面的体制和运行机制等是否合理，而制度、政策、体制、机制等构成社会规则，所以合理而适当的规则就是公平正义的重要社会存在形式。规则的制定和施行，就是一个社会公平正义状况的基本表征。规则制定明确合理并有着规范的施行程序，不仅是公平正义的体现，而且也是对公平正义的可靠保障；而规则的不合理或者缺失，则代表着一个社会公平正义保障的缺位，就会使社会成员之间的平等权利和利益实现受损。从规则的特性来看，规则的制定和运行越公平，就越能实现规则共享，从而就越能增强社会信任，促进社会成员消除隔阂，实现有效交往，提升社会效率和活力。如果规则制定和运行不公平，其必然是为部分人服务和谋利，就无法实现规则共享，就会引发普遍的社会怨气和矛盾。只有规则公平，才会推动规则共享，才能为社会成员平等地提供生存和发展权利的刚性保障，从而为推进共享发展提供良好的规则环境。

一、规则公平的基本含义及实现条件

规则公平作为社会公平正义的重要内容，由于涉及制度、体制、政策等基本方面，因而是最显性存在的公平形式。在一定的社会发展阶段，代表规则的制度、体制、政策等都具有一定的稳定性，规则公平状况和形态也就有了确定性。社会发展阶段不同，规则公平的表现及其状况也不同，其间有较公平的时期，也有很不公平的时期。所以，对规则公平要具体地历史地加以理解。按照规则公平的本义，一方面，规则在确立、完善和实施过程中要平等地面向所有社会主体，使他们能够共同享有规则而不至于受到歧视；另一方面，规则确立之后，所有主体在规则面前都是平等的，不能有特殊和例外。也就是说，规则公平要求规则能够用来提升所有社会主体的普遍福利，而不是只对少数主体有利。在公平正义的各项内容中，规则公平体现的是以制度化的规范对权利公平、机会公平、结果公平予以确认，其发挥的是规范保障作用。深刻把握规则公平的内涵、作用和实现条件，对于在实践中实现规则公平、推动发展规则共享具有重要的现实意义。

(一)规则公平的内涵

规则是在人类社会长期发展中形成和发展起来的，是社会有序运行的基本依据。通俗地讲，规则就是人们在长期共同生活中制定或约定俗成的一系列规范，其本质是社会主体相关权益的明确和固化。《新编现代汉语词典》对规则有简明的解释："大家共同遵守的制度或章程。"[①]一般来说，规则是社会主体共同认可并接受的制度和章程。就功能而言，有强制性规则和柔性规则。强制性规则一般指具有明确指向的政策、法律和各种制度等，而柔性规则主要指约定俗成的道德规范和各种习俗。规则之所以为规则，就是说它不是先在性的规律(尽管对此要予以体现)，而是由人制定的，是人们在长期的社会性生活中为了协调相互关系、规范社会秩序、指引主体行为而制定的一系列政策、法律及制度等。规则的产生尽管要符合社会客观规律，但其并不是独立于人的意志之外的存在。从古希腊开始，西方就有所谓"自

① 罗琦、周丽萍主编：《新编现代汉语词典》，吉林大学出版社2003年版，第414页。

然法”的主张，启蒙运动后经格劳秀斯、霍布斯等思想家的阐发，成为影响极大的独立的思想体系。自然法学派尽管认为自然法是永恒的和绝对的，但人的理性可以对之进行认知和发现，他们强调实在法应该服从自然法。但这里的所谓“自然法”也并不是先天性的、自然而然的就能作为人类社会的运行规则，而是对人类社会活动的反映。规则是人们在长期的社会生活实践中逐步制定和完善起来的，它规定了社会主体应该有什么样的行为、如何行为，使社会主体的权利义务固定化，从而为社会主体的活动提供了统一的标准和规范。

规则公平是对规则的合理性及其在社会主体权利义务配置中的平等性的确认和权衡。其要点在于，社会主体基于长期的社会实践和认知，在共同参与、反复协商、一致认同的基础上，逐步为社会运行发展制定共同遵循的法律、制度和规章，所有社会主体同等享有其“赋权”，也必须同等接受其约束，任何主体不能超越于规则之上。规则公平的核心内涵是规则的合理性及其对社会主体的平等性。一个社会包含各类社会主体，其之所以能构成一个整体，原因就在于它是以各种社会规则为纽带联系起来的。这些规则是否合理，其对社会主体是否平等，总体上反映着一个社会的公平状况。一般来说，规则的合理性和平等性是规则公平的基本表现。如果规则公平，它就会被多数社会主体乐意接受；如果规则不公平，就会积累社会矛盾甚至引发社会对抗。规则是否公平，既是一个社会公平正义的显性表征，也是人们衡量公平正义的重要尺度。任何社会主体在参与经济和社会发展的过程中，都是在相关规则的导引之下循规而行。只有规则公平才能为社会主体提供平等的行动准则，才能显示整个社会的公平正义性质。

规则公平不仅为社会成员的基本权利提供保证，而且为社会利益协调提供尺度，是促进共享发展的重要屏障。规则公平的内在要求就是规则必须首先是合理的，而合理的规则必须正确、真实地反映现实社会的各种关系及其相互作用，反映经济社会发展的基本趋势。这就必须避免规则的制定和实施出现偏颇，在规则制定和实施中要从社会整体利益出发，而不是从局部利益出发；要关照所有的社会主体，而不是只关照特定的社会主体。也就是说，“社会公正应当是以维护每一个社会成员或是社会群体的合理利益为基本出发点，而并不意味着一定要刻意地站在哪一个特定社会群体的立场上来制定带有整体性的社会经济政策和基本制度”[①]。在社会成员的基本权利保障方面，规则就是一种制度化的安排。没有规则，社会成员的基本权利很容易受到侵害。在这一点上，道义要求、习惯做法等都不能替代规则公平。规则公平实际上就是以统一的规则规定社会成员基本权利的限度和边界，它对所有社会成员都一视同仁，因而是公平的。规则对权利限度的规范同时也就是对侵权的约束，它能促使社会成员正确地行为。正如邓小平所说："制度好可以使坏人无法任意横行，制度不好可以使好人无法充分做好事，甚至会走向反面。"[②]规则公平还为社会利益协调提供尺度。现代社会，由于利益结构越来越复杂，利益关系的协调就不得不依赖明确的规则。这与道德规则的要求或古老社会的某种约定俗成是完全不同的，道德与约定俗成都只能是按照良好意愿或已有共识来调节利益关系，这种调节具有不确定性和随机性，只有规则才能提供确定的调节手段。

对于规则公平的理解，还应该注意一个基本维度，就是规则本身就意味着公平。从社会整体运行来看，一个缺乏规则的社会，必然是无序和混乱的，也必然导致弱肉强食的"丛林法则"盛行，社会公平正义必然得不到维护。只有制定合理的规则，并且规则得到社会主体的认同和遵守，公平才能得到维护。规则之所以具有公平性，是由规则自身的特征所决定的。首先，规则具有公开性。规则的制定要面向社会，不仅要吸收社会主体的广泛参与，而且规则的内容和制定程序也要向社会公开。规则一经制定，也必须通知所有社会主体，必须使所有社会主体知晓、理解和接受，否则就无法实施和执行。其次，规则具有普适性。规则是用来指导和规范主体社会行为的，具有普遍适用性。规则一旦确立，将在其所涉及的范围和领域内适用于一切社会主体，没有任何例外。任何政党、政治机构、国家机关、社会组织和所有社会成员都不能置身规则之外，都必须无条件服从和遵守规则。再次，规则具有平等性。规则本身应该是社会主体平等参与的结果，社会主体也应该获得平等的对待。虽然在社会发展的一定阶段，平等参与和平等对待会受到种种制约，但其会随着社会文明的发展而不断改善。更重要的是，规则颁行之后，所有关联的社会主体具有平等的权利义务，即规则面前人人平

---

① 吴忠民：《走向公正的中国社会》，山东人民出版社 2008 年版，第 29 页。

② 《邓小平文选》第 2 卷，人民出版社 1994 年版，第 333 页。

等。规则的实施和执行,不因出身、性别、年龄、职业和社会地位而有所差别。总而言之,规则提供的是统一的标准和规范,这就是其公平性的基本表现。

(二)规则公平对社会公平具有重要保障作用

在现实的社会发展和社会生活中,社会差别还没有消除,完全的、绝对的社会公平是不存在的。社会公平正义在很多时候和很大程度上被许多人看作一种价值追求。但这并不是说社会公平正义是不可得的,它存在于现实社会发展中。在社会发展的不同阶段,总会存在与之相适应的一定程度的公平正义,而且随着社会的发展,公平正义会得到越来越多的关注和实现。这就是说,社会公平正义并不是纯粹的“乌托邦”,包含着丰富的内容,其中规则公平是其重要内容和组成部分,也是其重要的实践形式和存在方式。而且,由于规则公平具有确定性和可把握性,因此其在社会公平中发挥着支柱性作用,是社会公平的重要保障。

规则公平为社会的公平正义提供基本遵循。在现代社会,规则是社会主体行为的基本遵循,即“没有规矩,不成方圆”。而规则是包括政策、法律、制度、规章以及道德要求等在内的各种规范,这些规范的平等性及其执行构成了规则公平的基本依据,也为整个社会的公平正义提供了保障。在规则中,法律和制度居于核心地位,从根本上决定着一个社会的公平程度。不同性质的社会,显然有着不同的社会公平情况。奴隶社会和封建社会的法律和制度维护着森严的社会等级,从根本上来说,没有真正的社会公平正义可言。而资本主义社会尽管比奴隶社会和封建社会更加进步,但由于其法律和制度基础的私有性质,其宣称的公平、正义也只是形式上的,无法达到实质意义上的社会公平。在社会主义社会,其法律和制度否定了以往社会制度的私有性质,因此为实现社会的公平正义奠定了根本基础。可以说,社会性质决定法律、制度,而法律、制度规范社会的发展和运行。由此可见,在一定的社会,围绕着其法律和制度所形成的一系列规则,为其社会发展提供了基本遵循。而规则的公平与否,也直接决定和影响着整个社会的公平。因此,规则公平是社会公平正义的基本保障,没有规则公平也难言社会的公平正义。

规则公平在实现权利公平、机会公平和结果公平中发挥着关键作用。

在社会公平正义的各个领域和体系中，无论是权利公平、机会公平还是结果公平，都必须基于规则。没有规则公平，权利公平、机会公平和结果公平都无法得到可靠保障。社会主体在参与社会活动的过程中，其权利和机会在很大程度上都是通过一定的规则赋予的。而其对发展成果的享有，也是基于规则。有的学者在强调规则公平对于机会公平和权利公平的决定性意义时强调："参加某种活动的机会或权利，应由相应的规则来配置或赋予。由于机会是由规则来配置和赋予的，规则的公平对于机会的公平就具有决定性的意义。"[①]从相互关系来讲，权利公平是从"赋权"的角度给予社会主体参与各项社会事务的平等权利，机会公平是从"起点"的角度给予社会主体参与各项社会事务的平等机会，结果公平是从"最终享有"的角度给予参与各项社会事务的社会主体以平等回馈，而规则公平则是从"规范"的角度给予参与各项社会事务的社会主体平等的引导和约束。从社会主体的参与行为来看，其所有经济社会活动都受规则的引导和约束。因此，规则公平实际上渗透于权利公平、机会公平、结果公平之中，并对这几方面公平的实现发挥着关键作用。没有规则公平，也就无法达到权利公平、机会公平和结果的公平。

规则公平能够为社会公平正义营造良好环境。规则公平不仅能为社会公平正义提供保障，而且也能为推进社会公平正义营造良好的环境。首先，规则公平能够为社会主体提供确定性的行为指引。规则明确地为社会主体提供了行为规范，告诉主体什么能干、什么不能干，能够使社会主体的行为具有确定性，避免盲目、无序的作为。规则对行为主体的这种引领，同时也能培育其正确的行为逻辑和行为方式，养成良好的行为习惯。其次，规则公平能够为社会主体提供获得自身权益的可靠渠道。社会主体从事社会活动，其主要动机和目的是获取相应的权益。那么，通过什么样的行为和渠道去获取自身权益呢？显然，不能通过不正当的手段和非法的渠道去谋利。社会主体要通过正确的渠道实现自己的权利，获取自己的利益，就要按照规则办事，在规则范围内去追求自身的权益。再次，规则公平能够营造人人平等的社会氛围。所谓规则公平，就是要为社会成员提供平等的规则和平等的对待，使人人能够感受规则的平等、享有规则的平等和拥有平等遵守规则

① 徐梦秋：《机会的公平和规则的公平》，《光明日报》2016年4月27日。

的自觉,从而为社会有序、公平发展营造良好氛围。最后,规则公平可以为社会侵害提供救济。规则公平不仅意味着遵守规则要受到保护,也意味着违反规则必须受到惩罚。规则公平就是要对所有社会主体一律平等,决不容许超越规则、破坏规则,否则就会受到惩罚。如果逾越了规则,对其他社会主体造成侵害,就要按照规则进行惩罚,这是对受侵害者的补偿,更是对社会环境的一种净化。另外,规则公平还能够创设市场公平,打造良好的营商环境。市场经济是讲求公平竞争的经济,没有公平的市场环境,就形不成发达的市场经济。而公平市场环境的营造,必须依赖规则公平。公平的规则能够破除形形色色的“玻璃门”“弹簧门”“旋转门”,营造公开透明的营商环境。所以,遵守规则、推进规则公平,能够为公平正义的实现创造良好的社会环境。

(三)规则公平的实现条件

规则的形成离不开社会各方的参与,它是在一定条件下多方面努力的结果。规则公平的实现也是如此,它需要一定的条件。

首先,规则的制定要有社会主体的广泛参与。规则作为社会生活的普遍遵循,其形成和确立应该是社会主体普遍参与的结果。如果规则的制定只是少数人参与,就可能出现以自我为中心的自利性偏向,就会导致规则的不公平,从而影响整个社会的公平。因此,要保证规则公平,其基本前提是在规则的制定方面要坚持平等原则,吸引各方社会主体广泛参与。规则的制定和完善,除了政党、政府、其他各类国家机关、领导者和公务员参与之外,还要广泛吸纳群众组织、社会组织、社会精英和普通公众参与其中。只有在各方广泛参与的条件下,协调好各方关系,平衡好各方利益,充分消解自利性倾向,才能达到规则制定的公平性。正如有的学者所说:“规则制定过程要扩大有不同利益的各政府部门和公权力机关的参与和博弈,提供一个公共决策讨论与争辩的平台和设计优化相应程序,要扩大不同利益群体、不同利益阶层的普通公众充分表达意见对规则制定进行公开辩论,参与博弈,组织讨论,不回避参与规则制定各方意见的交锋和冲突,做到反对意见或原则性分歧意见优先发言、重点对待,以遏制相关部门追求自身利益最大化,以最大限度地反映各种不同利益群体、不同利益阶层的利益和意志,以均衡各方利益，杜绝谋于密室，只对个别利益集团有利的规则的出台。”[①]特别是在规则制定过程中要尊重不同声音，善于倾听反对意见，减少或避免规则制定的偏差。

其次，规则内容的制定要具有合理性并符合多数人的愿望。规则公平最重要的是规则的内容要具有合理性，并能为大多数人所接受。规则内容的合理性就是制定的规则要顺应社会发展基本规律，反映社会发展要求，也只有这样才能符合多数人的愿望。要做到规则的内容具有合理性，关键在于在制定规则时要讲求科学性。缺乏科学性的规则，不仅不能很好地规范社会生活，而且会留下漏洞，为一些投机者提供方便，其结果就会造成对社会公平的破坏。要制定科学合理的规则，一方面要坚持从实际出发，使规则符合客观情况，顺应发展规律；另一方面，要坚持从人的全面发展着眼，使规则符合多数人的愿望，满足多数人的利益。也就是说，规则内容的制定既要合规律，又要合目的，做到两者的有机统一。一般来说，除了涉及国家安全、特殊领域、特殊事件、特殊群体等方面之外，在规则内容的制定方面，切忌设置某种前提，规定特殊条件，造成人为的排他性。如果规则的制定因参与者带有明确的自利的目的和指向，就会使规则带有不公平的痕迹，就会从源头上破坏规则公平。

再次，规则的实施要遵循平等对待的原则。规则一旦形成和确立，就要在社会生活中实施。只有实施规则才会发挥作用，如果不实施，规则就是空洞的，就没有任何作用，也就无所谓公平与否。规则实施的关键在哪里？在于能够平等地对待所有社会主体，不因主体的不同而有所变通。平等对待是规则公平的核心和灵魂。规则一经制定，对整个社会就具有同等的约束力，规则面前人人平等，不应有身份、职业、职位、学历等的区分。如果因身份背景的不同而使规则有所变通，就会损害规则的公平性。因此，平等对待是规则实施的重要原则，也是衡量规则公平的重要标准。从规则落实的实践来看，国家机关及其公务人员是重中之重。规则的实施不仅是针对普通大众，也针对政策、法律、制度等规则实施承载主体的国家机构和公务员。所谓平等对待，就是所有机构和社会成员都必须在规则范围内从事活动，不应有特殊和例外。特别是国家机构和公务员，不能利用手中权力曲解和变

---

① 陈仕平等：《规则公平何以可能》，《科学社会主义》2013 年第 5 期。

通规则，搞特殊化，把规则变为“对别人而不是对自己”的，凌驾和超脱于规则之上。权力的行使也必须服从规则，规则的实施必须出于公心，否则就会破坏规则公平。

最后，要使社会主体有强烈的规则意识。规则的制定和实施固然重要，但要真正地落地生根，还有一个重要的前提基础，那就是所有社会主体都要有强烈的规则意识。缺乏规则意识，不尊重和遵守规则，就会导致社会生活秩序紊乱，破坏起码的社会公平。规则意识的确立，最关键的是处理好个人自由与遵从规则的关系。人生来自由，拥有自由意志和不可剥夺的权利，这是毋庸置疑的。但这种自由是在规则之内的，超越了规则，任性而为，放任自由，就会受到惩罚而失去自由。社会是人的聚合体，人人都有同等的自由，不能因为个人的自由而伤害他人的自由。也就是说，自由是有限度的，有其不可逾越的边界。每个人都应该管理好自己的自由，这种管理就是存在于每个人内心的规则意识。要把规则看作对自由的保障，而不能认为规则是对个人自由与权利的限制。所以，在现代社会，通过不断的规则教育和长期的规则遵从，养成自觉的规则意识，是规则得以实施的基础环节。只有全社会普遍形成了规则意识，养成了自觉遵从规则的习惯，规则才能得以落实，规则公平也才能得以实现。

二、规则公平是实现规则共享的前提

如前所述，规则公平在整个社会公平中发挥着关键作用，没有规则公平，就不可能真正达到社会的公平正义。社会公平正义的一个重要体现就是社会成员能够共享发展，所以规则公平也是共享发展的关键。共享发展内含着发展规则共享；没有规则共享，就不可能实现共享发展。而规则共享的前提是有规则和规则公平；没有规则和规则制定及执行不公，就无法实现共享。

（一）规则公平为规则共享奠定必要基础

规则公平强调规则享有的平等性，这为规则共享奠定了合理性基础。规则能不能共享，关键在于社会主体在规则面前能不能得到平等对待。规则公平首先强调的是，规则对于作为其适用对象的社会主体一律平等、一体适用。尽管在不同的时期、不同的社会条件下，规则公平程度有很大的不同，甚至在一些社会条件下，规则本身带有很大的不公平性，但在社会发展的一定阶段和既定的社会条件下，规则一经确立，就意味着其具有普适性，即它是面向全社会和所有社会主体的。不同的规则，覆盖社会生活的不同领域，在其所涉范围之内，它将作为所有社会主体从事社会活动的共同遵循，对主体施行无差别对待。违反了平等性原则，就会破坏主体间的关系，损害一些社会主体的权益，规则就会失去其合理性基础。在规则施行方面，除了实际需要之外，不能对不同社会主体设置带有差别的限制性条件，特别是不能设置歧视性条件。这里的“实际需要”，是指规则制定和实施中的一些特殊条件。毕竟，不同领域、不同情况下，规则的制定和实施并不是没有任何条件的，没有条件就没有实实在在、可以落地的规则。比如，国家公务员的考试和选拔，在入口关上，不同的职位要有相应的学历规定，这是岗位的需要，其所对应的规则就是合理的。我们说的不设置限制性条件，是在规则已确定的情况下不能再添加额外的条件。也就是说，规则确立以后，规则的施行应该一视同仁。此时，如果针对不同的社会主体再设置不同的适用条件，就会破坏规则的公平性，就无法达到规则的共享。

规则公平还凸显了规则对主体权利义务规定的确定性、清晰性和一致性，这为规则共享提供了合法性基础。在社会生产和生活中，人们之所以能够长期共处发展，最重要的原因就是逐步形成了基于共同生活的规则，并由此构成了一定的社会秩序，这正是人类文明演进发展的重要规律。社会文明发展的一个重要维度，就是规则的形成与发展。规则的确立发展和规则意识的形成与提升，是文明不可或缺的内在要素。正是基于规则，人类社会才得以有序运行。而规则之所以能发挥这样的作用，归根到底在于规则能清晰地确定社会主体的权利义务，使社会主体能够明确各自的角色、权利和担当，由此就能构成有秩序的社会关系。马克思在讲到人的本质的时明确强调：“人的本质不是单个人所固有的抽象物，在其现实性上，它是一切社会关系的总和。”[1]也就是说，人不是孤立的社会个体，而是相互联系的社会性存在。因而，必然会产生规范各种社会关系的规则，这些规则无论是法律制度意义上的强制性规则还是道德习俗意义上的柔性规则，都从不同的角度

---

① 《马克思恩格斯文集》第1卷，人民出版社2009年版，第501页。

对社会主体的权利义务进行规定和确证。如此，人类才构成自为性的社会团体，而非自在性的动物群体。规则对于社会主体权利义务的厘定，实际上是对社会主体的“赋权”和“赋责”，其对权利义务的规定具有确定性、清晰性和一致性，这正是社会主体共享规则的合法性基础。在现代社会，规则对权利义务的厘定必须遵循权利与义务相统一的原则，拥有一定的权利，也将承担相应的义务。那种把权利赋予一些社会主体而把义务推给另一些社会主体的规则是不公平的，也会失去其合法性，不能得到社会主体的普遍认同。

规则公平也意味着规则的制定、施行和反馈都要遵从一定的程序，这为规则共享确立了程序性基础。规则公平的一个基本要求，就是在规则形成、确立和执行的过程中要严格遵从一定的程序，不能随意而为。规则的制定和执行，应该有一套完整的程序，从规则制定的发起、形成过程、实施过程到监督反馈，都要有相应的规定，使规则制定和执行能够有充分的程序保证，这是实现规则公平的前提。比如，立法、执法和司法过程都有比较严格的程序性要求，只要严格按照程序办事，就不会出现严重失误，就能保障起码的公平。遵从程序是为了实现公平。因为程序是对过程的规范，没有适当的程序或不遵从程序就难以保障整个过程的公平，所以规则公平要求参与制定和执行规则的主体，尤其是国家机构和权力机关，首先要有严格的、规范的立规程序，其次要严格按照程序推进和执行，这样才能为规则共享确立程序性基础。强调程序性，能够比较好地保护社会各方参与主体的权利，体现立规和执行过程中主体之间平等的关系；能够充分考虑和协调好各方之间的相互关系，照顾彼此利益，减少立规阻力和干扰；能够明确具体的操作内容和方法，避免立规和执行过程中的技术性失误。只要程序适当、具体、准确，就能充分保证程序公平，进而使规则确立和执行的过程公平。如此，规则就能得到各方社会行为主体的认可、接受和执行，也就为共享规则奠定了牢固的程序性基础。

规则公平还能为规则共享奠定民意基础。渴望规则公平、实现规则共享，是人民群众的殷切期盼。特别是涉及民生和人民群众切身利益等领域的规则公平，是人民最期待、最关注的。规则公平为满足人民群众的期待指明了方向。目前，在教育、就业、收入分配、医疗、公共服务等方面的制度政策还不完善，还存在一些公平的缺失，加快解决这些问题是人民群众的殷切期待。比如，加快教育改革，使地区之间和城乡之间的教育资源配置更加均衡，促进教育制度公平；完善市场就业机制，健全劳动者自主择业、市场调节就业、政府促进就业相结合的机制，创造平等就业机会，促进就业公平；以更大力度调节分配，深化收入分配制度改革，规范收入分配秩序，促进分配公平；加快推进医疗保障、医疗服务、公共卫生、药品供应、监管体制综合改革，完善国民健康政策，促进医疗公平。回应这些领域人民群众的期待，正是规则公平价值所在。要按照规则公平的指引，加快制定和完善各方面的规则体系，保障人民群众公平参与、公平发展的权利，发挥和调动他们的积极性和创造性，为规则的公平共享奠定民意基础。

(二)规则公平为规则共享提供价值引领

从价值支撑来看，规则共享是规则公平一以贯之的价值追求。规则公平既是一种实践要求，也是一种价值理念和价值追求。作为价值理念和价值追求的规则公平，能够从认知和思想层面为规则的确立和实施提供价值指导，为社会主体共享规则奠定思想价值前提。规则共享就是规则能平等适用于所有社会主体，能够为主体服务，成为主体处理社会关系、从事社会活动的依据、遵循和保障，并通过规则实现自己的权利，获取自己的利益。没有规则共享，规则公平就是虚空的，就不能落到实处。所以，规则共享本身就内含公平的价值。只有达到了规则共享，才有规则公平。而我们倡导和推进规则公平，也是促进规则能够普适于大众，使之成为大众的行为准则和实现自身权益的保障。所以规则公平内在地要求规则共享，实现共享正是其价值追求。如果规则不能为社会主体所共享，只能为少数主体服务，成为少数人谋利的工具，那就会失去其公平性的价值。比如，资本主义及其他剥削阶级社会所制定的规则之所以不公平，是因为其规则只为少数人服务，而不能为大众所共享。正如恩格斯在谈到资产阶级法律时所说："对资产者来说，法律当然是神圣的，因为法律是资产者本身的创造物，是经过他的同意并且是为了保护他和他的利益而颁布的。资产者懂得，即使个别的法律对他特别不利，但是整个立法毕竟是保护他的利益的，而最重要的是，法律的神圣性，由社会上一部分人积极地按自己的意志规定下来并由另一部分人消极地接受下来的秩序的不可侵犯性，是资产者的社会地位的最强有力的支柱。”①只有能够为大众共享的规则才能体现规则公平的价值追求。

从价值目标来看，实现规则共享是规则公平始终聚焦的价值目标。没有共享，就难言公平。追求规则公平就是为了达到规则共享。通过规则公平达到规则共享是人类社会的重要理想。规则和规则公平是从人类追求公平正义的价值理想中产生的。综观人类社会发展，规则公平具有深厚的历史底蕴，深深地包含着人们对公平正义价值理想的追求。虽然在不同的历史阶段不同的阶级对公平正义的理解不同，但是为了公平正义的价值理想而不懈奋斗的努力却始终如一。原始社会部落共同体依靠着由习俗等构成的简单社会规则而生活，那时的规则体现着朴素自发的原始公平的性质。阶级社会产生以后，由于阶级的区分和等级制度的形成，社会处于经常性的不公平状态。而且，这些不公平开始以国家法律、制度等形式固定下来，这就形成了新的社会规则，而这种规则显然是不公平的。恩格斯在分析剥削阶级社会权利义务关系时指出：“它几乎把一切权利赋予一个阶级，另方面却几乎把一切义务推给另一个阶级。”②于是，改变这种不公平的规则，实现规则公平共享，就成为人类发展的一个重要价值目标。在古希腊最初的城邦生活中，人们就开始探讨这一问题。他们把城邦的法律和公共规则作为城邦政治和社会生活的重要遵循，强调只有遵守法律规则才能维护城邦秩序和自由，也才能维护城邦公民的个人自由和生活秩序。而当时的法律规则尽管在一个被区分为不同等级秩序的社会内部，对各等级实行不同的对待，但法律规则不能被超越和破坏。也就是说，同一等级的公民遵守相同的规则，而不同等级的公民必须遵守各自的规则。这是规则公平在西方社会的最初表现，其目标就是实现规则的等级内共享。他们把这种规则秩序看作自然而然形成的。“在他们的心目中，城邦的各种组织、制度、风情，甚至连奴隶与自由民的划分，都是不能改变的自然现象。”③从本质上来说，这时的各种规则就是为少数人服务的。在此后的数千年发展中，破除规则为少数人服务的不公平状况、实现规则的共享，一直是人们奋斗的一个重要目标。从现实来看，人们关注规则公平，目的是使自身能够平等享有规则，为

① 《马克思恩格斯文集》第1卷，人民出版社2009年版，第462页。
② 《马克思恩格斯文集》第4卷，人民出版社2009年版，第197页。
③ 吕世伦等编著：《西方政治法律思想史》，西安交通大学出版社2016年版，第14页。

更好实现自身权益提供公平保障。可以说，实现规则共享始终是规则公平的理想目标。

从价值评价来看，能否达到规则共享是评判规则公平的价值标准。规则公平不是虚空的口号，它以能否实现规则共享作为检验标准。对规则进行价值评价，是理解规则公平的重要角度。价值评价需要确立相应的评价标准，如此才能做出价值判断。就规则而言，其价值在于其对社会主体需要的满足程度。主体在其社会活动中客观上需要有相应的规则来指引，使其明确什么能做和什么不能做。因此，社会主体对规则的需求是真实的。规则能够规范社会主体的社会活动，保障其相关权益。没有规则，社会主体就会显得无助，也会缺乏安全感，因为没有规则就无法判断和确定自身行为的合法性，也无法抵御可能遭受的伤害。由此可见，对于社会主体而言，规则的价值就是为其社会活动提供指引和保障。因此，规则对社会主体来说不是可有可无的，社会主体必须真实地享有规则才能开始其社会活动。而规则是为谁设置和享有？是为部分社会主体还是为所有主体？这就成为规则是否公平的判断标准。历史上，一个国家或社会的规则主要是由占统治地位的阶级制定的，这些规则对社会主体的规范和保障程度，取决于社会性质。在以私有制为基础的剥削阶级社会里，规则的制定有利于少数统治阶级，普通民众只能受到规则的压迫而不能享有规则设定的自由。因此，这样的规则是不公平的，因为它不能为绝大多数公众所享有。只有在社会主义条件下，规则的制定才能从社会主体的根本利益出发，并使所有主体都能享有。这就是说，规则能够共享，因而是公平的。在社会实践中，社会活动的主体也正是根据规则共享的程度来判断规则公平的状况。如果规则不能共享，就没有公平性可言；如果规则能够共享，那么就体现了规则公平。

三、坚持以规则公平促进发展规则共享

规则公平对于整个社会公平正义具有重要意义，也关系着发展规则能否共享。一方面，只有在规则公平的前提下才能使社会主体共享发展规则；另一方面，只有在规则公平的前提下才能以共享的规则规范和保障权利、机会和分配的公平，使社会主体得到公平对待，从而促进社会稳定而有效地运行。可见，规则的公平共享在社会公平和社会发展中居于重要地位。因此，

在推进经济社会发展的过程中，必须按照规则公平的基本要求，努力促进经济社会发展中的规则公平共享，使共享发展能够真正落在实处。

（一）规则公平内在地要求发展规则共享

共享发展需要发展规则共享，规则共享是规则公平的内在要求。没有发展规则共享，规则成为少数人谋利的工具，就没有规则公平而言。在当代世界发展中，规则不公平导致诸多矛盾，使经济社会发展缺乏应有的“共享性”。“目前的全球交往规则是以西方发达国家为主导构建的，总体上更有利于发达国家。如果发展中国家在全球化运行规则上没有话语权和参与制定权，就不可能有全球发展公正性。”[①]发达国家总是按照自己的逻辑行事，如在金融危机爆发或出现其他影响发展的重大事件的时候，发达国家往往首先拿起贸易保护主义的武器，破坏他们自己一贯标榜的所谓贸易和投资自由化规则，损害他国利益。比如，美国所标榜的“美国优先”“美国第一”的原则，必然破坏国际规则的公平性。而就一国之内的发展来说，不公平的规则，很多是由各国政府制定的不适当的政策造成的。比如，“美国的首席执行官一年获得数千万美元的报酬，因为我们已经创造了一个允许高管为了各自的目的而掠夺所在公司的公司治理结构。这种公司治理结构是由政府创建的，它不是通过自由市场形成的。……改变这些规则并不是政府干预市场，它只是在修补一个不正常的体系。”[②]不公平的规则往往带有歧视性，能够扭曲正常的社会活动和社会关系，是无法达到共享目的的。所以，必须把推进规则公平放在公平保障和共享发展的优先地位。

优先关注规则公平，是因为规则对社会发展具有重要的保障作用，是达到规则共享的前提。在经济社会发展过程中，实现共享发展必须以公平的规则作为保障。这里所说的规则，主要指制度、法律、政策等。制度、法律作为现代社会文明的主要表现，是实现共享发展的基本依托。就现代社会而言，国家是制度、法律的集中体现和主要代表。就本质而言，制度、法律是一个社会的规则体系。诺思在谈到制度时强调，“制度是一个社会的游戏规

---

① 陈忠：《全球发展公正性：伦理本质与历史建构——兼论“中国新殖民论”的实质与问题》，《中国社会科学》2010年第5期。

② 迪恩·贝克：《终结“市场原教旨主义”神话》，周岳峰译，《国外社会科学文摘》2010年8月号。

则”，“是人类设计的、构造着政治、经济和社会相互关系的一系列约束”①。也就是说，制度法律作为规则，规范着各种各样的社会关系，为各类社会主体的活动设定界限。制度法律的这种特性，使其在实现共享发展中发挥着关键性的作用。在一定的社会，由于制度、法律更具有根本性、全局性、稳定性和长期性，因此制度、法律作为稳定的准则和规范，能够用来组织千变万花的社会生活，规范千差万别的社会成员，解决错综复杂的社会问题，促使社会正常良性运转，为实现共享发展提供有效保障。

从发展实践来看，规则不公平必然会影响发展的共享性；而发展不能共享，也意味着规则不公平。所以，解决发展规则共享问题是规则公平的必然要求。在新时代，我们仍然面临制度、法律、政策等的不完善导致的规则不公，这也是各类社会矛盾爆发的主要根源。比如，我们在城乡、区域的发展方面仍然存在较大的不平衡，在教育、就业、医疗、收入分配和社会保障等方面也还存在许多薄弱的环节，这些方面的不平衡和薄弱环节，有许多是制度和政策等规则不健全导致的。因此，改革必须朝着有利于规则公平和体制机制创新的方向用力。习近平指出：“改革既要往有利于增添发展新动力方向前进，也要往有利于维护社会公平正义方向前进，注重从体制机制创新上推进供给侧结构性改革，着力解决制约经济社会发展的体制机制问题；把以人民为中心的发展思想体现在经济社会发展各个环节，做到老百姓关心什么、期盼什么，改革就要抓住什么、推进什么，通过改革给人民群众带来更多获得感。”②也就是说，要把改革作为构建公平规则的基本动力。只有通过改革构建一系列更加公平的规则，才能进一步使规则为全体人民所共享。

（二）以规则透明促进规则公平共享

规则是否公平，在很大程度上也要看规则是否透明。规则只有公开透明才能趋向公平，才能为社会主体所共享。如果规则模糊、不透明，就会产生漏洞，在社会一些领域留下形成“潜规则”的空间。同样，规则的模糊和不透明，也会给某些具有特殊身份的社会主体留下行使“特权”的空间。无论

---

① ［美］道格拉斯·C.诺思：《制度、制度变迁与经济绩效》，刘守英译，上海三联书店1994年版，第3～4页。

② 《习近平谈治国理政》第2卷，外文出版社2017年版，第103页。

是“潜规则”还是“特权”，都会使社会运行中的规则形同虚设，都是对规则公平的极大伤害。推进规则公平，实现规则共享，必须以推进规则透明作为突破口，使规则的制定和实施公开公正。目前，推进规则公开透明面临多方面挑战。比如，规则制定的暗箱操作和垄断、形形色色的“潜规则”、权力对规则的侵害、规则执行的监督不力等。这些问题极大影响着规则公平，妨碍规则由所有社会主体共享。

推进规则透明，要提升规则制定的开放度，扩大社会主体的知情和参与权利。增强规则的透明度，首先，在于提高规则制定的开放程度。在规则制定方面，要切实建立和完善相关信息的公开制度，保障社会主体的知情权。因为规则是用来规范社会主体行为的，具有普遍性特征，信息公开是其必然要求。其次，在规则制定过程中，要吸收社会主体及其代表全程参与。规则制定的过程越公开，社会参与越活跃，最后形成的规则就越能体现公意，就越能更加公平。要充分向社会公开规则制定的程序和步骤，对征求意见、提出预案、讨论协商、公示反馈、确立公布等各个环节进行细化设计，在不同阶段吸纳不同的社会主体参与其中，以了解和接受各方建议。再次，要尊重实践、尊重民意，不断对规则进行修改和完善。规则的制定不是一次性行为，在规则实施过程中要注重实践的效果和公众的反馈，及时对不合适、不完善的方面进行调整和修改，使其能够适应社会生活的实际，符合社会主体的愿望。从社会实践来看，规则制定的开放程度是不断提高的，这是文明发展的重要表现。比如，我们现在一些法律的出台、政策的制定，都向全社会征求意见，使规则的形成更加透明，这已经成为常态。

推进规则透明，还要打破形形色色的“潜规则”，以透明促进公平。规则之所以被制定和施行，是因为社会要避免混乱，有序运行。要使社会有序运行，就必须有规范社会生活和主体行为的准则。然而，社会生活是复杂的，社会主体之间的关系也是复杂的。在社会的长期发展中，不仅形成了政策、法律、制度乃至于道德等显规则，也形成了纷繁复杂、形式多样的隐性规则，即所谓的“潜规则”。显规则是显在的，是公开、合法、正当的规则；“潜规则”是潜在的，是隐藏的、非正规的规则。显规则的合法性和正当性来源于国家意志和社会认同。比如，政策、法律、制度等是国家制定颁布的，一些行业性规定、准则等是由行业协会或相关社会组织制定的，同时也需要得到社会主体的普遍认同。而“潜规则”之所以为“潜规则”，是因为其缺乏合法性和正当性。因而，显规则具有公共性，而“潜规则”具有私利性。如有的学者所说：“潜规则与以法律、道德、规定、制度等形式存在的各种规范制度的显规则不同，潜规则是一种包含着强烈个人理性与小团体利益取向的边缘行为，显规则代表的则是公共理性与公共价值。”[①]在社会生活中，“潜规则”存在于各行各业和各个领域，成为一些社会主体的私下交易行为。“潜规则”的盛行，会冲击和消解显规则，使社会主体对显规则失去信心和认同，从而对规则公平造成损害，妨碍规则的共享。比如，一些社会主体通过“买官卖官”“权色交换”“权钱交换”“交易回扣”等获得利益和取得成功，就会使其他主体认为遵守规则、踏实奋斗并不一定能够取得成功，从而就会产生对规则的漠视。因此，习近平反复要求，要“立‘明规矩’、破‘潜规则’”[②]。只有铲除潜规则，提升显规则运行的透明度，才能实现规则公平共享。

推进规则透明，也要破除“特权”，抵御权力对规则公平的侵害。“特权”就是超越规则的权力，是对规则公平的极大破坏。在“特权”泛滥的地方，规则就会失效，使规则共享成为不可能。特权思想和特权现象，实际上存在于各行各业和社会生活的各个领域。在各种各样的“特权”之中，把公权力作为特权来使用是比较特殊的，也是危害最大的。因此，人们在说到“特权”的时候，往往把它看作对公权力的私用。也就是说，手握公权力者不顾公共规则，把公权力用来为自己或小团体谋利，化公为私，这就是在行使特权。邓小平在勾画党和国家领导制度改革蓝图的时候，特别注意特权问题。他对特权有过解释：“我们今天所反对的特权，就是政治上、经济上在法律和制度之外的权利。”[③]他所指的是一些干部不把自己看作人民的公仆，而把自己看作人民的主人，搞特权、特殊化。特权的本质在于以权力凌驾于规则之上，蔑视法律和制度，公器私用，谋取特殊利益。特权行为严重违背了规则公平的原则，一方面，特权行为改变了权力的性质，把公权变为私权，违背了权力的正当性要求，以权力扭曲和改变了规则；另一方面，特权因为是对权力的独占和享有，其追求的是超越规则的超国民待遇和不正当利益。因此，特权在实质上就是权力腐败，它在以其强势行为打破规则公平的同时，也使社会

---

① 吴灿新等：《道德代价论》，人民出版社 2014 年版，第 339～340 页。

② 《习近平谈治国理政》第 2 卷，外文出版社 2017 年版，第 168 页。

③ 《邓小平文选》第 2 卷，人民出版社 1994 年版，第 332 页。

主体不能正当地共享规则。正因为特权对规则公平共享具有极大的危害性，所以习近平强调："要采取得力措施，坚决反对和克服特权思想、特权现象。"[①]只有消灭了特权，才能维护规则公平，实现规则共享。

另外，推进规则透明，相应的监督机制也不可或缺。健全规则落实的监督机制，保障规则施行过程的公平透明，是推进规则透明的重要一环。监督是规则执行的必要环节，是保障规则公平和规则能够得到共享的基本手段。在现代社会，规则的运行必须充分发挥相关监督机制的作用，防止规则在运行过程中出现偏离，确保过程公平。督查机制的作用就是对规则执行进行跟踪，掌握规则运行状况，纠正执行偏差，反馈相关信息，并对规则破坏者进行问责和制裁。健全监督机制也要运用法治思维，监督权责的厘定、监督机构的组成、监督权的行使方式、监督的基本程序等，都要遵循宪法法律的规定，防止监督权的滥用。监督的目的是推动规则运行的规范化和程序化，使规则能够落在实处。同时，也要建立破坏规则公平的问责机制，对于凌驾于规则之上和随意破坏规则的行为，要坚决惩处，确保规则执行的权威性和严肃性。在规则执行中，最重要的是对国家法律和制度运行的监督保障。就法律和制度的运行来说，我国已经形成了多层次的监督体系。党的十九大强调，要"把党内监督同国家机关监督、民主监督、司法监督、群众监督、舆论监督贯通起来"[②]，健全党和国家监督体系，充分发挥监督的合力。党的十九届四中全会进一步明确，要"坚持和完善党和国家监督体系，强化对权力运行的制约和监督"[③]。只有监督到位才能确保以法律和制度为核心的一系列规则顺畅运转，使社会主体充分享有规则公平。

（三）通过完善法律和制度创设公平的规则

促进规则公平，是目前推进共享发展迫切需要解决的问题。规则公平对于确保发展规则共享的实现具有重大作用。规则是社会的纽带，没有规则，社会就无法有效凝聚。社会中存在不同的个体及组织，要把社会聚合成为一个整体，就必须靠规则来实现。因此，规则是社会文明发展的一个基本

---

① 《习近平谈治国理政》第 1 卷，外文出版社 2018 年版，第 338 页。

② 《习近平谈治国理政》第 3 卷，外文出版社 2020 年版，第 53 页。

③ 《中共中央关于坚持和完善中国特色社会主义制度　推进国家治理体系和治理能力现代化若干重大问题的决定》，《人民日报》2019 年 11 月 6 日。

要素，也是判断社会文明程度的一个重要指标。一个规则完善合理的社会，一般来说也是一个运行有序和比较公平的社会。如果规则缺失或规则不合理，社会就会陷入混乱和无序，就无法实现公平。社会的发展越来越复杂多样，分工也越来越精细，这就更加需要通过规则来规范。只有依据规则，各类社会主体才能有所遵循，才能实现相互间的信任，才能在规则之内得到公平对待。因此，一个优良的社会首先应该是一个规则公平的社会。如果规则不公平，社会主体在从事社会活动时就缺少合理的遵循，其权益就可能遭受侵蚀，也就无法实现共享。当前，实现规则公平，最重要的是通过完善法律制度明确规定社会成员基本权利的限度和边界，使所有社会成员都受到一视同仁的对待。

从国家层面来讲，推进规则公平共享，需要对以法律和制度为核心的规则不断进行建构和完善。国家层面的法律和制度作为最重要的规则，其最鲜明的内在价值就是公平正义。现代社会的治理，主要依靠法律和制度，治理过程就是实施"法的统治"和进行制度的规范。无论是法的实施还是制度的运作，都以公平正义作为基本前提。因此，作为规则的法律、制度，能否做到公平，是现代社会能否实现善治的重要条件。就法治和制度治理而言，现代法治和制度治理的公平性，体现为它是对人治的否定。人治往往带有个人倾向，很难实现社会整体意义上的公平。相对于人治而言，现代法治和制度治理能够有效排除权力运行中的个人好恶、情感偏向等。现代法治和制度治理的优点是，它能以具普遍意义的、强制性的共同规则面向社会，使所有社会主体得到同等的对待，使所有的社会事务都在规则内运作，这正是规则公平的实践体现。因此，在规则建构上，应以能够实现公平和共享为原则，对现行以法律和制度为核心的规则进行清理、调整和完善，并根据经济社会发展和社会生活的实际需要，适时订立新的规则。清理就是去除现行法律和制度中过时的、不合理的、不公平的部分。调整就是对现行法律和制度中相互冲突和矛盾的部分进行修订。完善就是对现行法律和制度中模糊的、不具体的、覆盖不到位的部分进行充实。同时，更重要的是要善于把握时代的发展和实践的深化，针对社会生活的新变化，及时地制定新的法律和制度，以使各方面的规则能够满足社会需求，为规则共享奠定基础。

通过完善法律和制度来推进规则公平、实现规则共享，必须立足于基本国情和社会实际。任何国家的法治体系和制度体系都不是随便建立的，都与其经济社会发展的一定阶段相联系，由其社会性质所决定。各国都有自己特殊的历史文化传统和基本国情，所经历的发展道路不同，社会、政治、经济性质不同，这就决定了各国的以法律和制度为核心的规则体系必然不同。从一般意义上来说，法律和制度作为上层建筑是由经济基础决定并为经济基础服务的，其根源在于社会的物质生活关系。马克思在谈到法的关系时指出："法的关系正像国家的形式一样，既不能从它们本身来理解，也不能从所谓人类精神的一般发展来理解，相反，它们根源于物质的生活关系。"[①]我国是工人阶级领导的、以工农联盟为基础的人民民主专政的社会主义国家。社会主义社会应当是比以往人类任何社会形态都更加公平的社会，实现社会公平正义是社会主义制度的本质要求。这就决定了我国所要实施的包括法律和制度在内的规则体系必然将公平作为自己的核心价值。规则的制定、完善和发展都必须立足于此，这样才会有公平的规则，才能有规则的共享。创设公平的规则，从根本上来说是对执政者和政府完善法律、制度、政策提出的要求。因为执政者和政府在实现规则公平中发挥着主导作用，对社会的管理和运作必须从权衡社会整体和长远的利益出发，公正无私地对待不同阶层社会成员的利益，并据此制定、改革和完善法律、制度，形成公平的规则，使规则能够充分为社会各方主体所共享。

① 《马克思恩格斯文集》第2卷，人民出版社2009年版，第591页。

第五章

结果公平视域中的发展成果共享

实现结果公平是社会公平正义的最终目标，也是共享发展的最终体现和归宿。从结果公平的角度来看发展，其必然要求就是要实现发展成果共享。没有发展成果共享，就难言结果公平。发展成果共享体现发展的目的，涉及社会成员的收入分配和财富状况，集中反映社会成员利益实现的广泛性和利益实现的程度，决定社会成员的基本生活水准。只有发展成果共享，才有结果公平。结果公平实际上是整个社会公平正义的根本内容和实质，如果没有结果公平，权利公平、机会公平和规则公平也就失去实际意义。我们强调权利、机会和规则的公平，推动发展权利、发展机会和发展规则共享，其目的不仅在于要使社会成员拥有平等起点和共享发展过程，而且归根到底要使社会成员共享发展成果。没有了对发展成果的共享，就失去了结果公平，公平正义也就限于虚空。实际上，随着经济社会的发展，对结果公平的探讨也逐渐成为一个热点问题，因为它直接涉及发展成果的普遍共享，体现着社会财富分配的合理性和平等性。正因为如此，结果公平必然要求发展成果共享，而发展成果共享则是结果公平的重要标志。

一、结果公平的内涵表征及影响因素

作为公平正义重要内容的结果公平，不仅是公平正义得以实现的归宿，也是从最终意义上衡量社会公平的重要标准。结果公平是对社会成员在努力参与社会发展中所获得的报酬待遇的平等性的一种衡量，它不是绝对的结果平均化。要深化对结果公平的认识和理解，探讨结果公平的实现路径和对策，首先就要对其内涵进行界定。从理论认识的角度来说，人们对于结果公平有不同的看法，对其内涵的理解也有许多争议。因此必须首先对结果公平的内涵、表征及其影响性因素等进行分析，然后在此基础上对结果公平进行进一步的深入探讨。

（一）结果公平的基本内涵

谈到结果公平时，首先要对结果公平当中的“结果”有较为确切的理解。“结果”一词，往往是与“原因”相对应的，即某事物或某现象能够产生另外的事物或现象，那么前者就是“原因”，后者就是“结果”。在人们通常的认识逻辑里，有原因必然会产生相应的结果。所以，“结果”说明的是事物及其经历一定发展过程后所形成的存在状态。我们这里所说的结果公平中的“结果”一词，是从社会发展意义上来讲的，说的是社会发展与社会成员之间的一种关系。在一定的社会，社会成员的认识和实践活动构成社会发展的前提，而从事认识和实践活动的社会成员要实现其自身发展，必然要求与其贡献相对应的回报，即获得相应的权利和利益。这样，社会发展及其成果就会以应得的形式落实到不同成员的身上。对社会成员而言，其“应得”就是其为社会付出和贡献的“结果”。所以，从因果关系来看，“结果”就是社会成员通过努力获得的回馈。就一般社会成员来说，“结果”表现为如下三方面。一是作为社会成员从事社会活动，必须要拥有相应的基本权利，这些基本权利最终能够在社会成员身上得到落实，权利落实就是“结果”的一种体现。比如，生命权、生存权、发展权以及政治、经济、文化等方面的权利得到落实。当然，对于社会成员来说，权利有双重意义，既是其从事社会活动的条件，也表现为其社会活动的结果。二是社会成员作为社会活动主体，其在经济社会发展中的付出与贡献所对应的获取与应得，主要表现为作为劳动者的回报。

比如，从事社会劳动获得的工资、奖金、物质奖励等。三是作为一般的社会成员，其从社会获得的各种公共福利，比如公共服务、社会保障等。

如果作为社会成员在参与社会生活和社会活动中的权利与义务是一致的，其各项基本权利得到落实或基本落实，其付出与获取、贡献与应得能够匹配，其从社会获得的各种保障与其他社会成员能够实现平等，那么结果就是公平的。所以，结果公平是指每个社会成员在从事各种社会活动和职业活动中，都应该得到真实而平等的基本权利，都有获得与其贡献相匹配的正当利益和从社会获取与他人相当的社会保障，不因素质、知识、能力、性别等方面的差异而在政治地位、经济地位、生活享受等方面存在巨大的或本质上的差异。所以，结果公平关注的是社会成员最终权益实现的状况，是具有实质性意义的公平。在经济社会发展过程中，结果公平预示着发展结果能够较好地实现共享，是社会公平正义的最终归宿。在社会公平体系中，权利公平和机会公平在很大程度上处于应然状态，规则公平则通过政策、法律、制度等对权利公平和机会公平予以确认，使之能够进入社会生活领域和社会运行过程，并为社会主体获得平等对待提供保障。但是，如果社会运行不能导向结果公平，那么权利公平、机会公平、规则公平的意义就会大打折扣。虽然不同的学派或处于不同社会地位的人们对于权利公平、机会公平、规则公平和结果公平的认识和侧重不同，但不可否认的是，没有结果公平，就没有真实意义上的社会公平。

从前面对结果公平内涵的分析可知，结果公平包含相互联系的两个方面。就个体来说，社会成员从事社会活动的付出与应得应该是相称的。这是从结果与贡献的比较来判定的，即有相应的贡献就要有相应的结果。就相互关系来说，结果公平往往是通过相互比较来感知的，即通过与相同群体的社会成员比较，感觉付出与应得相称，就会认定结果是公平的，认定的标准是相同的付出应该获得相同的结果。但是，这是就一般情况而言的。要真正达到结果公平，还必须有特殊对待。就整个社会来说，结果公平强调的是，即便在社会上处于最不利地位或处于弱势的社会成员，也要获得基本的生存和发展权利，获得最基本的生活保障。这里所说的处于最不利地位或处于弱势的社会成员，主要是指老弱病残以及由于特殊原因而陷于困难的人。对于这些社会成员，要充分考虑其个人身心状况和能力素质等因素，关注其个体差异，在权益配置和保障上特殊对待。这种特殊对待，看似不公平，但恰恰是公平正义所要求的。实行这种特殊对待的关键在于，不能以通常的权利公平、机会公平、规则公平来衡量，而要以特殊的赋权、机会的倾斜以及特殊的规则来操作，使之能够在结果上与其他社会成员趋于公平，保障他们在权益的实现上与其他社会成员不至于有重大差别，使之能够过上与经济社会发展水平相适应的体面生活。这种在权利、机会、规则上的特殊对待，表面上造成了权利、机会和规则的不公平，却能带来结果的公平。正是在这个意义上，结果公平充分体现了经济社会发展成果的共享性特征，也体现了社会公平正义的本质性要求。

（二）结果公平的现实表征

结果公平不只是理念和价值层面的追求，其在现实表征上体现为以下三个主要方面。

一是基本权利的公平实现，即权利公平的落实。权利公平的落实，就是结果公平的一种表现。一般来说，在现代社会，国家是赋权的主体。现代国家大都在宪法的意义上规定了公民权利。这些权利涉及公民在人身以及政治、经济、文化、社会等方面的基本权利。这些基本权利在各国尽管有不同的理解和认知，但其内容一般都包括法律面前的平等权、人身与人格权、政治权利和自由、经济权利和自由、文化权利和自由、社会权利和自由等。但是，公民被赋予的这些权利，并不一定都能实现，权利在社会现实中可能被侵害或削减。所以，赋予公民的权利，并不等于已经在公民身上实现的权利。公民权利的实现，必须在社会活动和社会运行的结果中去认定。正因为如此，我们把基本权利的实现作为结果公平的一个重要表征。就权利公平和结果公平的对比而言，权利能否平等地“赋予”，是权利是否公平的表现，即权利公平；而权利能否平等的“实现”，则不仅是权利是否公平的表现，而且是结果是否公平的表现，即结果公平。从这个角度说，结果公平和权利公平是不一样的，但也并不是绝然分开的，而是紧密相连的。或者说，权利公平既表现为“条件”，也表现为“结果”，不能把结果公平与权利公平完全割裂开来。当然，权利公平更关注的是这些基本权利对社会成员是不是一样的，即对所有社会成员是不是平等的；而结果公平更关注的是这些基本权利是否能得以实现，即这些基本权利能否公平地落实在所有社会成员身上，并在实际社会中得以体现。

二是物质利益的公平获得，这是结果公平的基本表现。物质利益是社会成员生存发展和从事社会活动的物质基础，也是其从事社会活动的目的指向。社会成员之所以从事社会活动和职业活动，首先就是要获得相应的物质利益，以奠定生活和发展的基础。忽视结果，不讲物质利益的实现，就会陷于唯心主义的虚空。邓小平指出："不讲多劳多得，不重视物质利益，对少数先进分子可以，对广大群众不行，一段时间可以，长期不行。"①就社会成员个体来说，物质利益主要是指他们为了满足自己的吃、穿、住、行、用等而获取的物质消费资料，当然也包括投资性资产及收益。这些物质利益的货币表现形式一般是工资、奖金、福利金等，其实物表现形式包括衣服、食物、住房、汽车等，作为投资品的股票、基金等。一般情况下，社会成员对这些物质性利益的获取，主要是从事社会劳动的结果。人们从事社会劳动，就应该获得与之付出相应的物质报酬，这就是结果公平的要求。如果人们从事相应的社会劳动，却没有获得相应的物质性报酬，或者其获得的报酬与其所付出的劳动不相匹配，其结果就是不公平的。当然，在说到劳动应得的时候，主要指的是扣除社会发展所必需的公共部分之后的回报。所以，从公平的角度讲，社会成员的付出与获取、贡献与应得必须匹配，就是其物质性利益能够得到公平的实现，这是结果公平最基本的表征。

三是社会性福利的公平获取，这是结果公平的重要体现。除了基本权利的公平实现和物质性利益的公平实现之外，结果公平还体现为社会成员所获得的社会性福利与其他社会成员是相当的，即社会公共福利应平等获得。社会性福利的平等获得并不等于平均主义，而是社会对活动于其中的社会成员提供的必要服务和保障。社会性福利包括多种形式，最重要的是基本公共服务和社会保障。为社会成员提供基本公共服务是现代社会的一项重大社会性政策，是以政府作为主体提供给全体社会成员的，体现的是全体共享，是实现结果公平的一个重要路径。基本公共服务是惠及全民的工程，是实现人人共享社会发展成果的必然选择。在经济社会发展过程中，通过实现基本公共服务均等化，让社会成员共享发展成果，既体现了结果公平的要求，又是结果公平的直接表现。基本公共服务的范围较广，涉及公共教育、就业服务、医疗卫生、人口计生、住房保障、公共文化、基础设施及环境保

① 《邓小平文选》第2卷，人民出版社1994年版，第146页。

护等方面。这些都是社会成员生存发展的基础支持，能够享有更好的基本公共服务是结果公平的重要表征。社会保障是社会的“安全网”，是经济社会发展成果由社会成员共享的又一个重要路径。社会保障能够使社会成员在养老、医疗、最低生活水准等方面获得相应的社会支持，是在全社会范围内体现结果公平的社会性工程。因此，社会保障被称为社会的道德良心，构成社会成员生存发展的安全底线，它排除了身份歧视，使所有社会成员不论出身、能力、地位、职业、收入、年龄、性别等均能同等享有。因此，社会保障不仅是整个社会的安全保障网，也是实现结果公平的底线性保障。

（三）结果公平的影响性因素

社会发展和社会公平的实现是一个复杂的过程，发展成果具体落实到社会成员头上是一个更复杂的过程，因而结果公平的影响因素也十分复杂。

首先，权利公平、机会公平、规则公平对结果公平有巨大的影响。社会公平正义的实现，是一个体现于经济社会发展中的系统性、完整性的过程，包含起点的公平、过程的公平和结果的公平，起点公平和过程公平会对结果公平产生巨大影响。就社会公平实现的一般逻辑而言，权利公平、机会公平、规则公平更多地体现为起点和过程的公平。在社会实际运行过程中，尽管权利、机会和规则公平等并不一定必然导向结果公平，但权利、机会和规则的不公平，则必然不会产生结果公平。所以，权利、机会和规则等几个方面的公平，对于结果公平的实现会产生巨大影响。正因为如此，我们在探讨共享发展问题时首先分析了基于权利公平、机会公平、规则公平的发展权利共享、发展机会共享、发展规则共享，并在此基础上进一步分析结果公平和发展成果共享问题。只有权利、机会和规则公平都得到较好维护，充分实现起点和过程的公平，才能够为结果公平创造前提条件。起点和过程的公平，意味着发展权利、机会和规则能够实现共享，这就为发展成果共享奠定了基础。所以，结果公平的实现是社会公平运行的结果，是在权利公平、机会公平、规则公平的基础上，使权利、资源、财富、利益等要素在社会成员中公平分配，从而在结果上达到社会成员对经济社会发展成果的共享。

其次，结果公平还受到自然性因素的影响。影响结果公平的自然性因素有多个方面，主要包括个人条件差异和区域城乡差别。个人条件主要指生理状况、智力能力、教育程度、专业技能、所处环境等。就社会成员来说，每个人的个人条件都是不同的。个人条件的不同，会使社会成员在社会实践中的能力素质和工作表现存在一定的差异，这必然使他们从社会取得的回报不同，从而对结果公平造成较大影响。区域差别主要是指区域之间在地理环境、历史发展、基础条件、风俗习惯等方面存在的巨大差异。这些差异必然会导致区域间经济社会发展程度的差异，造成不同区域间社会成员在权益实现方面的差别，从而对结果公平产生影响。比如，我国的东中西部在经济总量和发展程度上都有较大的差距，因此东中西区域内的社会成员在各方面权益的实现上也有较大的差距；各区域内也存在局部的区域差距。这些都会对结果公平造成影响。同样，在城乡之间，发展基础和发展条件也存在巨大差异，再加上城乡在体制机制方面的差异，必然造成城乡居民之间在权利实现和物质利益获取上的较大差距，从而对结果公平产生影响。2020 年全面建成小康社会奋斗目标的达成，意味着中国消除了长期存在的绝对贫困，这是在实现结果公平上的巨大进展。在绝对贫困消除之后，由于个人条件和区域城乡差距还未完全消除，再加上其他一些因素的影响，相对性贫困还将长期存在。同时，还要高度关注各种自然性因素给结果公平带来的影响，为实现共同富裕和结果更加公平探索道路。

再次，结果公平受到社会性质和国家治理取向的影响。一个社会的社会性质，从根本上影响结果公平。在不同性质的社会，结果公平具有巨大的差异。之所以如此，最根本的是受所有权的制约，所有权会对结果公平造成巨大影响。奴隶社会、封建社会、资本主义社会和社会主义社会，其社会成员享有的结果公平有着根本性区别，关键原因就在于经济基础是私有制还是公有制。资本主义社会尽管宣称自由、平等、博爱，但由于其仍然以私有制作为经济基础，因此其本质上仍然是一个两极分化的社会，不可能有实质意义上的结果公平。恩格斯在谈到资本主义社会人们追求幸福的平等权利时指出："追求幸福的欲望只有极微小的一部分可以靠观念上的权利来满足，绝大部分却要靠物质的手段来实现，而由于资本主义生产所关心的，是使绝大多数权利平等的人仅有最必需的东西来勉强维持生活，所以资本主义对多数人追求幸福的平等权利所给予的尊重，即使有，也未必比奴隶制或农奴制所给予的多一些。"[①]现代资本主义在其发展过程中对社会关系进行

① 《马克思恩格斯文集》第 4 卷，人民出版社 2009 年版，第 293 页。

了较大调整，但并不能从根本上消除贫富差距和两极分化。法国经济学家皮凯蒂对工业革命以来300年的财富分配状况进行了详尽研究，指出了资本主义贫富差距持续扩大的总趋势。而且，在最近的几十年，财富和收入的不平等在发达资本主义国家不仅没有减缓，而且有进一步扩大的趋势，“自从20世纪70年代以来，收入不平等在发达国家显著增加”①。只有到了社会主义社会，结果公平才能从根本上得到维护。此外，社会性质不同，国家治理的取向也不同。在国家治理上，是维护最大多数社会成员的根本利益还是维护少数利益集团的利益，对结果公平也会造成极大影响。治理取向不同，其制度政策等对结果公平的调节力度也不同。当然，在现代国家，国家治理也越来越趋向于人性化。比如，许多国家通过基本公共服务和社会保障等对社会成员最终享有的权益进行调节，这也会对结果公平产生较大的影响。总之，社会性质和国家治理取向能够从根本上制约和影响社会成员的结果公平，是我们观察结果公平时必须高度重视的影响性因素。

二、结果公平必然要求发展成果共享

结果公平作为具有实质性意义的公平，并不是说所有的社会成员在结果上都是一样的、相等的。对结果完全一样的要求和无差别等同的想法，在本质上是平均主义的幻想。在社会发展的实际进程和现实社会生活中，社会成员的社会活动受到各种各样的因素的影响和制约，结果公平也是如此。如前所述，结果公平不仅受到社会成员自身因素的影响，还受到外部诸多因素的影响以及社会性质的制约，因此绝对的结果公平是不存在的。结果公平所追求的不是每个社会成员享有发展的实际结果完全相同，而是追求社会成员都能获得与其贡献相匹配的结果。也就是说，结果公平要求的不是结果的简单均等，而是发展成果能够共享，这才是结果公平的实质所在。

（一）共享发展成果是结果公平的最终目标

结果公平不仅是一种追求和口号，而且具体地体现于经济社会发展的

① [法]托马斯·皮凯蒂：《21世纪资本论》，巴署松等译，中信出版社2014年版，第16页。

实践中，以社会成员共享发展成果作为最终目标。在新时代的中国，坚持和发展中国特色社会主义、实现全面建成小康社会和建成社会主义现代化强国的“两个百年”目标，都内在地包含着对结果公平的追求，都是以人民共享发展成果作为落脚点和归宿。共享发展成果，可以说是马克思主义公平正义观和社会发展观的精髓。迈向更加美好的社会、实现公平正义和普遍共享是马克思主义的崇高社会理想。马克思主义是关于工人阶级和劳动人民解放的学说，它科学地揭示了资本主义必然灭亡、社会主义必然胜利的基本规律，预示了人类社会将向更加公平公正的方向发展的历史趋势。马克思主义之所以有“两个必然”的历史自信，最根本的是基于对资本主义社会是一个非公平公正社会的认识。资本主义社会虽然促进了生产力的极大发展，但却造成了两极分化，无法实现发展成果的共享。马克思曾经深刻揭示了资本主义社会资本积累的规律，即资本的积累与贫困的积累是同时进行的，两者相互对立、互为条件，形成资本主义社会内部固有的恶性循环，导致社会的两极分化，造成社会严重的结果不公。马克思指出：“在一极是财富的积累，同时在另一极，即在把自己的产品作为资本来生产的阶级方面，是贫困、劳动折磨、受奴役、无知、粗野和道德堕落的积累。”[①]因此，相对于封建社会来说，资本主义社会虽然是一个巨大的历史进步，但其本身也是一个极其不公平的社会，这样的社会必然会被更加公平公正、能够实现共享的社会所代替。

共享发展成果体现了以人的利益实现作为出发点和落脚点的发展思想，是结果公平在发展中的具体展现。发展最终必须落实于人的发展，发展的好坏要以人的利益、自由和尊严等发展状况为检验标准。只有发展成果共享，才能实现人的利益，也才会有人的自由和尊严。而生活于一定社会阶段的人，其利益、自由和尊严的最终实现，是结果公平的最好表达。所以，共享发展成果充分彰显了结果公平的价值诉求。共享发展成果始终体现了以人为本的伦理价值，如果脱离了人本身，忽视了人的关系，丧失了对人的权利、需求和发展的关怀，社会的发展就会偏向，就会失去其基本依归，也就模糊了发展的目的。从基本理念上来讲，共享发展成果包括两个方面：一方面，从理想视角来说，共享发展成果是人的价值实现的基本途径，是实现人

---

① 《马克思恩格斯文集》第5卷，人民出版社2009年版，第743～744页。

的自由而全面发展的前提条件；另一方面，从现实视角来说，共享发展成果是人的基本权利和基本利益实现的具体体现，是满足人的发展需求的可靠支撑。共享发展成果充分肯定了人的社会主体地位，显示了人是社会发展的目的。作为社会发展来说，其本身就是“人的活动”和“为人的活动”，必须以人的利益实现作为思考问题的出发点，也以人的利益实现作为最终归宿。共享发展正是出于对人的价值和发展命运的关注而形成的发展理念，其最高的价值和最终的目标，就是要达到发展成果能够普遍共享。这正是结果公平所要达到的目标。

坚持发展成果共享，凸显了人作为“享有”主体的地位；“共享”就是共同享有、普遍享有、平等享有，是结果公平的内在要求。结果公平作为实质性公平，其凸显的是人民共享，即人民是改革发展成果的享有主体。人民享有绝不是一个空洞的口号，它是指绝大多数人即全体人民享有，而不是少数人垄断和享有。如果发展成果只被少数人享有而不能惠及全体人民，我们的改革发展就失去了初衷，社会的公平正义就发生了倾斜，结果公平就会落空。坚持发展成果由人民共享，就是要把改革发展的成果体现在不断改善人民的物质文化生活和各方面需求上，使之惠及全体人民，这才是实现发展的本义，也是结果公平要达到的目标。中国共产党领导人民所进行的革命、建设和改革，都是为了把国家建设好，使人民过上好生活，实现共建共享。正如习近平所说：“广大人民群众共享改革发展成果，是社会主义的本质要求，是我们党坚持全心全意为人民服务根本宗旨的重要体现。我们追求的发展是造福人民的发展，我们追求的富裕是全体人民共同富裕。改革发展搞得成功不成功，最终的判断标准是人民是不是共同享受到了改革发展成果。”[①]共享发展成果是人民主体价值在发展中的展现，是结果公平的根本要求。共享发展成果，是全体人民的共享，不能有人掉队，必须发挥人民主体精神，“按照人人参与、人人尽力、人人享有的要求”，推动实现共同富裕，使结果公平得到更真实的体现。

① 中共中央文献研究室：《习近平关于社会主义社会建设论述摘编》，中央文献出版社 2017 年版，第 34～35 页。

(二)发展成果共享体现了结果公平的价值要求

坚持发展成果共享,也是经济社会发展过程中结果公平的价值要求。

首先,遵循结果公平,坚持发展成果共享,鲜明地指明了发展的价值目的。发展的目的在人不在物。在我国经济社会发展过程中,曾经出现过“为发展而发展”“见物不见人”的偏离发展目的的现象,实际上颠倒了发展的价值,造成“发展”与“享有”的脱节。我国曾经是一个经济发展比较落后的国家,怎么样实现快速发展是我国必须解决的首要问题。改革开放以后,在我国经济社会发展的过程中,一方面,我们实现了快速发展;另一方面,在一定的领域和一定的程度上,也存在片面追求经济发展速度、忽视人民获得感的错误倾向,出现了“GDP崇拜”,而忽视了以共享成果为目的的发展。面对发展中的这种偏差,只有遵循结果公平的价值理念,坚持发展成果由社会成员共享,才能扭转发展过程中急功近利和追求物欲的状况,使经济社会健康快速发展,保证大多数人能够公平地享有发展成果。结果公平所要求的共享发展成果,不仅是理念和理想层面的,更包括整个社会实际发展的目标、程度和状况,所涉及的范围包括整个社会的经济、政治、文化、教育、环境、医疗、人口等多个侧面,是经济社会各方面发展的普惠和共享。没有普惠和共享的发展目标及其追求,就不可能达到结果公平。结果公平就是要使发展成果更多更公平地惠及全体社会成员,这也是所有社会成员的普遍愿望和期盼。当前,社会成员所关心的收入分配、户籍改革、养老保险、食品医疗、教育改革等问题,无不折射着人们对公平共享发展成果的更高期待。发展成果如果不能惠及全体,不能为全体成员共享,发展就没有任何意义,也不可能得到社会全体成员的拥护,发展自然也就失去了价值目标,也就难以持续。

其次,遵循结果公平,坚持发展成果共享,可以为经济社会发展提供人本价值导向。结果公平强调人的发展是经济社会发展的目的,因此人的发展状况是衡量经济社会发展的重要标识。结果公平强调发展成果共享,突出和坚持了人本价值理念,即要把人作为经济社会发展的出发点和目的,以人的发展作为社会发展的最高价值追求,这就为经济社会发展确立了明确的价值理念定位和基本价值导向。“人本”是对“神本”和“物本”的超越。“神本”强调以神或上帝的意志为转移,把神或上帝作为一切价值的出发点和归宿，认定上帝主宰一切，把服从上帝看作是服从正义。“神本”观念极大压制了人的自我追求和人的利益需求，否定了人的价值。在近代资本主义发展过程中，“神本”理念被彻底打破了，把人从神的统治下解放出来。但资本主义社会是资本主宰的社会，它在把人从神的束缚中解脱出来的同时，又把人置于物的统治之下，“物本”取代“神本”，把人与人之间的社会关系异化为物与物之间的关系，同样异化了社会生产的目的，也消解了人的价值。马克思在评价资本主义的商品生产时指出：“商品形式的奥秘不过在于：商品形式在人们面前把人们本身劳动的社会性质反映成劳动产品本身的物的性质，反映成这些物的天然的社会属性，从而把生产者同总劳动的社会关系反映成存在于生产者之外的物与物之间的社会关系。由于这种转换，劳动产品成了商品，成了可感觉而又超感觉的物或社会的物。”[①]由此，人与人的社会关系便被物与物的关系取代，马克思把这叫作“商品拜物教”。在当代的社会发展中，这种状况不仅在资本主义国家依然存在，而且在我国社会主义初级阶段也同样在一定程度上存在。“人本”理念是对“物本”的极大价值超越，它把发展目的转向了人，充分肯定人在社会历史发展中的主体地位和作用，突出了人在发展中的价值。“人本”理念的这种价值特征，使其为社会发展提供了价值坐标，指明了人既是发展的前提和动力，又是发展的根本目的。这正是共享发展成果的价值指向，也是结果公平的价值追求。

再次，遵循结果公平，坚持发展成果共享，是坚持科学发展的核心价值立场。科学发展包含非常丰富的含义，除了全面协调可持续之外，也是公平的发展，维护公平正义，保证人民平等参与、平等发展的权利，使发展成果更多更公平地惠及全体人民，是科学发展的核心价值立场。这一价值立场，清晰凸显了结果公平的要求。科学发展并不只是解决发展的问题，也包括发展利益的协调和发展成果的享有。结果公平的要求就是要实现社会各方在发展中的利益得到有效协调，使各方利益能够得到切实维护与实现。也就是说，科学发展既高度重视经济社会发展，又高度重视在经济社会发展的基础上通过结果公平来促进社会共享。推进结果公平，实现发展成果由社会成员共享，是科学发展的核心价值要求。推进科学发展，就是要在经济社会发展中保持好改革发展和公平正义之间的合理张力，在注重经济快速协调

---

① 《马克思恩格斯文集》第5卷，人民出版社2009年版，第89页。

发展的同时,把维护社会公平提升到更加重要的位置,特别是要从结果上解决问题,保障发展成果共享真正实现。只有这样才能提高全社会推动经济发展和其他各项事业发展的积极性,最大限度地激发全社会的创造活力和发展活力,这才是科学发展的真谛。所以,坚持结果公平,推进发展成果共享,充分诠释了科学发展的核心价值立场。

(三)发展成果共享才有公平的获得感

获得感实际上是社会成员对权利与资源分配结果的一种感知。从主观的角度来评判,获得感和幸福感是社会成员对其社会活动的应得的满意度,是对结果公平的一种积极认知。从客观的角度来看,结果公平所带来的发展成果共享,是获得感的真实内容。没有发展成果共享,社会成员的基本权益就不能很好实现,就没有获得感。获得感不是因为发展了或发展快了就会自然拥有,而是因为发展成果切实地落实在了社会成员的头上才产生。比如,过去在发展不充足的条件下,物质生活条件比较低下,但在结果的享有上比较平均,人们就保持了一定程度的获得感和满足感,也就是说,因为结果比较平均而在一定程度上容忍了发展的不足。当我们发展更好的时候,社会上却普遍地滋长了不满的情绪,原因就在于很多社会成员感到结果不公平,也就是说,没有获得与发展相对应的享有,如此就会失去获得感。当然,发展是获得感的前提条件,没有发展,获得感就没有支撑,就会陷于虚空。社会成员因平均而对发展不足的容忍只是暂时的,长期的发展不足,就无法产生真实的获得感。所以,社会成员的获得感既要看发展状况,更要看发展成果的享有状况。如果发展成果为少数人所享有,那么社会成员就会普遍缺乏获得感;如果照顾了结果公平,使社会成员能够共享发展成果,那么就会普遍增强社会成员的获得感。正因为如此,习近平强调:"改革既要往有利于增添发展新动力方向前进,也要往有利于维护社会公平正义方向前进,……把以人民为中心的发展思想体现在经济社会发展各个环节,做到老百姓关心什么、期盼什么,改革就要抓住什么、推进什么,通过改革给人民群众带来更多获得感。"[①]因此,既要推进经济社会又好又快地发展,又要使发展的成果惠及全体社会成员,只有这样

---

① 《习近平谈治国理政》第2卷,外文出版社2017年版,第103页。

才会使社会成员普遍产生公平的获得感。

同时，对于获得感要进行具体分析，不能一概而论。从获得感的发生机制来说，它根源于社会成员的需求和需求的满足。需求能够得到有效满足，获得感就强；需求得不到满足，就没有获得感。而对需求和需求的满足，又必须进行具体分析。从社会发展角度来讲，社会成员的需求及其需求的满足状况与发展及发展成果的共享状况紧密相连。从纵向维度来讲，随着经济社会发展进程不断推进，社会成员的需求和需求的满足呈现阶段性变化。比如，在温饱阶段、全面小康社会阶段、现代化强国阶段，需求及其满足的内容、层次和状态是不一样的。所以，在每个阶段，获得感的具体内容和状况是不同的。从横向维度来讲，社会成员的需求和需求的满足取决于经济社会的现实发展状况和各方面社会条件，比如经济社会发展程度、政策法律制度条件、分配状况、阶层关系等。需求和需求能否得到满足，必须建立在这些条件之上，并与这些条件相匹配。所以，在经济社会发展程度和社会条件一定的情况下，获得感与经济社会发展程度及社会条件的成熟度成正比。尽管从不同的视角看，获得感有不同的情况，但有一点是基本的，那就是获得感表示的是一定社会条件下主体需求的满足状况。所以，不同的主体，获得感也不一样。一个公正的社会，一定是社会成员普遍拥有获得感的社会，这就必然要求实现结果公平，达到发展成果共享。

坚持结果公平的基本导向，着力推进发展成果共享，是提高社会成员普遍获得感和幸福感的必由之路。要使社会成员拥有真实而公平的获得感，就必须把发展成果共享提升到更加重要的位置，使结果公平真正得以落实。从新时代我国发展来看，推进结果公平，实现发展成果共享，就要顺应全体人民过美好生活的新期待，始终把人民利益的实现和人民满意程度的提高放在第一位，把解决人民群众最关心、最直接和最现实的利益问题作为突破口，使人民多方面的需要能够随发展而不断得到满足。习近平强调："我们任何时候都必须把人民利益放在第一位，把实现好、维护好、发展好最广大人民根本利益作为一切工作的出发点和落脚点，诚心诚意为人民群众谋利益。"[①]就利益变化的规律而言，人民利益需求总是随着时代发展、改革深化和社会变迁而不断变化并日益增长。当前，人民最迫切的利益需求是什么

---

① 习近平：《始终坚持和充分发挥党的独特优势》，《求是》2012 年第 15 期。

呢？习近平为我们做了精辟的阐释："我们的人民热爱生活，期盼有更好的教育、更稳定的工作、更满意的收入、更可靠的社会保障、更高水平的医疗卫生服务、更舒适的居住条件、更优美的环境，期盼孩子们能成长得更好、工作得更好、生活得更好。"[①]在这里，习近平一连用了十个"更"，亲切而真诚地回应了人民的呼声和期待。要很好地满足人民的这些利益需求，不仅要全方位努力地推动发展，而且要使发展成果能够共享。要通过深化改革开放，推动科学发展，形成以国内大循环为主、国际国内联动的良好发展格局，不断积累厚实基础，为人民利益实现创造更好的条件。同时，要探索发展成果能够为人民共享的新路径，减少人民利益实现的障碍，使人民能够真正过上与发展水平相适应的生活。只有这样才能普遍增强人民群众的获得感。

三、以结果公平促进发展成果共享

结果公平具有鲜明的指向性和目的性，既指明了社会公平正义的落脚点，也指明了经济社会发展的落脚点。在现实社会中，尽管对结果公平还有很多争议，尽管结果公平还只具有相对的意义，但这并不妨碍我们沿着结果公平的方向去追求公平的结果。只有在结果公平的引领之下，我们才会时刻紧盯经济社会发展的目的，才会时刻关注作为社会发展主体的人，才会把人的利益实现和社会的共享放在显著的位置。也只有这样，才能推动社会向着普遍参与、人人尽力、共同享有的方向发展。

（一）坚持以人民为中心的发展思想

以人民为中心的发展思想是中国共产党政党性质的体现，很好地诠释了中国共产党的崇高理想信念，也展示了中国共产党的初心使命和执政宗旨。坚持结果公平原则，促进发展成果共享，首先要牢牢把握以人民为中心的发展思想，把为了人民、依靠人民和人民共享统一于发展实践。中国共产党所经历的奋斗历程和以往的历史经验告诉我们，"人民中心"的思想理念及其实践，是中国共产党不断取得胜利的深厚根源。中国共产党领导人民所进行的建设和改革，始终贯穿一条红线，那就是坚持以人民为中心的发展

① 《习近平谈治国理政》第1卷，外文出版社2018年版，第4页。

思想。党的十九大把“坚持以人民为中心”作为新时代发展的基本方略，强调“人民是历史的创造者，是决定党和国家前途命运的根本力量”[①]。坚持以人民为中心，就是要把人民放在经济社会发展的主体地位，充分相信和发挥人民的创造活力，依靠人民推进发展，并把发展成果落实于增进人民福祉的实际行动中，不断创造人民的美好生活。进入新时代，坚持以人民为中心的发展思想成为以习近平同志为核心的党中央治国理政的根本出发点和落脚点。习近平强调指出：“带领人民创造幸福生活，是我们党始终不渝的奋斗目标。我们要顺应人民群众对美好生活的向往，坚持以人民为中心的发展思想，以保障和改善民生为重点，发展各项社会事业，加大收入分配调节力度，打赢脱贫攻坚战，保证人民平等参与、平等发展权利，使改革发展成果更多更公平惠及全体人民，朝着实现全体人民共同富裕的目标稳步迈进。”[②]只有坚持以人民为中心，真正做到人民至上，才能使改革发展的成果不断公平地惠及人民。

坚持以人民为中心，体现着历史唯物主义关于人民的基本观点。历史唯物主义的人民观认为，历史是由人民而不是由少数个人创造的，“历史活动是群众的活动”，推动社会发展的是“行动着的群众”[③]。在创造社会历史的活动中，少数个人或领袖人物有时发挥着重要的引领作用，但归根结底人民是历史的主体，是一切物质和精神财富的创造者，并以自己的创造推动社会变革。中国共产党不仅始终坚持历史唯物主义的人民观，而且始终以此作为观察世界、分析矛盾、解决问题的根本世界观和方法论。习近平指出：“人民是创造历史的动力，我们共产党人任何时候都不要忘记这个历史唯物主义最基本的道理。”[④]在人民观上，坚持历史唯物主义，就要坚持把人民放在最高位置，以人民意愿为指向，以人民立场为立场，把为了人民、相信人民和依靠人民付诸于带领人民奋斗的实践中，为人民干实事谋实利。从结果公平的价值原则和现实要求来看，既然人民创造历史、创造财富，理所当然人民也是享有主体，其创造的财富最终应归其享有。如果人民只是创造主

---

① 《习近平谈治国理政》第3卷，外文出版社2020年版，第16页。

② 《习近平谈治国理政》第2卷，外文出版社2017年版，第40页。

③ 《马克思恩格斯文集》第1卷，人民出版社2009年版，第287页。

④ 习近平：《学习和掌握马克思主义立场观点方法是深入学习中国特色社会主义理论的根本要求》，《学习时报》2013年4月28日。

体而非享有主体，人民创造的财富和人民相脱离，那么社会就是不公平的。唯物主义人民观把人民放在中心位置，把创造主体和享有主体统一起来、把财富创造与财富所属结合起来，既明确了相信谁和依靠谁的问题，更明确了为了谁的问题，科学回答了历史前进发展中的根本性问题，凸显了人民在历史中的决定性作用。

坚持以人民为中心也体现中国共产党的初心，是中国共产党执政宗旨的具体反映。中国共产党是无产阶级性质的政党，中国共产党成立和发展的初心是谋民族复兴、谋人民幸福。除了人民的利益，中国共产党没有任何自己的私利。同历史上其他政党不同，中国共产党不是立而为私的利益集团，中国共产党不仅代表本阶级利益，更代表绝大多数人即人民的利益，这是共产主义运动的本质所在。马克思、恩格斯明确指出："过去的一切运动都是少数人的，或者为少数人谋利益的运动。无产阶级的运动是绝大多数人的，为绝大多数人谋利益的独立的运动。"[①]为绝大多数人谋利益，正是中国共产党的革命理想和执政宗旨。中国共产党是中国工人阶级的先锋队，没有自己任何特殊的利益，一切以包括工人阶级在内的最广大人民利益为出发点和归宿。正因为如此，中国共产党成为中国各族人民利益的忠实代表，成为人民实现自己利益的领导者和主心骨。中国共产党与人民休戚与共、鱼水不离。习近平强调："在任何时候任何情况下，与人民同呼吸共命运的立场不能变，全心全意为人民服务的宗旨不能忘，群众是真正英雄的历史唯物主义观点不能丢，始终坚持立党为公、执政为民。"[②]坚持以人民为中心的发展思想，就是坚持党的根基和血脉在人民，始终秉持为民初心，把人民的利益发展好、实现好，形成普遍共享的发展格局。

以结果公平促进发展成果共享，必须着力践行以人民为中心的发展思想，把为民谋利贯穿于发展的每一个环节。习近平指出："以人民为中心的发展思想，不是一个抽象的、玄奥的概念，不能只停留在口头上、止步于思想环节，而要体现在经济社会发展各个环节。要坚持人民主体地位，顺应人民群众对美好生活的向往，不断实现好、维护好、发展好最广大人民根本利益，

---

① 《马克思恩格斯文集》第 2 卷，人民出版社 2009 年版，第 42 页。

② 《习近平谈治国理政》第 1 卷，外文出版社 2018 年版，第 367 页。

做到发展为了人民、发展依靠人民、发展成果由人民共享。”[①]坚持以人民为中心的发展思想，首先，在思想感情上，要把人民放在最高位置，坚守人民立场，坚持人民利益高于一切。其次，在发展战略上，要始终瞄准发展目标，紧紧依靠人民，带领人民扎扎实实奋斗。再次，在工作思路上，要顺应人民对美好生活的向往，坚持以改善民生作为发展成果共享的重点，把社会事业发展好，把收入分配调节好，把人民权利保障好。最后，在判断标准上，切实把人民是否拥护、是否赞成、是否高兴、是否答应作为衡量一切工作得失的根本标准。只有把以人民为中心的思想真正落实于发展改革之中，始终紧盯人民利益，才能保证发展成果为人民享有，才能使结果公平得到真实体现。

（二）处理好结果公平与效率的关系

如何处理好公平与效率的关系问题，长期以来都是一个富有争论的问题。就经济社会发展来说，公平与效率是必须关注的两大要素，同时也是社会发展的两大重要目标。在经济社会发展的不同阶段，都客观存在着如何平衡好这两者关系的问题。是否能够妥当处理公平与效率的关系，不仅关系着社会公平正义问题，也关系着经济社会发展成效。在关于公平与效率相互关系的争论中，何者优先的问题是争论的焦点。在这一问题的争论中，一些人往往脱离经济社会发展的实际进程，不顾发展的程度，空洞、抽象地去议论。在多数情况下，很多人习惯于夸大公平与效率之间的冲突，把两者对立起来。似乎公平与效率之间是非此即彼的关系，两者的兼得是不可能的。因此，一些人片面强调为了更快发展，必须把效率放在优先的地位，为了效率，在必要时可以牺牲公平。而另一些人则主张，若过度地强调效率优先则会导致两极分化，社会公平才是最重要的，必须把公平摆在优先地位，为了公平，在必要的情况下可以牺牲效率。从理论上说，这些认识似乎都有一些道理，但是都带有片面性，都是把公平与效率对立起来。在处理公平与效率的关系上，应当根据经济社会发展所处阶段和实际水平进行权衡。在不同发展阶段和不同发展水平上，应灵活采取不同的对策，平衡好二者关系，既避免因片面强调公平而使效率受损，又避免因过分强调效率而忽视公平，引发社会不公和矛盾。

---

① 《习近平谈治国理政》第2卷，外文出版社2017年版，第213～214页。

一般来说，公平与效率中的公平具有多种含义，不仅指结果公平，还包括起点公平、过程公平等。但说到结果公平与效率的关系，有些人认为两者是矛盾的、不可兼得的。比如，有的学者从宏观和微观两个领域去观察，认为在微观领域"结果的公平与效率一般是相互对立、此消彼长的关系"①。再比如，也有的学者把公平与效率归于政治活动和经济活动两个不同的领域，认为若把两者归于同一个领域，就会彼此妨害："一方面，作为社会秩序之保证条件的结果的公平若施之于经济领域，则不可避免地要使起点的公平成为无意义的，从而妨害效率之提高；而另一方面，若坚持效率至上，坚持作为保证效率的手段的起点的公平，则机会均等和竞争必然导致结果的不等，即结果的公平的缺失。"②这实际上也是认为结果公平与效率是不相容的。从表面来看，公平与效率似乎不可兼得，但也并不是绝对的。最重要的是，在经济社会发展实践中，如何实现好两者的平衡。阿瑟·奥肯认为："如果平等和效率双方都有价值，而且其中一方对另一方没有绝对的优先权，那么在它们冲突的方面，就应该达成妥协。这时，为了效率就要牺牲某些平等，并且为了平等就要牺牲某些效率。然而，作为更多地获得另一方的必要手段，(或者是获得某些其他有价值的社会成果的可能性)无论哪一方的牺牲都必须是公正的。尤其是，那些允许经济不平等的社会决策，必须是公正的，是促进经济效率的。"③这种观点看起来比较调和，但显示了想要协调好公平与效率关系的思路，未将两者绝对对立。其实，结果公平与效率不是对立的，而是相辅相成的。在社会实际生活中，只讲效率而不顾结果公平，必然会导致发展成果不能共享，但片面强调结果公平，也会影响效率。从长远角度来看，提高效率可以增加物质财富，为结果公平奠定了基础。而追求结果公平则能够增加社会成员的获得感，进而调动其创造热情，促进效率提高。所以，结果公平与效率并非只是对立的，而是能够相互协调、互相促进的。

如何协调、平衡好结果公平与效率的关系，需要在发展实践中去把握。首先，不能把效率优先绝对化。西方自由主义者把市场的作用万能化，一般只强调市场机会均等，把效率优先提升到绝对化的地位。美国经济学家弗

---

① 宇正香：《坚持效率与公平兼顾，实现快速与健康并存——兼论公平与效率的辩证关系》，《浙江大学学报》1995年第2期。

② 王南湜：《探求公平与效率的具体关系》，《哲学研究》1994年第6期。

③ [美]阿瑟·奥肯：《平等与效率》，王奔洲等译，华夏出版社1999年版，第86～87页。

里德曼说过:“凡是容许自由市场起作用的地方,凡是存在着机会均等的地方,老百姓的生活都能达到过去做梦也不曾想到的水平。相反,正是在那些不允许自由市场发挥作用的社会里,贫与富之间的鸿沟不断加宽,富人越来越富,穷人越来越穷。”①他这里所说的,并非自由市场经济条件下的全部真实情况。自由市场经济的发展,表面上无疑是增加与提高了经济的活力和效率,但并非因此就能消除贫富差距,达到结果公平。相反,由于自由市场经济的本性以及市场经常性的失灵,仅靠市场作用是无法消除贫富分化、实现结果公平的。因此,如果片面强调效率优先,就必然会损害结果公平。其次,也不能把效率优先看作是必然损害结果公平的,要具体情况具体分析。认识这一问题的关键在于,要把握好经济社会发展的阶段、水平和调控能力。一般来说,在发展水平较低的阶段,效率优先能够较快增加社会财富,为结果公平创造条件。但无论是发展水平较低阶段还是较高阶段,都必须进行合理的调控。只要调控得当,效率与结果公平是能够兼得的。再次,效率与结果公平的平衡是动态性平衡,要在发展实践中去实现。效率与结果公平作为经济社会发展的两大要素,是与发展的一定阶段联系在一起的,即效率与结果公平是指社会一定发展阶段的效率与结果公平。处理好效率与结果公平的关系,就是要实现效率与结果公平具体的历史的统一,即要在发展实践中去把握好二者之间的平衡点,不能把二者对立起来。从社会发展长过程和发展趋势来看,结果公平最终会提升整个社会效率,因为结果公平有利于实现发展成果共享,从而激发社会成员的积极性和创造力;而效率的提升又会进一步增加社会财富,能够为结果公平奠定更加坚实的基础。在实践中,要抛弃效率与结果公平非此即彼的对立思维,做到既讲究效率又注重公平,使二者达到协调平衡。

(三)将分配公平作为促进结果公平的重要途径

分配公平不等于结果公平,但分配公平对结果公平有重大影响,是实现结果公平的重要途径。没有分配公平就不可能有结果公平,也就无法实现共享发展成果。分配是社会成员从社会获取生存发展资源的基本途径。一

---

① [美]米尔顿·弗里德曼、罗斯·弗里德曼:《自由选择》,胡骑等译,商务印书馆 1982 年版,第 149~150 页。

个社会的分配状况，大体上能够反映社会成员从事社会活动所取得的收入和财富情况，也能够反映社会成员对发展成果的享有程度。分配是收入的基本来源，决定着社会成员的生活水平。阿瑟·奥肯认为："收入和财富，是人们经济地位登记薄上的两项比赛分数。两项之中，收入更为重要，因为它提供了维持一种生活水平的基本购买力；此外，当包括资产收入时，收入分配便反映了拥有的财富。"[①]抛开其他因素，但就一般社会成员从事社会活动的意图来说，取得收入分配是其直接目的。如此，分配公平就会对结果公平造成极大影响。分配公平一般是指社会成员从事社会活动的应得与其付出相适应，与其从社会获得的各种保障彼此相当。对于社会成员来说，分配公平的基本表现就是权利与义务的对等性、付出与所得的相称性以及贡献与收益的匹配性。分配公平充分体现了社会财富分配的合理性和平等性，因此分配公平是达成结果公平的重要标志，是实现发展成果共享的重要途径。

在人类发展存在的诸多问题中，分配不公平的问题是长期以来人们最关注的问题，也是长期没有解决好的一个难题。在当今世界的发展中，分配不公平仍然是一个十分尖锐的问题。无论是国与国之间还是一国之内，分配不公都大量存在。尽管当今世界经济全球化发展达到前所未有的程度，但是国与国之间的收入和财富差距仍然在扩大，世界上富人和穷人之间的差距也同样在扩大。"1960 年 20 个最富裕国家的人均国内生产总值是 20 个最贫穷国家的 18 倍，到了 1995 年则达到 37 倍。"[②]进入 21 世纪后，这种差距扩大的趋势不仅没有改变，而且还在继续发展。从我国的发展来看，全面建成小康社会的快速推进及其实现，使我国在分配领域的不公平问题有了较大的改善。但在很多领域，分配不公的问题也还不同程度地存在。这种分配的不公平，既存在于初次分配领域，也存在于再分配领域。在初次分配领域，一方面，劳动的报酬仍然偏低；另一方面，各种行业性、地区性和部门性的垄断仍有不同程度的存在，再加上一些改革措施不到位，不仅影响市场竞争的平等性，而且导致初次分配的扭曲和不公。在再分配领域，一方面，各种税收政策及相关法律等还不够完善，与经济社会发展还有不适应的地

① ［美］阿瑟·奥肯：《平等与效率》，王奔洲等译，华夏出版社 1999 年版，第 64 页。

② ［俄］C.A.坦基扬：《新自由主义全球化：资本主义危机抑或全球美国化？》，王新俊等译，教育科学出版社 2008 年版，第 80 页。

方，其调节力度还需进一步加大，收入分配秩序还需进一步规范；另一方面，社会保障方面的地区、城乡差距还存在。另外，长期以来经济增长方式粗放，经济增长依赖出口和投资，也会加剧收入的不公平。“就像马克思在分析资本主义国家早期工业化过程时所指出的那样，不变资本对可变资本比率，即资本对劳动比率的提高，会抑制劳动者生活的改善。并且由于在按要素分配的条件下资本分配比重的提高会加剧收入分配差别的扩大。”[①]目前，我们正在加快构建“双循环”发展格局，这将进一步平衡收入分配。

以分配公平促进发展成果共享，并不是要搞平均式的分配，而是要使分配关系更加平衡与合理。在分配体系中，初次分配主要是按照劳动和要素进行，社会成员拥有的能力素质差异和要素不同，肯定会出现分配上的差别。因此，在初次分配领域，强调分配公平不是要消灭分配的差别，而是要使劳动的贡献与所得、要素的投入与回报能够合理实现。但在实践中，初次分配往往受到垄断、特权等的干扰，同时也受到强势要素的挤压，使得分配往往失衡。比如，在初次分配中资本要素往往处于较为强势的地位，这就必然对其他要素形成挤压，特别是对劳动者而言，往往其付出与所得不相匹配。因此，在推进初次分配公平方面，不仅要对垄断和特权加以治理，更重要的是要解决劳动报酬偏低的问题。初次分配是基础性分配，主要依贡献来衡量，靠市场来完成。社会成员要素禀赋的差异、知识技能的高下、劳动能力的强弱，必然会造成社会成员在初次分配中的较大差别，甚至会在一些因素的扰动下出现分配不公的现象。对于初次分配差距较大问题，必须通过再分配甚至三次分配来进一步加以解决；而对于垄断、特权以及强势要素的挤压造成的分配不公，则需要通过规范分配秩序加以解决。分配是一个比较复杂的问题，既要有一个好的分配秩序，又要协调好初次分配、再分配和三次分配的关系，做到综合平衡，才能实现分配公平的要求，进而实现结果公平，使发展成果能够共享。

进入新时代，人民对美好生活的期待更加强烈，实现分配公平是达成发展成果共享、实现美好生活的主要途径。就现阶段的发展来说，主要矛盾已经转化，但我国处于社会主义初级阶段的国情没有变，按劳分配为主体、多种分配方式并存是我国社会主义基本经济制度的重要组成部分。实行“按

---

① 吴敬琏：《中国增长模式抉择》（增订版），上海远东出版社 2008 年版，第 124 页。

劳分配”为主体的原则和制度，主要是按照劳动的贡献进行分配，讲究的是多劳多得、少劳少得，解决了“不劳而获”的分配不公问题，体现了社会主义的优越性。但是在多种经济成分并存的条件下，要激发各种要素的活力，吸引其参与经济发展过程，就必须允许生产要素参与分配，并按照这些要素的贡献使其获得相应的回报，这同样是分配公平的一种表现，也有其存在的合理性。在社会主义阶段，特别是初级阶段，分配公平在很大程度上是有差别的公平，不承认这一点，就会陷入平均主义。只有在未来的共产主义阶段，生产的性质和分配的性质都发生了根本性变化，“各尽所能、按需分配”成为现实，才能达到完全意义上的分配公平，也才会有完全意义上的结果公平，那时的社会才能实现真正意义上的无差别共享状态。

（四）以基本公共服务均等化保障结果公平

基本公共服务是在现代社会由政府主导的公共服务，它面向全民，目的在于保障基本民生。由于基本公共服务保障的是人民基本的生存和发展需要，因此推进基本公共服务均等化是公平正义的要求，也是人民的期待。只有不断推进基本公共服务均等化，才能保证全民共享基本公共服务的权利和机会，并进而推动全民共享发展成果，从而实现结果公平。在我国全面建成小康社会、迈向现代化建设的新征程中，进一步推进基本公共服务均等化，让改革发展成果惠及全民，是保障公平正义、实现共享发展的迫切需要。从当前发展来看，我国基本公共服务水平已经大大提升，但也存在许多薄弱环节，主要是公共产品供给不足的情况依然存在，公共资源的配置还有不合理、不公平的地方，基本公共服务的总体水平与经济社会发展水平相比较还相对滞后。另外，就基本公共服务的实际供给来说，其范围和标准还有待进一步清晰，财政对基本公共服务支出的保障体制还有待进一步健全，基本公共服务的绩效考核和行政问责还需进一步常态化，基本公共服务提供方式也需要进一步多元化。进入新时代，人民的美好生活需要包含能够享有更好的基本公共服务。

从内涵要求来说，基本公共服务均等化是指面向全民提供大致相当的基本公共服务，但并不是绝对平均化。在基本公共服务的提供上，既要考虑与经济社会发展水平相适应，还要考虑能够使全民真正可获得，这就必须坚持从发展实际出发，不能采取简单的平均主义办法。就政府而言，推进基本公共服务均等化是其重要责任，要本着以人为本、服务为先的原则，进一步完善覆盖全民的基本公共服务制度政策体系。在相关战略政策的制定和实施方面，要把基本公共服务纳入其中，充分考虑地区城乡之间的不同情况，逐步缩小差距。在对基本公共服务的界定方面，要随着实践发展而不断改进，及时明确其范围和标准。在对基本公共服务的投入方面，要进一步完善公共财政体制，保障基本公共服务支出，并强化绩效考核和行政问责。同时，要不断改进基本公共服务的提供方式，可以通过竞争等手段拓宽购买服务渠道，促进提供主体及方式多元化。要为社会提供更好的基本公共服务，政府也要明确自身职责，加大改革力度，加快职能转变，增强基本公共服务供给能力。同时，要合理确定政府的权力职责范围，处理好政府与社会、市场的关系，充分发挥好社会和市场的作用。特别是要通过改进和有效提供公共服务，保障困难群众平等参与、平等发展的权利，发挥和调动他们依靠自己力量改善生活的积极性。总之，要通过扎实有效的基本公共服务，保证人民能够共享发展成果，使结果公平得到更好体现。

（五）把社会保障作为结果公平的重要屏障

社会保障作为现代社会运行的一项重要制度，是社会的"安全网"，在经济社会发展中发挥着重要的调节作用。社会保障是从发展结果的角度提供给社会成员的保障，体现了结果公平的要求。从社会现代化角度看，社会保障的健全和完善是一项重大的社会工程和民生工程，涉及社会保险、社会救助和社会福利等许多重要的社会"兜底"事业，在社会的安全、稳定、和谐发展中起着重要作用。改革开放以来，我国社会保障建设取得了重大进展，目前已经在养老、医疗等基本保障项目上实现了全覆盖。这是我国社会发展所取得的重大进步，也是推进公平正义的重大进展。但是，从总体上看，目前我国社会保障体系仍然不够完善，制度仍然不够健全，保障的公平性仍然有待提高。

社会保障体系的建设完善，要按照"社会政策托底"的要求，真正做到广覆盖与保基本相结合，稳步提升保障水平。从公平正义的角度来说，健全和完善社会保障体系需要从以下几方面着力。一是逐步消除社会保障的"身份差异"。对于社会保障中仍然存在的身份歧视，要加快消除，使所有社会成员能够享有同等的社会保障。二是逐步消除社会保障中的"水平差异"。

人民群众殷切期待在保障项目和保障水平上实现同等待遇。三是逐步消除社会保障中的“城乡差别”。我国社会保障的城乡差别已经有了较大的改善，但长期的城乡二元结构影响还没有完全消失，使城乡之间的社会保障差别还没有彻底消除。当前实施的“乡村振兴”战略为消除社会保障的城乡差别带来了机遇，农村居民殷切期待其社会保障权益能够得到更好的实现，使其与城镇居民能够同等地共享发展成果。此外，要加大社会保障制度整合力度，坚持推进地区、城乡之间的统筹、统一，使各种制度和政策有效衔接，加快推进全国统一的社会保障关系转移和接续。只有这样才能为社会成员提供更好的社会保障，使发展成果更好地实现共享，从而促进结果公平。

第六章

构建促进共享发展的社会公平保障体系

共享发展是公平发展，既是社会公平正义的体现，又需要通过公平正义来保障。随着社会的发展进步，在不断完善制度政策的基础上构建起社会公平保障体系，对于推进共享发展具有至关重要的作用。习近平指出："公平正义是中国特色社会主义的内在要求，所以必须在全体人民共同奋斗、经济社会发展的基础上，加紧建设对保障社会公平正义具有重大作用的制度，逐步建立社会公平保障体系。"[①]社会公平保障体系，主要是保障权利公平、机会公平、规则公平和结果公平的政策制度体系。从某种意义上说，保障权利公平、机会公平、规则公平和结果公平的政策和制度体系，能够为权利、机会、规则和结果的共享提供制度性保障，从而在推进共享发展方面发挥着关键性作用。推进共享发展，必须加大政策和制度创新与建构的力度，尽快形成保障社会公平正义的社会政策和制度体系，不断推进国家治理体系和治理能力现代化，确保人民群众在政治、经济、文化、社会、生态发展中共享利益和成果。

① 《习近平谈治国理政》第 1 卷，外文出版社 2018 年版，第 13 页。

一、构建社会公平保障体系是实现共享发展的根本保证

社会公平保障体系是保障社会公平正义的政策和制度体系，亦即为实现权利公平、机会公平、规则公平提供政策和制度保证。社会公平保障体系能够从政策制度层面为权利共享、机会共享、规则共享、结果共享提供确定性规范和方向性指引，是实现共享发展的根本保证。没有发展过程中的权利、机会、规则和结果共享，就无法实现共享发展。共享发展体现着社会公平正义的本质，是社会公平正义在经济社会发展中的基本表征。在经济社会发展过程中，构建实现权利公平、机会公平、规则公平的社会公平保障体系，既是实现共享发展的核心要义，也是实现共享发展的基本途径。这就决定了我们在推进共享发展的过程中必须紧紧抓住制度政策这个根本，加快建设社会公平保障体系。

(一)社会公平保障体系是保障公平正义的制度和政策体系

制度和政策作为社会发展的两个基本要素，是现代社会文明的重要表现，是社会得以正常运行的基本依托和保障。在社会发展中，制度政策对于保障公平正义具有重大作用。通常来讲，社会公平保障体系是基于公平正义的要求，着眼于社会成员的需要，为其生存和发展提供基础保证和平等对待。公平正义在社会发展的不同阶段有不同的表现，但无论社会发展处于哪个阶段，对公平正义所实施的保障，都是社会稳定、协调、健康发展的基本条件。那么，如何保障社会公平正义呢？就社会的发展进步而言，就是要确立起普遍的共同遵循，以使社会成员能够得到同等对待。而一个社会的普遍的共同遵循，最基本的是社会制度建构和政策设计。一个社会的制度安排和政策制定，直接面向所有的社会成员，是对所有成员的约束，体现的是公平对待所有成员的基本要求，没有特殊和例外。同时，制度安排和政策制定本身应符合公平性要求，只有如此才能够为社会成员所普遍接受，成为推动社会良性运转的杠杆。正如罗尔斯所说："一个社会，当它不仅被设计得旨在推进它的成员的利益，而且也有效地受着一种公开的正义观管理时，它就是组织良好的社会。亦即，它是一个这样的社会，在那里：(1)每个人都接受、也知道别人接受同样的正义原则；(2)基本的社会制度普遍地满足、也普

遍为人所知地满足这些原则。”[①]因此，对公平正义的保障，核心内容在于制度安排和政策制定。如果通过一定的制度安排和政策制定，能够使社会成员在权利、机会、规则以至于结果方面得到平等对待，那么社会公平正义就会得到可靠保障。而相应的制度安排和政策制定，就构成了一个社会的公平正义保障体系。

就本质而言，制度和政策是一个社会的规则体系，是用来对社会成员进行规范和引导的基本章程。从特点来说，制度一般具有稳定性和长期性，政策则通常是依据阶段性的发展需要而制定。国家层面的政策，一般来说体现在经济社会发展的各个领域，反映国家在推进经济社会发展方面的战略目标与推进措施，并对经济社会发展和社会生活发挥着规范和引导作用，是社会资源分配的重要手段，也是各类社会主体从事社会活动的依据。制度是国家依据社会性质和发展阶段而有目的地建构的涉及政治、经济、社会、文化、生态等方面的规则体系和相关法律法规。制度不仅为国家发展方向提供保证，而且为社会主体的行为提供基本准则和合法依据。诺思曾经给制度下过一个定义："制度是一个社会的游戏规则"，"是人类设计的、构造着政治、经济和社会相互关系的一系列约束"。[②] 制度和政策作为社会运行的基本遵循，既规范社会成员的权利及其行使方式，也为社会成员的社会活动设定边界。正如罗尔斯在谈到正义问题时所指出的那样："对我们来说，正义的主要问题是社会的基本结构，或更准确地说，是社会主要制度分配基本权利和义务，决定由社会合作产生的利益之划分的方式。所谓主要制度，我的理解是政治结构和主要的经济和社会安排。"[③]制度和政策在整个社会范围内的通适性及其对社会成员的同等对待，使其在赋予和确认社会主体身份、协调社会关系、整合社会资源等方面发挥着不可替代的作用，是推进权利公平、机会公平、规则公平、结果公平的可靠保障，关乎着整个社会的公平正义。正因为如此，我们说社会公平保障体系主要是指保障社会公平正义的制度和政策体系。

---

① [美]罗尔斯：《正义论》，何怀宏等译，中国社会科学出版社1988年版，第5页。

② [美]道格拉斯·C.诺思：《制度、制度变迁与经济绩效》，刘守英译，上海三联书店1994年版，第3～4页。

③ [美]罗尔斯：《正义论》，何怀宏等译，中国社会科学出版社1988年版，第7页。

（二）保障社会公平正义的政策和制度体系还不够健全

改革开放40多年以来，我国经济社会发展取得了巨大进步，实现了经济体制彻底转轨和社会结构的重塑。在保障社会公平正义的制度体系方面，我国的制度体系建设已经取得了较大成绩，制度体系的建构和完善也取得巨大进展。特别是党的十八大以来，我们在许多重要领域和关键环节的改革取得重要进展，在主要领域的基础性制度体系已经基本形成。但是正如习近平所说，我们的许多“改革举措有的尚未完成，有的甚至需要相当长的时间去落实”[①]。总的来看，如前所述，我们的制度体系还有许多需要完善的方面。一是根本和基本政治制度是先进的、优越的，但是具体制度还具有不完善性，使制度本质的民主性与民主的具体落实之间还存在一定的差距。政治领域的一些具体制度的不完善，会导致人民在选举、决策、管理和监督等方面的民主权利不能得到很好落实。二是具体制度建构方面的配套性还不强，甚至有些地方还存在缺失，在制度衔接、彼此呼应方面还有待提升。制度的不统一、不配套以及制度缺失，会造成社会实践中的一些漏洞，使人民群众的利益受损，影响公平正义的实现。三是改革开放以来，经济体制彻底转轨过程中还残留着一些旧体制的弊端，各种市场分割和垄断行为还在一些领域不同程度地存在，干扰资源的公平配置，造成不公平的竞争。四是城乡长期存在的二元结构还没有彻底根除，导致城乡在政策制度保障方面的公平性不足。在我国，涉及人民生活的具体制度的二元结构比较明显，城乡发展的不平衡不协调仍然是我国经济社会发展中存在的突出矛盾，城乡的公共政策实施和公共物品提供仍然存在巨大差别。因此，制度的公平性要求与城乡二元制度结构的矛盾，是长期存在的影响社会公平正义的重大问题。另外，制度落实和执行方面也存在不到位、不严格的情况。制度落实和执行上的官僚主义与形式主义依然存在，“用会议落实会议、用文件落实文件”的情况时有发生。归根结底，中国特色社会主义制度还不够完善，还不成熟定型，还需要一个比较长的完善和发展的过程。

在保障公平正义的社会政策体系方面，我们也还有许多需要完善的方面。就社会政策的本质来说，它是对社会成员权利保障的重要手段，是对

---

① 《习近平谈治国理政》第3卷，外文出版社2020年版，第112页。

“市场失灵”的重要补充。从国家层面来看，社会政策在推动教育公平、促进和扩大就业、平衡收入分配、实现住房保障等方面都发挥着重要作用。好的社会政策能够有效促进公平正义，社会政策的偏差往往会损害社会公平。新中国成立以后，我们在发展起点很低、物质生产比较落后的条件下，逐步发展起了一套保障人民基本生活的社会政策。尽管在城市和农村有政策的差别和不同的做法，但大致能够使社会成员在教育、就业、分配、医疗、住房等方面享有较为均等的保障。改革开放后，我国的社会政策体系经历了较大的调整和重构。随着社会主义市场经济的发展，我们在教育、就业、分配等各方面都形成了新的政策体系。但各方面的政策体系与社会发展进步的要求相比还不完全适应，还必须进一步地进行完善和发展。在教育方面，促进教育发展的各项政策还有不完善的地方，诸如教育资源均衡配置的政策、农村义务教育发展政策、农民工子女教育政策、基础教育与高等教育等的协调发展政策等都还存在一些不公平的情况。在就业方面，劳动者平等就业权的保护政策、就业促进政策、特殊群体就业政策以及积极就业政策的落实都还存在一些短板。在分配方面，无论是初次分配还是再分配政策，都还处于进一步完善之中，也有些分配政策过于原则，使之流于形式。在住房方面，也存在政策公共性不强，使住房保障过度依赖市场，导致公平性不足。

从总体上来讲，我国改革的过程实际上也是社会主义制度在我国完善和发展的过程。我们提出了建设中国特色社会主义的重大命题，完善和发展了中国特色社会主义制度体系，从根本上为社会公平正义提供了强有力的保障，显示了我们制度的突出特点和优势。习近平强调：“中国特色社会主义制度，坚持把根本政治制度、基本政治制度同基本经济制度以及各方面体制机制等具体制度有机结合起来，坚持把国家层面民主制度同基层民主制度有机结合起来，坚持把党的领导、人民当家作主、依法治国有机结合起来，符合我国国情，集中体现了中国特色社会主义的特点和优势，是中国发展进步的根本制度保障。”[①]但是，如上所述，在一些具体领域的制度和政策，还确实存在不完善不健全的地方，相应的制度政策配套性建设特别是各方面具体制度建设相对滞后，一些政策的制定实施也具有一定的滞后性，因此在社会公平正义的制度政策保障方面还存在许多问题。只有充分认清问题

① 《习近平谈治国理政》第1卷，外文出版社2018年版，第9～10页。

才能有针对性地实施改革，从而构建起比较完善的社会公平保障体系，使其能更好地发挥保障社会公平正义的作用。

（三）促进共享发展必须加快建设社会公平保障体系

共享发展只有在一个公平正义的社会才能真正实现。而要达到社会公平正义，关键在于构建社会公平保障体系，而这一体系的核心就是制度和政策。在一定的社会，由于一定阶段的政策是稳定透明的，而制度更带有根本性、全局性和稳定性，由此政策和制度作为较为长期性的准则和规范，能够为社会成员的权利行使和社会生活提供基本指引，也能够为社会成员的实践活动提供规范和标准。而政策和制度的基本特性是其提供的规范和标准，对于社会成员来说是统一的和可把握的，这就使社会成员能够获得同等对待。政策和制度的统一性、透明性和公平性，是其解决各类社会问题、保证社会良性运转的权威基础。如有的学者所说："现代社会必定是一个凭借着规范、合理、公正的制度体系而运转的社会。"①在现代社会运行过程中，政策制定和制度建构是关键要素。只有制定好的政策和制度，只有这些政策和制度能够为绝大多数人熟悉、接受并惠及他们，这样的社会才显得公平。如果缺乏相应的政策指引和制度安排，或者政策和制度出现偏差，社会公平正义就可能受侵蚀。只有在一定的政策规范和制度框架下形成完善的社会公平保障体系，才能使公平正义获得强有力的保障，才能促进共享发展。

当然，从基本功能上来说，政策和制度对社会公平正义的保障也具有相对性。就形式上来说，任何的政策和制度安排都同等地面向所有社会成员，为他们提供统一的规范和约束，因而具有公平性。但是，就内容和实质来说，政策和制度的制定和实施总带有制定者一定的倾向性，必须通过不断完善和健全社会公平保障体系来克服这种倾向性，才能更好保障公平正义。无论任何社会，制度制定和实施都有其自利性，制度的制定、改革、发展和实施在一定程度上都受到自利性的约束，必然也会对公平正义造成很大影响。制度的自利性是一种客观存在，从现实性上来说无法完全避免。就我国而言，我们的根本制度和基本制度设计都是好的。但是，由于制度制定者的认识局限和主观偏向，会使许多具体制度的制定和实施不可避免地带有一些

---

① 吴忠民：《走向公正的中国社会》，山东人民出版社2008年版，第34页。

自利性。制度作为社会运行的一种安排,就基本形式而言是公平的。制度的公平性主要表现为:对一定社会来说,制度一经确立,其约束力对所有社会组织和成员都是一样的,不存在制度之下的特殊例外。但是,就内容和实质来说,制度的制定和实施总带有一定的倾向性。因为,就制度的发生机制来说,制度的制定者具有自利性:"按制度发生机制来讲,制度的制定者设计制度时是自利的。这是制度的最基本性质。"[①]自利性使制度的设计者在设计制度的过程中,不可避免地会受到自身利益趋向的影响。换句话说,谁制定制度,谁就是制度的受益者。由此来说,制度的合理性要由两个方面来保证:一个方面是制定制度的理念,另一个方面是制定制度者所代表的阶级、阶层的广泛性。但是,即便制度制定过程中具备正确理念和广泛群众基础,也无法完全避免其一定程度的主观自利性,也不能保证是完美的,也会存在缺陷。因此,在我国制度体系制定、实施过程中,应充分认识和避免制度自利性的干扰,使制度的公平正义保障作用能够发挥得更好。政策和制度本身的制定和完善也是一个发展的过程,必须加快这一进程,及早建立社会公平保障体系,才能实现社会更加公平正义的愿景。

进入新时代,我国社会的主要矛盾发生了根本性变化,但我国正处于社会主义初级阶段的基本国情没有变,还必须把政策制度的完善发展作为保障社会公平和共享发展的关键。政策和制度建设本身是一项长期的复杂的社会系统工程,是国家治理现代化的基础性工程。我们已经确立了中国特色社会主义制度,这是保障社会公平正义的制度基础。但在实际的经济社会生活中,在一些具体的制度安排上,在制度的相互协调配合上,在制度的执行落实上,都还存在许多影响社会公平正义的方面和环节。因此,要围绕更好保障民生、促进公平正义的要求,大力推进社会公平保障体系建设。当前,社会公平保障体系建设除了根本制度和基本制度的完善发展之外,重点在于社会体制改革的深化和社会政策的完善,诸如社会领域的制度、收入分配制度和政策、基本公共服务均等化政策、教育体制和政策、就业制度和政策等等方面,都是制度建设的重要领域,直接关涉公平正义。要加快创新步伐,加大建构力度,尽快完善相关的制度政策,形成中国特色的社会公平保障体系,使共享发展切实落在实处。

---

① 李刚:《论制度的本性》,《理论与改革》2007年第6期。

二、完善保障社会公平正义的制度体系

进入新时代的中国，要改变社会上存在的不公平现象，实现共享发展，要有强有力的制度保障。制度具有规范性、透明性、公共性，既是维护公平正义的根本保障，又是实现共享发展的有效途径。加紧构建和完善对保障公平正义具有重大作用的制度，确保人民的政治、经济、文化、社会和生态等方面的权益得到公平实现，是建设和完善社会公平保障体系的首要一环。我国仍然处于社会主义初级阶段，制度建设是一项长期的复杂的社会系统工程，作为推进共享发展的重要内容和基本措施，要在充分反映和体现广大人民群众利益的基础上坚持公平正义理念，加紧建设和完善保障社会公平的制度体系。

(一)完善有利于保障公平正义的政治法律制度

政治法律制度是一定社会制度体系的基本组成部分，规定着社会前进发展的基本方向和道路，是保障公平正义的最重要武器。如有的学者所说："社会政治制度是国家社会的制度基础，任何国家的社会制度体系都是建立在具体的政治制度基础上的：在国家社会生活中，一个国家对社会政治制度的选择与确立，构成了该国生存发展的关键问题，也成为整个社会制度形成与确立的关键；社会政治制度的公正与否，事实地成为整个社会制度能否公正的关键，并成为社会能否普遍公正的集中标志。"[①]我国处于社会主义初级阶段，我国的基本政治制度规定了社会公平正义保障的基本性质。社会公平正义保障应当体现全体人民的根本利益，社会基本权益的分配和享有应当由社会各阶层全体成员共同参与，实现权利共享和发展共享。我国的政权组织形式则为社会公平正义保障提供了基本的制度平台。我国的社会主义法律制度则为社会公平正义保障提供了法律保证。但我国毕竟还处于社会主义初级阶段，政治法律制度还有许多不完善的方面和环节。在民主建设方面，"人治"的传统仍然在社会政治生活中有一定的影响，使民主的发展仍然受到一定的干扰。在法制建设方面，法规体系还不够完善，特别是执法

---

① 唐代兴：《公正伦理与制度道德》，人民出版社 2003 年版，第 122 页。

和司法行为还有不规范的地方，有法不依、执法不严、违法不究和以言代法、以情代法、以罚代法等问题还不同程度地存在。这些问题，严重影响着社会公平正义。因此，保障社会公平正义，应首先不断地健全和完善我国的政治法律制度，具体表现为以下几个方面。

一是完善人民的民主权利保障制度，确保民主权利的公平拥有和行使。民主权利的平等拥有和公平行使，是保障社会公平正义的首要政治基础，是现代政治文明的基本表征。从公平角度来讲，民主权利保障就是要在实现赋权、参与等基本政治要求上，面向全体社会成员，尤其要把实现弱势群体的权利作为关注的重点。“中国要建成社会主义的现代政治，在现有的根本政治制度不变的前提下，同样要具备赋权、参与和利益协调机制等政治要素。对于所有弱势群体（或阶层）来说，这些政治要素尤为重要。”[①]在新时代的中国，公平正义既是价值要求，更是实践要求，其体现在社会发展的各个领域和社会生活的各个方面。能否真正达到公平正义的要求，其政治基础在于能否使所有社会成员平等地拥有和行使各项民主权利。这就必须加强民主政治建设，坚持党的领导、人民当家作主和依法治国的有机统一，使人民民主权利得到充分保障。人民的民主权利不是抽象的，它体现于国家和社会层面的选举、实践活动中的决策和管理以及对各项事务的监督。让人民拥有和行使权利，主要是依据法律赋予和带领人民有效参与民主选举、民主决策、民主管理和民主监督，使人民民主权利具体化、可操作。人民民主权利的内涵、形式和行使方式，会随着社会发展而不断变化，必须适应变化，不断推进政治体制改革，使民主制度更健全、民主形式更丰富，并在此基础上推进民主权利行使的制度化、规范化和程序化，保障民主权利普遍和公平享有。

二是完善法律制度，夯实公平正义的法治基础。法律是社会秩序的基础支撑，是公平正义的可靠保障。只有不断地完善法律制度，严格按照法律办事，才能维护社会稳定有序，保障公平正义。正因为如此，党的十九届四中全会明确要求：“健全社会公平正义法治保障制度。”[②]从本源上说，法律本

---

① 李培林等：《中国小康社会》，社会科学文献出版社 2003 年版，第 275 页。

② 《中共中央关于坚持和完善中国特色社会主义制度　推进国家治理体系和治理能力现代化若干重大问题的决定》，人民出版社 2019 年版，第 14 页。

身具有公平性特征。法律是在社会发展的一定阶段产生的,其作为统治工具,是由国家制定或认可并由国家强制力保证实施的,是具有普遍效力的行为规范体系。其主要目的在于调节社会关系,维护和巩固社会秩序。法律的基本特征有四:一是公平性。“法律面前人人平等”体现了法律的公平性追求,任何人、任何组织没有超越法律的特权。二是普适性。法律是对全社会的规范,对所有社会成员和社会组织一体适用,任何社会成员和组织都必须遵守法律,一切违反法律的行为,必然受到法律的追究。三是规范性。从内容到程序,法律都有具体的规定,都以国家强制力来保证实施,在这方面也体现着法律的强制性。四是稳定性。法律一经制定、颁布和实施,就具有相对稳定性,任何人、任何部门不经过法定程序都无权进行改变。法律的这些特征,既是法律公平性的具体体现,又是法律能够保障社会公平的表征。在现代社会,只有不断地完善和健全法律制度,才能依法保障公平正义。在新时代,我们首先要完善和落实宪法法律的基本原则,坚持中国特色社会主义法治建设为了人民和依靠人民,着力加强对人权的法治保障,真正让人民依法享有广泛的权利和自由,并承担相应的义务;要通过法治教育增强人民法治观念,引导人民做法治的信仰者、遵守者和捍卫者。法律制度的权威在于实施和执行,在执法层面,要始终坚持有法必依、执法必严、违法必究,做到公正严明执法,特别要严格规范执法自由裁量权,保证法律得以公平地执行;在司法层面,要深化司法体制改革,完善审判制度、检察制度、律师制度等各项制度,加强司法监督,确保司法的公平正义。

三是健全基层民主制度,完善社会公平保障的基础环节。基层是联系普通民众的根基,是社会公平保障的基础平台。巩固和扩大基层民主,完善基层民主管理制度,发挥社会自治功能,保证人民依法直接行使民主权利,是社会公平保障的基础环节。在基层政权制度建设方面,要重点建立完善与基层民主法制建设密切相关的法规规章,健全基层民主制度,丰富基层民主形式,扩大基层群众有序的政治参与,保证基层群众依法享有广泛的权利和自由。同时,要按照制度化、规范化和程序化的要求,不断加强基层民主制度体系建设。在农村,要切实贯彻村民委员会组织法及实施办法,以地方立法的形式建立完善村民会议、村委会选举、村务公开、民主管理等农村民主制度。在城市,健全城市居民委员会会议、选举及事务公开的民主制度。在企事业单位、新经济组织和其他社会组织中,建立健全工会组织,完善职代会及管理、财务等公开制度。通过基层民主制度建设，促进公民社会的有效政治参与，从基础环节来保障社会公平。

四是把党的领导制度建设作为完善政治制度的关键，以党的领导制度建设推动社会公平正义。实现社会公平正义，关键在党。“中国共产党领导是中国特色社会主义最本质的特征，是中国特色社会主义制度的最大优势，党是最高政治领导力量。”[①]因此，必须着力健全总揽全局、协调各方的党的领导制度体系，把党的领导落实到国家治理各领域、各方面、各环节，为社会公平正义提供坚强保障。党的领导制度体系是党的领导和党的自身建设相统一的制度体系，其主要内容包括履行初心使命的制度、保证党中央权威和集中统一领导的制度、党的全面领导制度、为人民执政和靠人民执政的各项制度、提高党的执政能力和领导水平制度、全面从严治党制度等。要把党的领导制度建设作为国家政治制度建设的关键，通过党的领导制度建设来推动政治制度的完善和发展，为促进社会公平正义提供坚强有力的政治保证。要坚持和完善民主集中制，扩大党内民主，推进党务公开，保障普通党员的知情权和政治参与，保证决策的科学性，加强对权力的监督，严格党内生活，严肃党的纪律。同时，必须加强党的基层工作。基层是联系最广大人民群众的基础环节，影响社会和谐的矛盾和问题绝大多数是通过基层表现出来的，因此化解社会矛盾，促进社会公平，必须首先从基层抓起。反腐倡廉制度建设是党的制度建设的重大任务，也是维护公平正义的紧迫任务，必须深入开展党风廉政建设和反腐败斗争，坚持党要管党、全面从严治党，贯彻标本兼治、综合治理、惩防并举、注重预防的反腐倡廉战略方针，建立和完善反对腐败的长效机制，努力实现党风的好转，以优良的党风促政风带民风，营造社会公平保障的良好环境。

（二）完善有利于保障公平正义的基本经济制度

在任何一个社会，基本经济制度都决定着社会的性质，决定着社会资源和财富分配的倾向、规则和方式，因此基本经济制度是保障社会公平正义的制度基石。基本经济制度实质上是社会一定发展阶段的生产关系的制度形

---

① 《中共中央关于坚持和完善中国特色社会主义制度 推进国家治理体系和治理能力现代化若干重大问题的决定》，人民出版社 2019 年版，第 6 页。

态，是制度化的物质社会关系。社会的实际运行过程往往是复杂的，在一定历史发展阶段的一定社会的内部，总是存在多种而非单一的经济关系，既有历史的和过去社会残存的经济关系，也有未来社会经济关系的萌芽。但决定一个社会性质的必然是占支配地位的经济关系，它构成一定社会的基本经济制度，反映社会各阶级、阶层的基本经济地位，从而决定社会公平保障的状况。我国社会主义初级阶段的基本经济制度，由所有制、分配制度和经济体制几部分构成。在所有制方面，我们坚持公有制为主体，同时推动多种所有制经济共同发展，这是我国经济制度的基础；在分配制度方面，坚持按劳分配为主体、多种分配方式并存；在经济体制方面，坚持社会主义市场经济体制。这一基本经济制度，是党和人民在改革开放中的伟大创造，既体现了社会主义制度优越性，又同我国社会主义初级阶段社会生产力发展水平相适应，是体现公平与效率相统一的经济制度，构成我国社会公平保障制度体系的根基。

从基本经济制度中的所有制来说，消灭资本家私有制、建立社会公有制是社会公平正义的根本保障。资本主义社会存在的社会不公平现象，是由资本主义制度决定的。在资本主义私有制下，劳动者总是与资本、与劳动、与劳动成果、与自我、与他人相分离，必然造成社会极大的不公平。要改变资本主义社会不公平的状况，就必须改变资本主义经济制度的基础，即消灭私有制。马克思、恩格斯在《共产党宣言》中明确强调："共产党人可以把自己的理论概括为一句话：消灭私有制。"[①]只有消灭了资本主义私有制，建立新的社会主义社会制度，才能为实现公平正义奠定基础。由此可见，马克思、恩格斯所预示的社会主义条件下的社会公平，从经济制度属性上来说，它已经远远超越了资本主义条件下的社会公平。从现实来说，我国还处在社会主义初级阶段，应该确立一个什么样的所有制结构？建立怎样的基本经济制度？我们经历了一个探索和认识的过程。我们曾经建立起单一的公有制，但实践证明与我国的生产力发展水平不相适应。改革开放以来，我们的所有制结构发生了巨大变化，原来单一的公有制已经被以公有制为主体、多种所有制共同发展所取代。在实践中，我们始终坚持公有制的主体地位，这是社会主义同资本主义在经济制度基础上的本质区别。坚持公有制为主

① 《马克思恩格斯文集》第2卷，人民出版社2009年版，第45页。

体，是消灭剥削和压迫，消除两极分化，实现劳动人民当家作主的经济基础，也是社会主义公平正义广泛性的经济制度保障。但在社会主义初级阶段，在以公有制为主体的前提下发展多种所有制经济，是由现实决定的，也体现了现阶段我国社会公平保障的特殊要求。在我国社会主义初级阶段，要积极探讨和解决公有制的实现形式和途径，也要探讨和解决多种经济成分共同发展的基本途径，不断完善我国经济制度的基础，为推进公平正义提供经济制度保障。

在中国特色社会主义发展过程中，公有制是经济制度的核心，公有制以及由其决定的按劳分配，能够从根本上消除人与人之间的剥削与被剥削、压迫与被压迫、奴役与被奴役的关系，能够确立起社会成员之间平等协作的关系，这是以私有制为基础的社会所无法比拟的。正如邓小平所说："社会主义的经济是以公有制为基础的，生产是为了最大限度地满足人民的物质、文化需要，而不是为了剥削。"[①]我国的社会主义市场经济体制，也是在坚持公有制主体的基础上建立起来的，这是我国市场经济运行的制度基础。因此，我国社会公平保障体系建设必须把坚持公有制的主体地位作为根本。现阶段，我国的经济制度改革是为了进一步完善基本经济制度，但绝不能放弃社会主义公有制。公有制作为社会公平保障的制度基础是由其性质和特征决定的。从一般意义上而言，不是任何一种形式上的属于共同所有的企业和组织都是社会主义公有制。社会主义公有制的实质是社会成员共同占有生产资料，体现的是生产资料占有的平等性。在社会主义公有制范围内，掌握生产资料的所有社会成员的共同意志和需要决定着生产资料的支配和使用，并决定着由此所取得的收益的分配关系。任何个人或少数人都不能利用生产资料为自己谋取私利。当前，坚持公有制的主体地位，关键在于深化国有企业改革，重点是在股份制改革基础上进一步推进国有企业混合所有制改革。通过持续的改革和制度创新，形成国有经济的优势，并推动国有企业不断向重要行业和领域集中，成为市场经济的骨干力量，并进而在保障社会公平方面发挥重要作用。

保障社会公平正义也要努力促进非公有制经济的发展。非公有制经济并不是我国社会主义经济的异己力量，而是中国特色社会主义经济的重要

---

① 《邓小平文选》第2卷，人民出版社1994年版，第167页。

组成部分。从总体上来说，我国还是一个发展中的社会主义大国，人口多、底子薄、生产力不发达的状况没有根本改变。我国经济社会的发展也不平衡，城乡和地区之间还存在较大的差距，我国仍处于并将长期处于社会主义初级阶段。与社会主义初级阶段生产力发展水平较低和生产力发展不平衡相适应，非公有制经济的存在和发展是必然的。非公有制经济的发展，有利于调动和凝聚社会各方面的力量，促进经济增长，增加税收、扩大就业、活跃市场、满足人们多样化的需求。因此，在坚持以公有制为主体的条件下，发展非公有制经济有利于推进社会公平保障。促进非公有制经济的发展，关键在于不仅要鼓励和支持，而且还要进行正确的引导。当前，正确引导非公有制经济的发展主要是把握好两个方面。一方面，在市场准入制度方面，给非公有制经济平等的待遇，放宽非公有制经济的市场准入条件。特别是要支持非公有制中小企业发展，鼓励有条件的企业做强做大，完善保护私人财产的法律制度，为非公有制经济的发展创造良好的环境。这些制度的建立和完善，不仅是社会公平的要求，也是社会公平实现的条件。另一方面，要建立和健全加强对非公有制企业监管的法律法规和制度。尤其要建立非公有制经济职工工资及福利待遇合理增长的制度和机制，保障职工合法权益，避免造成非公企业公平的缺失。

(三)完善有利于保障公平正义的社会运行机制

加强社会治理，形成充满活力的高效的社会运行机制，是保障社会公平正义的必然要求。随着经济社会的发展，必须适时创新社会治理体制，整合社会治理资源，从而提高社会治理水平，为实现社会公平正义提供良好的社会条件。从总体上说，目前我国的社会治理还有不够完善的方面和环节，比如政府职能还不能完全适应经济和社会发展的要求，以社区为主导的基层服务和治理网络还不健全，各种社会组织服务社会的功能还比较弱，各种社会治理机制还不完善。这些都与保障社会公平正义的要求不相适应。这就要求我们必须加强社会治理，不断推进治理体制创新，完善社会治理体系和政策法规，整合社会治理资源，构建人人有责、人人尽责、人人享有的社会治理共同体，切实使社会公平正义落在实处。特别是要大力推进以社区为重点的基层组织建设，发挥基层在保障社会公平正义中的基础性作用，大力推动社会治理和服务重心向基层下移，把更多资源下沉到基层，更好地提供精准化、精细化服务，有效保障社会公平正义。

统筹协调各方面利益关系，逐步建立和形成有效的社会利益协调机制。人类社会发展的历史经验告诉我们，利益问题是人类社会诸问题中带有本源性的问题，“人们为之奋斗的一切，都同他们的利益有关”①。在社会资源紧缺和社会财富有限的条件下，人们各自追求利益最大化的行为必然产生一定的矛盾和冲突。只有建立有效的利益协调机制，才能保持各方面利益的相对平衡，避免社会不公平。当前，我国市场经济的迅猛发展使社会转型和分化的速度大大加快，导致社会利益调整步伐加快、力度加大，社会各群体、各阶层的利益矛盾和冲突不断凸显，成为全社会普遍关注的问题。利益的调整就是利益的重新分配，这就必然产生新的社会公平或不公的问题。因此，要把社会利益协调机制作为社会运行机制的关键尽快加以建立和完善。我国现有的利益协调机制中还带有计划经济的痕迹，利益话语权还带有一定的制度背景和特权背景，造成一定的利益垄断。所以，当前的关键是在制度设计中要充分考虑各方面的利益平衡，疏通表达利益诉求的渠道，形成维护利益均衡的有效机制。实际上，制度制定和形成的过程充分反映着各种社会利益群体的博弈，如何实现博弈中的利益平衡是利益协调的关键。现阶段，我国利益协调机制的构建，要坚持把人民群众的根本利益和长远利益作为出发点和落脚点，并以此来实现利益平衡。当前，适应我国社会结构和利益格局的发展变化，亟须建立和完善各方面的利益协调机制，以有效实现诉求表达、利益协商、利益调节和利益保障。此外，在利益协调方面还要加快形成利益引导机制、利益约束机制、利益补偿机制和利益矛盾调处机制等，以有效保障公平正义。

保障公平正义的社会运行机制也是能够实现城乡融合的体制。必须进一步破除城乡二元社会治理结构，形成统一的社会治理机制。城乡二元社会治理结构，是造成城乡社会成员社会地位、身份和各方面社会参与不公平的根源。有学者指出：“我国城乡之间不仅存在户籍二元性，还存在收入、公共服务和社会保障等收入和保障二元性以及土地、资本、劳动力等要素二元性等。”②这种二元结构的制度安排和延续，导致了城乡居民在权利享有、收

① 《马克思恩格斯全集》第1卷，人民出版社1995年版，第187页。

② 李旭章主编：《中国特色社会主义政治经济学研究》，人民出版社2016年版，第217页。

入分配、社会保障等方面的不公平。二元经济社会结构,也导致了严重的机会不公平。“传统的城乡二元社会结构,在很大程度上限制了竞争机会的平等,特别是竞争起点的平等。不同地区、不同身份的人,不能同等地以自己的正当努力参与经济社会发展并分享其成果,以致一个出身贫困的人很可能把其贫困传递给他的下一代。”[①]保障社会公平正义,必须消除和打破城乡二元社会治理结构。在社会运行机制方面,要逐步取消现有的城乡户籍制度等不合理的制度安排,形成统一公平的城乡运行治理机制,赋予农民真正平等的国民待遇,使农民享有公平的受教育权和就业权,使城乡公民拥有公平的发展机会和权利,真正做到起点公平。城乡二元结构下,户籍制度是形成城乡居民身份差异的主要因素,对农民来说是极其不公平的。特别是对于进城务工人员来说,尽管他们生活在城市之内,却在身份和权利上被排斥于城市之外,他们不是市民,不能享有城市为市民提供的一切生活保障和福利。从我国改革的历史进程来看,城乡二元社会结构改革远远落后于其他各项改革,使农民长期遭受不公平的待遇。目前我国正在大力实施“乡村振兴”战略,为打破城乡二元社会治理结构提供了历史机遇。我们应当下决心排除各种既得利益集团带来的干扰,彻底取消户籍等不合理的制度,保证农村居民得到公平的对待。

(四)完善促进公平正义的社会保障制度

在现代社会,体系完善、功能健全的社会保障体系,是公平正义的重要体现。社会保障方面的制度主要指通过相关政策和立法,对因年老、疾病、失业、丧失劳动能力、遭受意外灾害等的劳动者和社会成员给予物质帮助的一种社会安全保险制度。因此,社会保障制度是保障整个社会公平正义的重要支柱,从总体上决定着社会公平正义的实现程度。社会保障制度能够通过社会性的物质支援解除社会成员痛苦,减轻社会成员因生活贫困面临的压力,有效缓解各种社会矛盾,为社会成员的生存发展提供基本保证。其基本目的就是为了人,体现了以人为本的基本方向。完善促进公平正义的社会保障制度,要关注社会成员需要公平,把握社会保障的方向定位。社会保障制度所关注的是需要公平而非能力公平。“能力公平就是以人的能力

---

① 李培林等:《中国小康社会》,社会科学文献出版社 2003 年版,第 253 页。

与各种要素贡献为依据进行生产成果分配,需要公平就是根据人们的消费需要来进行分配。因而,能力公平就是充分发挥要素效率并使各生产要素自动实现效率配置,需要公平才是我们一般意义上说的与效率对应的公平。"[①]社会保障制度实质上是规范二次分配的,主要考虑的是社会成员的需要公平。因此,完善社会保障制度,应着重考虑社会成员的生活水准与社会现实生活水平之间的差距,以保障弱势社会成员的基本生活水平作为重点。正如罗尔斯所言:"说收入和财富方面的不平等应该按照有利于最不利者的最大利益来加以安排,这只不过意味着我们应该通过观察在每种体制下最不利者的状况改善了多少来比较各种合作体制,然后选择这种体制,即在它下面比在任何其他的体制下最不利者都变得更好。"[②]因此,要从需要公平的角度来把握社会保障制度的正确定位,以充分凸显公平正义的价值要求。

完善促进公平正义的社会保障制度,要关注社会成员的权利、机会和分配公平。从社会保障制度的公平性来思考,其首先要实现的是所有社会成员在权利和机会方面的公平。实现社会成员的权利和机会公平,就必须打破社会保障中的"身份歧视"和"地区差别",使社会成员在享有社会保障方面起点公平。我国是一个社会主义国家,随着经济社会的发展与和谐社会建设的推进,要使每个公民依法享有社会保障的基本权利是社会主义本质的重要体现。为了实现权力和机会的公平,最重要的是必须建立全国统一的社会保障制度,给予所有社会成员以同等的待遇和平等的机会。如果出现权利不公和机会排斥,就会使社会成员的基本生存和发展权利不能得到有效保障。目前,要实现社会保障享有方面的权利和机会公平,就要逐步推进社会保障的全民化,扩大社会保障的覆盖面,必须分清轻重缓急,抓住重点,首先要实现社会救助制度、养老保险制度和医疗保险制度的全国统一,然后在此基础上完善其他各项社会保障,尽快构建起覆盖全民的多元化社会保障体系,解决城乡居民社会保障问题。同时,完善促进公平正义的社会保障制度,要加大对分配公平的调节力度,充分发挥政府作为社会保障投入主体的作用。分配公平是社会公平的重要内容,是社会共享实现的关键。妥善处理和协调各方面的利益关系,实现社会利益的分配公平,是和谐社会

---

① 陈惠雄:《人本经济学原理》,上海财经大学出版社 2006 年版,第 185 页。

② [美]罗尔斯:《作为公平的正义:正义新论》,姚大志译,上海三联书店 2002 年版,第 95 页。

的重要体现。要在社会保障中实现分配公平，政府必须成为社会保障的投入主体。社会保障是政府应该提供的公共品，是政府的重要职责。社会保障作为一种国家行为，是国家干预收入分配、协调经济社会发展的基本手段，是缩小贫富差距、化解社会矛盾的重要途径。因此，社会保障应该以国家财政为后盾，主要通过国家财政的投入来实现对弱势群体和低收入阶层的援助。随着改革开放以来经济的快速发展，国家财政收入增幅较大，已经具备了依靠国家力量建立社会保障的能力，应当把社会保障纳入国家的财政预算。同时，为了扩大社会保障经费的收入来源，也可以考虑开征社会保障税，作为国家公共财政收入，专门用于社会保障。把当前社会保障的交费制改为征税制，更有利于将包括非国有经济在内的所有经济形式纳入社会保障的覆盖范围，以增强社会保障的公平性。

三、以保障公平正义为导向建构社会政策体系

社会政策体系是社会公平保障体系的重要组成部分。社会政策不仅是社会成员各种社会行为的重要指南，而且也是社会成员各项权益保障的重要屏障。就实际社会生活和社会关系而言，受着许多规范的引导，社会政策是比较能够具体体现一定阶段社会发展趋势的规范指引。社会政策相对于制度规范而言，更具有灵活性，能够适时调整以适应社会需要。人类所从事的实践活动，本质上都是自觉的行动，这种行动在很大程度上就是执行政策的过程。毛泽东指出："政策是革命政党一切实际行动的出发点，并且表现于行动的过程和归宿。一个革命政党的任何行动都是实行政策。不是实行正确的政策，就是实行错误的政策；不是自觉地，就是盲目地实行某种政策。"[①]社会政策的制定和实施，目的在于实现社会权利和财富的更公平配置，使之成为更有利于最大多数社会成员的生存和发展。所以，从社会政策的属性来讲，其主要是解决公平正义问题。从发展实际来看，我国已经建立和发展了各个领域的政策，构建了较为完整的政策体系，但是社会是不断发展的，社会生活也是经常变动的，与此相适应就要不断地对政策进行完善。当前最重要的是要进一步完善就业、分配、教育、住房乃至公益慈善等方面

---

① 《毛泽东选集》第4卷，人民出版社1991年版，第1286页。

的社会政策，以推动社会公平保障体系进一步完善和发展。

(一)教育的公平保障政策

教育是民族振兴和国家发展的基础，教育公平是公平正义的重要基石，是实现共享发展的重要起点。在现阶段的中国，教育事关人民群众的切身利益，涉及到千家万户的幸福和命运。没有教育的公平共享，社会的公平正义就难以真正实现。习近平指出："教育公平是社会公平的重要基础，要不断促进教育发展成果更多更公平惠及全体人民，以教育公平促进社会公平正义。"[①]教育公平作为社会公平正义的重要内容和组成部分，是社会成员首先应该享有的公平。教育公平的基本内涵有三：一是社会成员接受教育的机会要公平，不仅适龄青少年都应当享有公平地受教育的权利，而且其他社会成员也应当享有终身接受教育的机会；二是社会成员接受教育的过程也要公平，所有的社会成员在接受教育的过程中应享有同等的教育资源、同等的入学条件、同等的教育内容、同等的教学质量和同等的评价机制；三是政府和学校在教育资源的配置上都应该坚持公平的原则，赋予社会成员以相同的权利和义务，而不应当有所区分，人为地使教育和教学的资源出现差别。

教育公平是公平正义在教育领域的基本体现，涉及社会成员在享有的教育权利和机会方面的平等，也与社会成员能否公平享有高质量的教育以及公平拥有教育资源密切相关。教育公平在社会成员公平获取能力素质方面发挥着决定性作用，对现代社会公平发展具有重大的价值。一是享有教育公平和受教育权是社会成员的基本权利，是人权实现的基本保证。教育公平强调教育机会对所有人开放，社会成员具有公平的受教育权。而受教育权既是社会成员的基本权利，也是社会成员其他基本权利实现的前提和基础。没有教育，从根本上来说无法保障人权的实现。二是教育公平能够促进大多数社会成员素质的提高，实现人的全面发展。教育公平要求教育资源为全社会所公平利用，有利于推动教育的普及，普遍地提高社会成员的素质和技能，促进他们的全面发展，改善他们的生存、发展状况，更好地实现他们的利益。三是教育公平是现代社会发展的重要动力。教育公平有利于社会成员通过受教育实现机会和起点公平，有利于社会弱势群体社会参与

---

① 《习近平谈治国理政》第2卷，外文出版社2017年版，第365～366页。

能力的提升和社会地位的提高，有利于社会流动的公平实现，从而推动社会和谐稳定发展。正因为如此，现代国家都把推进教育发展作为基本国策，把保障教育公平作为教育政策的基本价值取向。

我国仍然正处于现代化加速发展的过程中，教育发展既是现代化发展的重要内容，又是实现现代化的重要动力。推进教育公平，培养德智体美劳全面发展的社会主义建设者和接班人，是建成社会主义现代化强国的重大战略任务。为此，党的十九大明确提出了“努力让每个孩子都能享有公平而有质量的教育”①的要求。要落实这一要求，必须坚持教育优先发展的战略，把实现教育公平作为实现社会公平正义的突破口，建立和完善促进教育公平的政策和保障机制，通过相应的政策和制度建设使社会成员享有平等的教育权利和均等的教育机会。特别要通过政策和立法，加大对贫困地区和农村地区的教育投入，保证适龄人口都能接受应有的教育，从根本上提升他们的能力素质，保障他们公平地获得生存和发展的能力，促使他们能够拥有参与各项社会活动的平等起点。

完善保障教育公平发展的政策，首先要在教育的投入上，坚持国家对教育的财政投入政策，并向相对落后地区和弱势群体倾斜。国家对教育的投入是国家对教育主导的重要表现，也是教育公平的重要保证，应积极完善国家对教育投入的相关政策和措施。在教育发展的投入上，应坚持以政府的财政投入为主，建立正常的教育经费增长机制，保持财政性教育经费投入和增长的优先性，并使教育经费增长幅度能够高于财政经常性收入的增长幅度。在财政投入的指向上，国家应采取差别原则和倾斜原则。对经济发达地区和比较落后的地区应区别对待，对基础教育和高等教育也要区别对待。国家财政应向边远贫困地区和农村地区倾斜、向经济困难家庭倾斜，尽量给弱者以重点扶持，坚持对贫困地区和弱势群体实施保护。要彻底改变过去重城市轻农村、重高等教育轻义务教育的政策偏向，使教育经费在城市与农村之间、高等教育与基础教育之间、义务教育与非义务教育之间、重点学校与非重点学校之间达到适当平衡。对于高等教育，在坚持国家投入的基础上，鼓励多方筹措经费。对于基础教育，国家作为主体应在经费投入上负全责。在财政投入结构方面，要完善经费使用政策，减少教育行政性支出，保

① 《习近平谈治国理政》第3卷，外文出版社2020年版，第36页。

证教育投入更多地用于教育一线。

完善保障教育公平发展的政策，还要合理统筹教育发展全局，健全和完善教育均衡发展的政策。教育的均衡发展，是教育公平的重要表现。从教育全局来看，发展不均衡是制约教育公平发展的重要因素。教育发展的不均衡体现在教育投入、资源配置、需求与供给、地区差距等诸多方面。有的研究者指出："教育优先发展仍然面临公共教育投入不足、素质教育推进仍然面临很大的困难和阻力、创新型人才匮乏、教育需求与教育供给存在较大的落差、城乡之间以及区域之间教育发展不协调、义务教育发展不均衡、教师队伍水平亟待提高等诸多现实困境。"①在我国经济社会发展中，教育发展不均衡问题一直没有得到很好的解决。我国教育发展的不均衡主要表现为地区和城乡之间的教育发展不均衡、教育资源的配置不均衡、各类教育发展不均衡等方面，而这些不均衡大多是由政策造成的，因此必须健全和完善教育均衡发展的政策。第一，完善和落实促进农村义务教育发展的政策。从2006年开始，国家采取了一系列重大政策来发展农村教育，不仅在全国农村实行免费义务教育，同时还为农村义务教育提供补贴。目前，国家正进一步完善支持农村义务教育的政策，解决农村教育基础设施建设、教学设备、教师工资支付等问题。这是推进教育公平的重要举措。第二，制定和落实农民工子女教育政策。解决农民工子女就学问题必须靠公平的政策，也就是对于跟随进城务工的农民一同进城的农民工子女，必须给予与城市居民子女同等待遇的政策，不应使农民工子女在受教育方面遭受歧视。近些年采取的以流入地政府管理为主、以全日制公办中小学为主的解决农民工子女就学的办法是比较可行的政策，可以逐步将进城务工人员随迁子女接受义务教育纳入公共教育体系，使农民工子女平等接受义务教育的权利得到保障。第三，完善促进教育资源均衡配置的政策。教育资源配置不均衡既表现在地区之间，也表现在各级各类教育之间。因此，在完善教育资源均衡配置政策方面应有明确的指向，使资源能够向偏远落后地区和基础教育倾斜。第四，制定各类教育均衡发展的政策。建立完善的教育体系，使基础教育、高等教育、职业教育、继续教育协调发展，形成完整的现代国民教育体系和终身教育体系，保障社会成员都能公平享有接受教育的机会。

---

① 曹寄奴：《教育优先发展的理论与实践》，人民出版社2014年版，第31页。

同时，在保障教育公平发展上，必须关注困难家庭学生，建立健全困难学生就学资助政策。实现教育公平就是要让所有社会成员能平等地享有受教育的权利和机会，不因家庭财富多少和经济地位而受到影响。但在现实生活中，财富和经济地位又往往决定着受教育状况，经济富裕者能够凭借经济实力接受更多更好的教育，经济贫穷者则在很多时候会因无力承担而丧失教育机会。解决这一问题也需要有公平的政策作为保障，即要建立健全对经济困难学生的资助政策。当前，我国教育经费投入力度的加大，对于教育公平的实现发挥了强有力的保障作用。比如，免除义务教育阶段学生的全部学杂费，为农村中小学的寄宿学生提供生活补助，为困难大学生提供伙食补助等，都有力地推动了教育公平。但客观来讲，对于家庭经济困难的学生，我国的资助政策体系还有许多不完善方面。比如，在普通本科高校、高等职业学校和中等职业学校，对于家庭经济困难学生的资助面还偏窄，资助标准也偏低。这些都需要通过完善政策来改进。健全和完善家庭经济困难学生的资助政策体系，使他们不至于因经济困难而失学，这是促进教育公平发展的最重要保障。家庭经济困难学生资助政策体系的健全和发展，主要是完善国家奖学金和助学金制度，进一步完善和落实国家助学贷款政策，构建以国家奖学金、助学金和助学贷款为主体，勤工助学、特殊困难补助、学费减免有机结合的经济困难学生的资助政策体系。只有这样，才能使经济困难学生享有公平的教育。

(二)就业的公平保障政策

就业问题作为经济社会发展中的重大问题，既是经济问题，又是社会问题。就业问题，是困扰世界各国的一大难题。就业涉及基本民生，没有充分和公平的就业，就没有社会的公平正义。从人类文明的发展历程来看，在农业文明时代并不存在就业问题，就业这一历史性难题在人类进入工业文明阶段以后才开始出现。人类社会的工业化和现代化进程，其实质就是一个不断以资本和技术取代劳动力的过程，资本的集中和技术的进步必然在物质生产领域造成对劳动力的排挤，使就业不断减少。在资本主义市场经济条件下，大量存在的失业后备军曾经是提高资源配置效率的重要条件。但失业也造成大量的社会矛盾和问题，引发工人为实现自身就业权而持续地进行斗争。因此，现代世界各国都把保护公平的就业权和实现充分的就业作为重要的国策。解决好就业问题,始终是社会公平保障的重中之重。我国在计划经济时代实现了较为充分的就业,但也牺牲了必要的经济效率和个人自由。在社会主义市场经济迅猛发展的条件下,公平就业已经成为我国经济社会发展必须关注的重大政策问题。就业是社会成员增进自身财富和实现自己权利的基本途径。对于社会成员个人而言,只有拥有比较稳定的职业,才能拥有相对稳定的收入,具备相应的生活基础,并在此基础上实现平等参与社会活动的权利。对于社会整体而言,只有实现了最充分的就业,才能增加社会财富,解决社会贫困问题,缩小社会贫富差距,实现社会和谐稳定。因此,现代国家都把充分就业和公平就业作为至关重要的社会政策加以推进。推进就业必须坚持从国情实际出发,坚持正确的政策导向,按照权利公平和机会公平的原则要求,健全和完善就业政策,促进就业公平,为共享发展奠定基础。

第一,要把完善就业公平政策的基点放在实施积极的就业政策上,以充分就业保障就业公平。充分就业是保障就业公平的基础条件。从我国的国情实际看,人口众多、就业压力大、劳动力供求矛盾突出长期以来是就业方面存在的问题。在未来相当长的时期内,如何实现充分就业,仍然是影响我国经济社会健康发展和民生改善的重大问题。特别是进入新时代,我国经济社会发展处于重大调整期,劳动力供求矛盾和就业出现新的变化。“当前我国正处于产业升级与经济结构战略性调整的关键时期,固然会产生大批新的岗位,但劳动力从低端产业向高端产业转换并不是自然而然就能实现的,其间必然伴随着结构性失业问题。”[①]我国是一个人口大国,如何有效扩大就业,如何解决就业的结构性矛盾,是促进就业公平必须解决好的重大政策问题。解决好这一问题,实现充分的就业,必须在经济社会发展的基础上坚持完善和实施积极的就业政策。政府应加强就业引导,完善就业机制,通过经济发展、结构优化和产业升级实现对就业的拉动,不断改善就业结构,扩大就业规模,优化就业环境,千方百计增加就业机会,促进就业公平落在实处。

第二,要把完善就业公平政策的重点放在劳动者平等就业权的保护上,破除就业方面的歧视。就业歧视是影响就业公平的主要障碍,是对平等就

---

① 谷彬:《大数据与大国人才精细化管理》,人民出版社 2018 年版,第 3 页。

业权的破坏。拥有平等的就业权，是衡量就业公平的首要标准。平等的就业权是所有社会成员的一项基本权利，是他们在就业时得到公平对待的首要条件。就基本内涵来说，“平等就业权是指任何一个公民不论其民族、种族、性别、宗教信仰、语言、社会状况等方面的不同，均享有平等的就业机会，除能力、技术等限制外，不得有其他限制，对具有相同条件的公民，不能做出不同的待遇”①。在我国市场经济发展过程中，劳动力市场已经得到较大完善，就业市场的不公平问题已大大改善。但是，就业歧视仍然存在，对平等就业权的实现产生很大影响，造成社会成员的就业起点不公平。有学者早就指出：“起点的不公平，表现在就业机会的不公平，即所谓‘就业歧视’，已是社会议论的一个热门话题。传统的户籍制度，城乡分割，‘一国两策’，使二元结构固定起来，对占人口多数的农民是最大的歧视，不仅是就业，而主要在就业。就业歧视除城乡差别外，还有多种，如性别歧视、年龄歧视，特别是学历歧视，还有籍贯歧视甚至面貌歧视、身材歧视以及血型歧视等，可笑又荒唐。在开放劳动力市场和人才市场前，就业和用人靠出身、关系、人情，即使是‘伯乐’，却违反公平原则，导致能人被斥、庸人充塞，不仅使人力资源的配置恶化，并使政府和企业的职能质效恶化，影响是十分广泛和严重的。”②因此，在政策完善上必须重点关注两个方面。一方面，是切实梳理和消除歧视性的就业政策，尤其是要完善城乡劳动者平等就业政策，建立统一规范的人才市场，打破就业的城乡差别和地区差别。另一方面，在就业政策的制定中，要对学历歧视、性别歧视、年龄歧视做出明确的限制和规定，并对用人单位的用人行为进行明确的政策规范，对带有歧视性的用人行为进行监督和处罚，逐步实现对劳动者平等就业权的政策保护。

第三，建立和完善就业促进政策，拓宽公平就业渠道。就业公平不仅表现为起点上的公平，也表现为过程中的公平。就业促进政策，是就业政策体系的重要内容。构建和完善就业促进政策，不断拓宽就业渠道，是保障就业起点和过程公平的重要途径。首先，要采取鼓励创业的政策。为适应经济社会发展和转型的需要，应适时调整和完善自主创业、自谋职业等方面的相关政策，加强对劳动者的就业观念教育，使他们成为自主创业者和新业态的

---

① 李炳安：《劳动权论》，人民法院出版社2006年版，第122页。

② 沈立人：《话说“注重社会公平”》，《现代经济探讨》2006年第1期。

开拓者。特别是要适应市场经济发展需求，大力鼓励创办中小型私营企业，以增加更多社会就业岗位。其次，完善劳动者就业培训政策。从目前情况看，我国劳动力数量庞大，但高素质的技术工人相当缺乏，形成劳动力市场的总量过剩与结构矛盾并存的局面。因此，必须把实施就业培训作为促进就业的重要政策措施。要针对就业市场和环境的变化，增强培训政策制定和实施的针对性，以提升就业培训的实用性和有效性。尤其是对下岗失业人员，要根据市场需求和变化，制定灵活政策，帮助他们较快地提升新的技能和本领，促使他们尽快地实现再就业。要通过政策引导，加强创业培训，使下岗失业人员增强创业意识，学会创业本领，这样不仅自己可以实现就业，还能带动其他下岗失业及待就业人员就业。就业培训政策的制定和实施，要坚持公平公开原则，向有需求的劳动者平等开放。同时，要特别加强对农村富余劳动力转移的就业培训和下岗失业人员的再就业培训，提升劳动者公平就业的技能。再次，制定促进就业结构优化的政策。我国目前的城镇化率已经突破 60％，在劳动就业结构上对农业的依赖已经大大减弱，但农村人口仍然占全国总人口的相当比例。在迈向现代化强国的过程中，由于传统就业惯性的作用，就业结构仍然没有完全摆脱城乡二元社会结构的制约，就业结构的调整变化落后于我国产业结构调整升级的步伐，突出表现就是农村劳动力向城镇转移的渠道还不十分畅通。这就需要加快制定和完善促进就业结构优化的政策措施，进一步疏通地区之间、城乡之间劳动力平等流动和就业的渠道，支持劳动力进入服务业领域，改善就业结构，促进各领域就业公平。同时，在相关政策没有完全配套和到位之前，应尽快完善和落实国家对农民工的政策，给农民工以公平的对待，保护他们的就业权益。另外，还要完善促使就业规范化和稳定化的相关政策。目前，除了国有大中型企业和一些管理较好的其他所有制企业外，很多企业特别是中小型私营企业在用工方面还存在随意性，使一部分劳动者的就业具有很大的不规范性和不稳定性，他们的权益无法得到很好保障。因此，必须制定相关政策协调各方面的劳动关系和劳资关系，促进就业的规范和稳定，保障劳动者就业过程中的公平。

第四，关注特殊群体的就业公平，健全和完善就业援助政策。就业援助政策是指对一些就业困难群体或特殊群体提供必要的就业帮助，是促进就业公平的必要手段。在社会发展过程中，总有一些社会成员会因为自身条件或社会因素而出现就业困难，特别是一些社会成员因为身体残疾等原因会无法通过市场竞争实现就业，这就必须对他们采取必要的倾斜政策。也就是说，国家要建立和完善面向困难群众或特殊群体的就业援助政策，为他们提供政策帮助。比如，对于下岗职工，要根据他们的职业技能、年龄情况等制定配套政策，引导他们更新观念，实现再就业，特别要及时为零就业家庭提供政策支持，解决就业困难。再比如，对于高校毕业生，因为他们刚刚处于人生的起步阶段，缺乏相应的社会资源，因此要制定和完善相关的优惠政策，促进他们就业。对于年龄偏大和技能偏低的劳动者，由于他们的竞争力比较弱，应依据实际制定特殊的就业援助政策。在资金投入上，财政性资金应主要用于帮助最困难群体实现就业和再就业，下岗失业者的再就业服务和培训要免除费用，对特殊群体要实行社会保险补贴和岗位补贴等扶持政策。另外，对于自谋职业的下岗失业人员、批量招收下岗失业者的服务型企业等，应提供税费政策上的支持。总之，通过就业援助政策的完善和发展，能够为就业公平提供底线保障。

(三)分配的公平保障政策

分配公平保障政策是促进结果公平的重要途径。在分配方面，实行按劳分配政策是保障分配公平的基本前提。在资本主义制度消灭之后，生产资料全部由整个社会直接占有，实行产品经济，消灭了商品，价值分配也就没有了实际意义，因而马克思曾经设想，在社会主义社会阶段，对劳动者实行个人消费品的按劳分配。这是实现社会公平的基本前提。但马克思也分析了按劳分配的局限性，在个人消费品分配实行按劳分配以后，实际上仍然存在个人收入不平等的状况。马克思在论述共产主义社会第一阶段的分配时指出:“生产者的权利是同他们提供的劳动成比例的;平等就在于以同一尺度——劳动——来计量。但是，一个人在体力或智力上胜过另一个人，因此在同一时间内提供较多的劳动，或者能够劳动较长的时间;而劳动，要当作尺度来用，就必须按照它的时间或强度来确定，不然它就不成其为尺度了。这种平等的权利，对不同等的劳动来说是不平等的权利。它不承认任何阶级差别，因为每个人都像其他人一样只是劳动者;但是它默认，劳动者的不同等的个人天赋，从而不同等的工作能力，是天然特权。所以就它的内容来讲，它像一切权利一样是一种不平等的权利。"[1]马克思还讲到，权利的本性就在于使用同一尺度，但用同一尺度去对待不同等的个人，这本身就是一种不平等。另外，已经结婚的劳动者和没有结婚的劳动者，子女较多的劳动者和子女较少的劳动者，即便他们提供相同的劳动，他们事实上的所得也是不一样的。因此，马克思认为要避免这些弊病，权利就应当是不平等的。而这些弊病，在社会主义阶段又是不可避免的。由此可见，分配公平乃至社会公平的实现是一个历史过程。

现阶段，我国经济社会发展正处于历史性的转折时期，分配格局也出现了历史性的变化。从总体上来看，40 多年的改革开放彻底打破了传统计划经济体制下原有的国民收入分配格局，如今在政府、企业和居民三者之间，分配格局和结构发生了重大而深刻的变化。这种变化的原因是多方面的，主要原因是在经济体制改革过程中分配政策制度和利益关系的调整、非公有制经济快速发展对国民收入分配格局的影响、民生政策的实施等。在发展中，我们历来重视分配公平问题，总是根据经济社会发展的实际，适时地对分配政策做出相应的调整。改革开放前，根据马克思主义对未来社会的设想，我们长期坚持的是社会主义阶段的按劳分配原则。但无疑，在理论和实践上，我们都对这一原则做了教条化的理解。一方面，把按劳分配作为唯一的分配方式，不允许其他的分配方式存在。另一方面，在实践中，我们的分配政策的取向过于注重结果公平，以至于形成了带有平均主义色彩的分配政策。改革开放以来，随着个体经济、私营经济、外资经济等多种经济成分的发展，在分配领域客观上要求有多种分配方式，因而出现了各种生产要素按贡献参与分配的局面。从党的十三大开始，我们就明确强调，在社会主义初级阶段，分配方式不可能是单一的，在按劳分配之外，还要以其他分配方式作为补充。党的十五大在肯定以按劳分配为主、多种分配方式并存的分配制度基础上，进一步提出允许和鼓励资本、技术等生产要素参与分配的政策。党的十六大则强调，要确立劳动、资本、技术和管理等生产要素按贡献参与分配的政策原则。党的十七大则明确地把公平纳入分配制度之中，提出要坚持和完善按劳分配为主体、多种分配分配方式并存的分配制度，提出再分配更加注重公平。党的十八大以来，在平衡初次分配和再分配关系

① 《马克思恩格斯文集》第 3 卷，人民出版社 2009 年版，第 435 页。

方面，进一步强调了分配公平问题。由此可见，我国的分配政策一直处于不断调整完善之中，并越来越注重对公平的保障。但是，我们的分配政策有些过于原则，具体的分配公平保障政策并不健全、不完善。因此，重建分配公平必须在坚持基本分配制度基础上不断完善公平分配的政策措施。

完善分配的公平保障政策，必须以"共同富裕"作为始终如一的政策目标。以"先富"带动"后富"，最终达到共同富裕，是邓小平在改革开放初期提出的重大政策思想，符合我国经济社会发展实际。允许部分地区以及部分人先富起来，是加快发展的一项重大政策。这一政策的目标不是要有意拉开收入差距，而是要在加速经济发展的基础上实现人民共同富裕。在这项政策中，"先富"只是手段、途径，"共富"才是目的。在我国经济发展起点和水平较低的情况下，想要在短期内实现齐头并进式的富裕是不现实的，必须通过有先有后的顺序，才能逐步达到共同富裕。"共富"始终是我们明确的政策目标。邓小平指出："让一部分人、一部分地区先富起来，大原则是共同富裕。一部分地区发展快一点，带动大部分地区，这是加速发展、达到共同富裕的捷径。"①这项政策对于促进快速发展发挥了重要作用。但在实践中也出现了某些偏差，主要是在政策执行中只看"先富"不顾"后富"，造成收入差距悬殊。当然，这种情况是由多种原因造成的，不能归咎于"先富""后富"政策，更不能因此对改革开放初期我们的这项政策提出质疑，因为实现共同富裕才是这项政策的最终目标。邓小平强调："我们允许一些地区、一些人先富起来，是为了最终达到共同富裕，所以要防止两极分化。这就叫社会主义。"②1990 年，邓小平明确地把共同富裕与社会主义本质联系起来："社会主义最大的优越性就是共同富裕，这是体现社会主义本质的一个东西。"③1993 年，邓小平在一次谈话中鲜明地把分配作为一个大问题提了出来："十二亿人口怎样实现富裕，富裕起来以后财富怎样分配，这都是大问题。题目已经出来了，解决这个问题比解决发展起来的问题还困难。分配的问题大得很。我们讲要防止两极分化，实际上两极分化自然出现。要利用各种手段、各种方法、各种方案来解决这些问题。"④随着我国的快速发展，综合国力

---

① 《邓小平文选》第 3 卷，人民出版社 1993 年版，第 166 页。

② 《邓小平文选》第 3 卷，人民出版社 1993 年版，第 195 页。

③ 《邓小平文选》第 3 卷，人民出版社 1993 年版，第 364 页。

④ 中共中央文献研究室：《邓小平年谱(1975～1997)》(下)，中央文献出版社 2004 年版，第 1364 页。

不断提升，社会财富也快速增加，如何解决好财富的公平分配问题已经成为我们不能回避的重大问题。这个问题现在迫切地摆在了我们面前，怎样实现人民共同富裕已经成为我们必须解决的中心课题。目标已经明确，但是达到目标的具体政策还需要完善。目前，坚持“共同富裕”的政策目标，要求我们在实践中必须以此来审视已有的分配政策，正确的政策要继续坚持，滞后的政策要大胆淘汰，适合当前情况的政策要果断推出，以此来不断完善促进分配公平的政策体系。

对于“共同富裕”的政策目标，要有一个正确理解。这一政策目标，不是要消灭收入差距，重回平均主义的老路，而是要解决收入分配的不公平，努力缩小社会成员之间不断扩大的收入差距。合理合法的收入差距不仅是客观存在的，而且是容许的。但分配中的不公必须解决好。实现共同富裕的关键，在于解决分配不公，处理好做大蛋糕和分好蛋糕的关系。如习近平所说：“我国经济发展的‘蛋糕’不断做大，但分配不公问题比较突出。”①因而必须解决好分配方面的不公平问题。我们知道，共同富裕既不是同步富裕，也不是同等富裕，即便将来我们实现了共同富裕，差距也依然存在。我们把共同富裕作为收入分配政策完善和发展的取向，主要目标在于从政策的制定和实施的角度平衡好分配关系，最大限度地消除分配不公，使发展成果公平共享。收入分配是一个复杂的经济社会问题，现实生活中的分配不公往往来自多个方面，但人们最关注的和最不满意的是收入来源上的不公和政策导致的不公。在收入来源方面，一个是非法收入所造成的不公，比如制假造假和走私逃税所获得的收入、资本市场的内幕交易和内部信息披露不公所导致的收入、房地产市场的炒买炒卖所获得的收入、贪污腐败和权钱交易所获得的收入等；另一个是垄断性收入所造成的不公，主要是行业垄断、资源垄断、地区垄断、行政垄断等所带来的超额收入。由政策造成的分配不公，不仅存在于初次分配领域，而且也存在于再分配领域，是由这些领域的政策滞后、缺失以及不完善所导致。比如，企业职工工资的确定及其正常增长机制不完善、规范劳动和其他生产要素分配比例的政策缺失、社会保障政策不统一和不完善等。无论是收入来源上的不公还是政策导致的不公，除了非

---

① 中共中央文献研究室编：《习近平关于全面建成小康社会论述摘编》，中央文献出版社 2016 年版，第 41 页。

法的之外，其实归根到底都涉及政策问题。要通过健全和完善初次分配和再分配政策，规范收入分配秩序，形成分配公平的政策保障体系。

在初次分配领域，不仅要讲效率也要讲公平，不断完善初次分配公平的政策。初次分配主要是指在生产领域的分配，是对产生于国民经济生产过程中的收入进行的初始分配，是劳动、资本、土地、管理、技术等生产要素的投入所取得的回报。初次分配中的公平体现的是贡献与所得的相称，也就是生产要素按贡献大小获得相应的收益。初次分配主要是由市场来完成的，是市场机制配置资源的过程。在初次分配中，既要允许部分人通过合法的途径富裕起来，又要使多数人公平地获得自己的劳动及其他要素投入的收入。当前，在初次分配领域，不公平的主要表现是：不同单位和不同企业之间由于背景和条件不同而产生的分配不公平，特别是各种垄断所带来的收入差距拉大；资本所有者、经营管理者和劳动者由于在企业中的地位不同而产生的收入分配不公平，特别是资本所得不断提高，而劳动所得不断下降；不同地域的劳动者由于不公平的就业制度而产生的收入分配不公平。可见，仅靠市场本身的力量并不能完全保证初次分配的公平，还必须完善初次分配的相关政策。一是完善规范不同单位、不同企业之间初次分配公平的政策。不同单位和不同企业之间，由于社会背景、行业背景、规模大小、企业性质、经营理念等方面的不同，其职工尽管付出相同的劳动和努力，但收入会有极大的差别，在很多时候甚至会出现付出多而回报少、付出少回报多的情况。要避免这种收入的不公平，就必须通过相应的收入分配政策来调节。在职工工资上，要形成全社会范围内的工资调控政策，主要是健全职工最低工资制度，完善工资正常增长机制和支付保障机制，加强对工资分配额度的调控和指导，实行工资总额控制。在职工福利上，要进行透明化控制，防止不同群体和组织之间收入差距过大。二是完善单位和企业内部初次分配公平的政策。目前，即使是同一个单位（尤其是企业）内部，不同人员之间也存在巨大的收入差距，一些企业高管人员的收入是普通职工的几十倍甚至几百倍，而许多收入与贡献并不相称。因此，在单位和企业内部，也必须把握好收入差距的合理界限，规范职工收入分配政策，对不同人员的收入差别实行限制性政策。三是制定和完善破除垄断的相关政策。目前，我国还有诸多行业在某些领域占有垄断地位，特别是随着互联网的兴起，基于网络平台的行业垄断成为社会广泛关注的问题。这些垄断性行业实行垄断价格，获取超额利润，阻碍了利润的社会化、平均化，形成与其他行业的收入差距，严重影响社会公平。对这些行业，要从政策上破除其分配自成体系的状况，以维护分配公平。

在再分配领域，要按照更加注重公平的原则，调整和完善再分配公平的保障政策。再分配就是在初次分配基础上，通过税收、社会保障、转移支付、社会福利等手段，对国民收入实施的再次分配，是收入分配的重要组成部分。再分配对于调整分配格局、实现分配公平具有重大意义。习近平指出："要坚持社会主义基本经济制度和分配制度，调整收入分配格局，完善以税收、社会保障、转移支付等为主要手段的再分配调节机制，维护社会公平正义，解决好收入差距问题，使发展成果更多更公平惠及全体人民。"[①]再分配主要遵循的是社会公平正义的原则，目的是使社会成员尽可能公平地共享经济社会发展的成果。从目前来看，我国的再分配政策调节力度显然不够，主要表现在税收、社会保障等方面。维护再分配公平，首要的是健全和完善税收政策。我国税收政策不完善的主要表现是缺乏对不动产、财产转移（包括遗产）、捐赠等方面强有力的具体政策，个税的征缴也没有真正拉开距离，起不到调高保低的作用。税收政策的完善要实事求是，区别对待，分类推进。在个人所得税征收方面，改进对个人所得税的征收办法和税率，确定适当的个税起征点，完善个税征收政策，发挥个税对中、高收入的调节作用。阿瑟·奥肯认为："对处于最高层的收入和财富加重税收，并不是为了降低富人的生活水平，而是要提高被剥夺者的生活水平。"[②]这是极为中肯的。在财产税征收方面，完善对利息及其他财产性收入的征税政策，对遗产和赠与等采取高税收政策。在消费税方面，完善消费税政策的关键是提高对高档消费品的税率。通过税收政策的完善，有效地调节社会成员的收入水平，缩小收入差距。维护再分配公平，还要不断完善社会保障政策，形成城乡统一、覆盖广泛的社会保障体系。同时，要建立稳定的财政转移支付政策，加大财政转移支付力度，坚持向边远地区、落后地区和农村倾斜的政策。

理顺分配领域关系，健全促进居民收入不断提高的具体政策。一是要健全提高劳动报酬在初次分配中比重的相应政策。由于我国过去长期实行

---

① 《习近平谈治国理政》第 2 卷，外文出版社 2017 年版，第 214 页。

② ［美］阿瑟·奥肯：《平等与效率》，王奔洲等译，华夏出版社 1999 年版，第 102～103 页。

较低的工资标准，再加上我国劳动力资源丰富，所以在生产要素参与分配的过程中劳动报酬的占比始终偏低，这是分配不公平的突出表现。而我国绝大多数社会成员的收入主要是劳动报酬。因此，必须合理调节各生产要素在初次分配中的比重，提升劳动报酬在初次分配中的比重。同时，在赢利性单位，分配要更多地向一线劳动者倾斜。从当前的情况来看，赢利性单位的收入一般分为三部分：国家的税收、单位的发展基金、职工的工资。可以通过国家减税政策和单位让利政策来增加职工收入，体现劳动所得，使分配更加公平。二是要推进城乡分配政策的统一。目前我国城乡收入差距较大的情况仍然存在。如有的学者所说："由于历史原因，我国长期以城市经济和农村经济并存为特征的二元经济结构，导致分配制度和收入水平具有明显的城乡差别。"[①]这种状况，目前在分配领域依然存在。因此，必须统一城乡分配政策，特别是农民工收入分配公平的保护政策。三是建立和完善让更多社会成员拥有财产性收入的政策。财产性收入包括利息、租金、专利、股息、红利、承包地收益等。制定和完善财产性收入政策，使社会成员获得更多财产收入，是分配公平政策的重要方面。因此，"要健全城乡居民相关财产性收入政策，特别注重盘活农民的承包地、宅基地、房产及相关资产的收益权，优化收入分配格局"[②]。四是健全严厉打击非法收入的政策。非法收入包括多种形式，比如，市场上靠假冒伪劣获得的收入、政治社会领域的灰黑色收入等。非法收入是收入方面的最大不公平，必须制定和完善相应的政策予以严厉打击，以保障分配的公平公正。

（四）住房的公平保障政策

住房问题是重要的民生问题，实现"住有所居"是社会公平正义的重要体现。住房的公平保障政策是社会公平保障政策体系的一项重要内容。习近平指出："加快推进住房保障和供应体系建设，是满足群众基本住房需求、实现全体人民住有所居目标的重要任务，是促进社会公平正义、保证人民群众共享改革发展成果的必然要求。"[③]住房是人赖以生存和生活的必需品，居

① 李实等：《国民收入分配与居民收入差距研究》，人民出版社 2020 年版，第 63 页。

② 窦孟朔等：《中国特色社会主义民生理论研究》，人民出版社 2018 年版，第 636 页。

③ 《习近平谈治国理政》第 1 卷，外文出版社 2018 年版，第 192 页。

住权是人权的重要组成部分。住房保障是现阶段中国社会公平正义问题的焦点之一。我国现有的住房保障制度是在改革开放之后形成的，除了市场保障之外，国家的住房保障制度主要是由住房公积金制度、经济适用房制度、廉租房制度等组成。在改革开放前的城市，我国住房保障以单位为主体，通常采用公有住房实物分配的保障制度。农村住房则由农民自建，没有纳入国家住房保障范围内。这种制度模式建立在当时较低的消费水平上，基本特征是在住房分配上采取平均主义政策，整个住房保障水平较低。改革开放后，住房分配制度和政策发生了较大改变。为适应构建社会主义市场经济体制的需要，国务院在 1994 年 7 月发布了《关于深化城镇住房制度改革的决定》，对城镇住房制度进行改革，实现住房商品化、社会化。由此开始，住房的实物化分配逐步过渡到了以货币形式实施分配，同时建立住房公积金制度，构成了以经济适用住房为主、经济适用房供应体系和商品房供应体系并存的多层次住房供给体系。

但在整个住房改革过程中，由于住房的商品化、市场化进程迅速，而相应的住房保障政策和制度设计不完善，住房问题成为影响社会公平正义的一个重大问题。当前住房政策的不公平，主要表现在以下几个方面。在住房公积金制度方面，公积金覆盖面还比较小、管理还有些混乱，资金挪用和挤占现象时有发生；在经济适用房制度政策的实施方面，虽然一定程度上缓解了中低收入居民的住房压力，但同时经济适用房建设和分配在很大程度上成为一些单位新的福利，一些社会成员甚至采用不正当手段拥有多套经济适用房，而急需住房的一些贫困居民却得不到住房，一些强势群体实际上挤占了中低收入群体和弱势群体的购房机会；在廉租房制度的实施方面，不仅廉租房的保障能力很低，而且在保障对象上排斥外来流动人口和进城务工的农民工，真正的社会弱势群体并没有很好地享受到廉租住房的优惠。特别是社会上长期存在的炒房现象，加剧了住房供需矛盾。正因为如此，习近平明确强调："解决好房地产问题，要坚持'房子是用来住的、不是用来炒的'这个定位。"[①]住房问题中的这些现象都与改革的初衷相背离，也违背了社会公平正义的原则。

当前我国新建住房绝大多数是商品房，经济适用住房和廉租住房建设

---

① 《习近平谈治国理政》第 2 卷，外文出版社 2017 年版，第 367 页。

则相对滞后，再加上房地产市场的炒作，真正需要改善住房条件的社会成员买不起房。当前社会在住房问题上的普遍共识是：由于城镇住房供给制取消后实施的住房市场化改革和货币化分配，住房的公共属性和社会属性已经被严重边缘化，如何解决人民群众迫切需要即全社会普遍关注的住房保障问题已经成为现阶段中国社会面临的一个重大问题。因此，进一步完善住房政策、更好解决人民群众的住房问题，是当前社会公平保障体系的重要内容。完善住房政策不仅要尽快出台相应的政策措施，而且要加强住房政策的配套性，在政策创新上有所进展。

第一，要严格区分房地产政策和公共住房政策。在最近一些年的住房改革中，片面强调市场调节的作用，试图通过市场来解决住房问题，把经济发展中的房地产政策和社会公共服务中的住房保障政策混淆起来，导致住房保障中的过度市场化倾向。从一般意义上来讲，房地产政策是国家经济发展政策的组成部分，主要面向市场；而住房保障政策则是社会公共政策，面向普通居民，其着眼点是社会公平。因此，现阶段我国既要靠市场解决住房供应问题，更要注重通过公共政策手段来满足普通居民最基本的住房需求。

第二，要深化住房保障制度改革，完善相应的政策法规。要针对低收入、中等收入、高收入等不同群体的状况，制定和完善相应的政策法规，明确住房保障目标、保障对象、保障标准、保障水平、保障资金来源等，建立专门管理机构，对住房保障实施分类管理。特别是在制定保障性住房政策时，要有明确取向，即把弱势群体的住房保障作为重点。当前，在住房保障上亟须出台一批综合性的法律法律，并完善相应的实施细则，使住房保障有法可依。

第三，要加大住房保障政策落实力度。对于保障性住房的建设，不能单纯依靠市场来解决，政府必须承担责任，在土地、财政、金融、税收等方面制定优惠政策，形成政策合力，推进住房保障公平，切实落实“住有所居”的目标。

（五）社会公益慈善政策

社会公益慈善是一项伟大的社会事业，是保障公平正义的重要社会行动，对于促进社会发展进步具有重大意义。社会公益慈善实际上是国民收入的三次分配，主要是指各种事业机构、企业单位、社团群体及个人以自愿的方式，通过各类公益慈善活动回馈社会。目前，我国的社会公益慈善事业主要体现在赈灾、扶贫、济困、助学、助医、助残等各个方面。社会公益慈善的基本特点是公益性，是社会自觉自愿的扶危济困活动。社会公益慈善不是利益交换行为，也不是政府强制行为，而是已经富裕起来的社会组织和社会成员主动帮助他人的行为。社会公益慈善作为社会财富向穷困者和受灾者的一种转移，能够帮助一些社会群体和个人解决某些困难，缓解生活压力，有利于社会和谐。社会公益慈善促使了部分社会财富向低层流动，有助于推进社会公平。当今世界的一些发达国家，公益慈善事业也非常发达，富人在社会捐助方面往往也非常慷慨，比如美国的比尔·盖茨和其他一些富豪都向社会捐献了自己的财产。所以，社会公益慈善发挥了政府和市场在某种程度上无法发挥的作用，成为社会财富分配的重要渠道，在社会公平中扮演着重要角色。

在当代中国，社会公益慈善事业主要由相关的民间组织(社会团体、民办非企业组织、基金会等)来承担。改革开放以来我国社会公益事业有了较大的发展，各类社会公益慈善机构也形成了一定的规模。根据民政部发布的民政事业发展统计公报，到 2019 年底，我国公益慈善机构数量进一步增加，其中经常性的社会捐赠工作站、点和慈善超市数量就达到了 1.3 万个，社会组织捐赠收入达到 873.2 亿元；备案的慈善信托机构数量达到 239 个，财产规模达到 27.6 亿元。在志愿服务方面，全年在民政领域提供的志愿服务达到 1664.2 万人次、4326.9 万小时。但从总体上来说，我国的社会公益慈善事业还处在需要进一步发展阶段。因此，对于社会公益慈善事业，也要有相应的政策的鼓励、引导和监督，以保障公益慈善事业健康发展。发达国家的社会公益慈善活动都有比较完善的立法和政策保障。我国的社会公益慈善虽然起步较晚，但正处于较快发展的阶段。然而，当前我国社会公益慈善政策还不完善，制约着社会公益慈善事业的发展。必须进一步制定和完善政策法规，培育公益慈善精神，鼓励各类社会组织和个人开展回报社会的活动。

在制定社会公益慈善政策方面，要从国民收入分配的总体格局加以思考。加强对一次分配(初次分配)、二次分配(再分配)和三次分配的政策协调和引导：在一次分配中，使企业和个人按照市场经济的要求，获得应得的利益；在二次分配中，国家必须通过税收等政策来调节社会分配，实现必要的倾斜；在三次分配中，倡导社会组织和个人自愿回报社会，承担相应的社会责任和义务。这就要制定鼓励性政策，发展和规范各类基金会，在各个领域开展广泛的社会公益活动，促进公益事业发展；同时，还要制定更具灵活性的政策，大力发展民间捐赠机构，制定捐赠免税等更有吸引力的政策，鼓励社会组织及社会各界人士多行善举，为社会公益做贡献。引导和促进公益慈善机构的发展，在政策上，应该给予公益慈善机构与其他公立机构大体相同的待遇；在实践中，要切实落实《中华人民共和国公益事业捐赠法》、慈善捐赠税收优惠政策以及《中国红十字会总会对捐赠者表彰奖励办法（试行）》等政策法规，并不断予以完善。真正依靠完善的政策体系，使社会公益慈善活动有所遵循，从而促进和鼓励公益慈善事业为实现社会公平做出更多贡献，充分发挥其在社会公平保障中的独特作用。

四、健全有利于治理公平正义的清单制度体系

健全清单制度体系，是实现治理现代化的一个重要路径。近些年来，从中央政府到地方政府层面，不断加大清单制度建设力度，形成了以权力清单、责任清单和负面清单等为主要内容的清单制度体系。清单制度体系的形成及实施，表明在治理方面我们正迈向现代化、规范化、精细化。清单制度体系有利于消除当前影响国家治理体系和治理能力现代化的一大障碍，即政府、市场、社会权责边界不清，权力运作具有随意性和模糊性等。清单制度体系是通过制定和公布权力清单、责任清单、负面清单等，形成权力划分、权力赋予、相应责任等方面的明确规范，以实现权力运行透明化和权责统一。也就是说，权力清单、责任清单与负面清单等相互结合，在运用和实施的过程中有效配合，能够有效规范政府、市场、社会和公民之间的关系，划清各自的权责范围，厘定各自的权利义务界限，从而克服治理的“碎片化”，促使治理更加科学规范、公开透明。清单制度体系有利于细化权责、规范权力，是深化改革的一个重要探索方向。清单制度体系作为一种新的治理理念和治理模式，能够有效促进公平正义，是社会公平保障体系的重要组成部分。

(一)清单制度体系是一种新的治理理念和模式

国家治理体系现代化需要多方面的制度建设和完善,是一项系统工程。清单制度体系是整个治理体系的重要组成部分,反映着新的治理理念,是一种全新的治理模式。在现代治理体系中,政府作为行政主体是行使公共权力的代表者,其施政的科学性、透明性、公平性、有效性,首先有赖于对权力的清晰界定。清单制度体系就很好地提供了一种清晰界定权力的路径。政府通过制定权力清单、责任清单、正面清单、负面清单等,既能规范自身的行为,也能给社会和市场以稳定的预期。一般来说,权力清单开列的是政府所拥有的权力,对政府如何作为进行规范,遵从"法无授权不可为"的原则;责任清单开列的是政府担负的责任,对政府必须履行的职责进行规范,遵从"法定责任必须为"的原则;正面清单开列的是政府许可的事项,对市场和社会各类主体可以做什么、怎么做进行规范,遵从"法无授权不可为"的原则;负面清单开列的是非许可的事项,对市场和社会各类主体禁入领域和不应该做什么进行规范,遵从"法无禁止皆可为"的原则。这些清单相互结合,形成清单制度体系,对政府、市场、社会三方的权责关系进行明确规范,既可有效杜绝政府的越位任性,防止其乱作为和不作为,也可杜绝市场和社会的盲目无序,防止其越界和违规。清单制度体系所包含的内容、事项和方式,应随着经济社会发展而不断变动,其建构不是一次性完成的,而是需要经常完善和发展。从当前发展来看,各级政府已经形成"清单+平台"的权力运行体系,不仅大大提高了行政效率,而且大大释放了市场和社会活力。从治理的角度看,清单制度体系的实施,能够为政府的简政放权开辟道路,也能够为市场和社会提供宽松自由的活动空间,从而推动治理更加透明、开放、公平和高效。因此,清单制度体系必然会带来治理理念创新和治理方式变革,为治理现代化增添新的动力,促使新的治理理念和治理模式的形成和发展。

清单制度体系作为一种治理模式,赋予了治理现代化以新的内容和形式,具有自身显著的特点,对治理现代化有以下几点重大意义:

第一,清单制度体系能够有效提升权力运行的可操作性。从政府权力运行角度看,清单制度体系中包含的不同清单,实际上是从不同角度对政府权力的规范和制约,明晰过去一些比较模糊的权力边界,并规定相应的责任。政府权责的规范化、清晰化和具体化,能够有效避免权力运用中的混乱性和随意性，减少权责不清造成的推诿扯皮和拖拉低效，并防止因权力行使不当而造成的越位、缺位和错位。清单制度体系不仅能有效规范政府的权责和行为，而且能给市场和社会各类主体划定明确界限，有效规范它们的行为，从而提升治理的确定性和精准性。

第二，清单制度体系能够推动监管的全程化。清单制度体系不再是单纯的事前监管，而是把监管贯穿于事中和事后，以实现"全程治理"。从传统的监管方式看，政府往往通过各类行政审批包揽了大量市场和社会事务，而审批又往往只重视事前而忽视事中和事后，有时甚至是"一批了之"。这种把监管重点"前置"的行为，往往导致事中和事后监管的"虚置"，不仅使治理显得"碎片化"，而且会束缚市场及社会活力。清单制度体系的实施，能够促使政府转移治理重心，把以往过度依赖和强调事前审批的监管方式，转向更加重视事中和事后监管，消除治理"碎片化"现象，使治理迈向"全程化"。

第三，清单制度体系有利于服务型政府建设。服务型政府建设需要从多个方面努力，而清单制度体系能够推动政府把主要精力转向服务，提升服务型政府建设水平。在传统的管理模式中，政府包揽过多，精力分散，往往无法有效为市场和社会提供服务。清单制度体系可以把政府从无序的忙碌和烦琐繁重的各类审批中解放出来，把自己的责任聚焦于公共服务，从而有利于加快服务型政府建设。总之，清单制度体系提供了一种新的治理模式，能够划定政府、市场和社会的权利义务，给各方以清晰的定位，为更加有效、更加公平的治理开辟了可行性路径。

(二)清单制度体系能够有效促进治理的公平正义

社会公平正义并不仅仅是一种价值追求或价值目标，它也是社会发展一定阶段的社会关系的一种反映，体现的是社会资源和财富的配置状况，即资源和财富能否在社会主体之间得到合理配置。在实际社会生活中，社会的公平正义与治理的公平正义密切相关；治理的公平正义往往是达到社会公平正义的前提条件，而治理的公平正义在很大程度上取决于治理理念、治理体系和治理方式。也就是说，要达到治理的公平正义，必须树立正确的治理理念，构建合理的治理体系，运用公平的治理方式，使社会各方主体的各项权利能够得到充分保障，使社会资源财富能够得到合理分配。这就要求治理的全过程都要体现权利、机会和规则公平的原则。清单制度体系旨在规范政府、市场和社会三方的权利义务，既明确了政府的权责，又充分向市场和社会释放权力，能够有效破除对权力、资源、财富等的垄断，消除各种壁垒和阻隔，创设权利、机会和规则公平的环境，实现公平的治理。正因为如此，清单制度体系是一种比较公平的治理模式，无论在治理的思维方式还是在治理的实践方式上，都有利于促进治理的公平正义。

清单制度体系体现了公平治理的思维方式。治理的思维方式是治理行为的先导，对治理行为具有决定性作用。清单制度体系能够推动治理思维方式的改善，有利于推进治理的公平化。首先，清单制度体系遵循法治理念。清单制度体系本质上是以法治思维和法治方式来实施治理，体现着治理的法治化。清单制度体系强调依法依规而为，是对人治思维的纠正，也是对权力的限制。依据清单实施治理，可以改变传统治理中的唯长官意志和简单行政命令的现象，有效破除治理中的部门主义和本位主义，减少治理中的随意性，使治理在法治理念指导下趋向公平。其次，清单制度体系包含治理的民主取向。民主治理是治理现代化的核心，是现代治理的精髓。清单制度体系在对政府权力进行约束的同时，充分向市场和社会放权，有利于各方主体参与治理，提升治理的民主化程度。再次，清单制度体系体现着鲜明的反腐思维。清单制度体系的设计基于对权力的规制，特别是它能为公共权力及其行使确立明确边界，能够有效防止权力过分集中，又能消除权力使用的灰色地带。这就能极大地减少权力寻租的空间，防止权力乱用而滋生腐败。总体而言，清单制度体系既能规范政府权力，又能通过对市场和社会的赋权而使治理更好地适应千变万化的复杂情况，不但能提高治理的有效性，而且能为治理注入公平正义的内涵，给社会各类主体提供均等的竞争机会、赋予同等的身份待遇，有利于形成公平治理的思维方式。

清单制度体系有利于推动市场治理的公平正义。市场运行有其自身的规律，市场治理应遵循市场规律。我国的社会主义市场经济体制是改革开放以后逐步建立起来的，由于其建立和发展的时间还比较短，在市场体系建设方面还存在不完善的方面，市场的开放度和透明度也还需进一步提高。这些问题容易给权力渗入市场留下空隙，使资源配置出现扭曲，造成市场竞争的不公平。在市场治理中，权力对市场的渗入和干预体现在多个方面。从市场准入方面看，在一些领域还存在不当限制的问题。“不同市场主体往往难以获得同等的市场准入条件，特别是电信、石油、电力、铁路、金融保险、教育卫生、新闻出版、广播电视等领域，民营企业进入面临诸多限制。在某些领域，行业外的国有资本也难以进入。有的领域外资企业能够进入，而国内民营企业却被挡在门外。即便出台了原则性的准入规定，由于缺乏切实可行的实施细则，民营企业往往遭遇‘弹簧门’、‘玻璃门’。”[①]各种不当限制，实际上是施加给市场主体的不公平。从统一市场体系建设方面看，我们虽然在打破部门、地方和行业保护主义方面取得了较大成绩，但由利益催化的各种保护主义并未完全根除，造成市场分割和市场壁垒。从市场运行方面看，一些领域还存在规则和程序不够透明的问题，使执法者自由裁量权过大，也造成各种潜规则泛滥。这些问题都会使市场治理失去公平的环境。实行清单制度体系，可以通过清晰的权责划分有效规范好政府与市场的关系，建立统一、透明的市场准入和运行规则，为市场发挥决定性作用提供更大、更自由的空间。

清单制度体系有利于促进社会治理的公平正义。社会治理是以社会为依托又以社会为对象的治理活动，是国家治理的重要组成部分。在现代社会，由于社会本身的复杂性以及社会生活的快速变化，治理的复杂性和治理难度都大大提升。如何治理和如何治理好是社会治理要解决的重大课题。目前社会治理面临多方面问题：一是政府如何正确履行好自身责任，如何正确行使好权力，担负起自身责任；二是如何达成社会各方主体的相互协调，因为现代社会利益主体多元、利益需求多变，如何协调好利益关系、形成协同治理局面，是社会治理的关键问题；三是如何解决好治理过程中社会组织角色弱化和公众参与率低的问题。解决好这些问题，最重要的是要明确划分各方权责，推动权力公平运行。清单制度体系正好能够为解决这些问题提供可行性路径。清单制度体系既能使政府权力清晰化，又能通过对社会赋权使社会组织和普通公众获得更多的参与空间和参与权利。如此，就能充分调动社会组织和公众的积极性，有效动员社会力量参与治理，使治理适应迅速变化的社会生活，同时也能为治理注入公平意涵，使社会各方权益得到有效平衡和维护，从而凸显治理的公平正义。

清单制度体系还有利于政府治理的转型。实行清单制度，是各级政府改革的重大事项，能够促使政府从“命令型”的传统管理转向“公平型”的现

① 刘世锦：《建立公平开放透明的市场规则》，《中国发展观察》2013年第11期。

代治理。传统意义上的政府管理，是建立在高度权威的基础上，政府本身集中了过多权力，再加上部门众多和职能重叠，对市场和社会形成了挤压。在管理方式上，往往是自上而下的单向度、命令式管理，压抑了市场、社会和民众的积极性，忽视了各方主体的自主地位和自治功能。清单制度体系能够有效改变这种管理模式，使政府从“管理”迈向“治理”。对政府而言，清单制度体系的推出和实施，是对其权力的有效规制，既能够防止权力界限模糊和权力乱用带来的腐败和其他问题，又能更大程度实现与市场、社会的协同，形成多方主体“共治”的局面。清单制度体系的最大特点就是在规范各方权力的基础上，形成政府、市场、社会等各方治理主体平等的身份和地位，使各方主体能够平等地参与到治理当中来，使政府从“命令型”管理转向“公平型”治理，从而营造公平、民主的治理环境。

（三）以清单制度体系完善保障公平治理的制度体系

实现公平正义是中国特色社会主义的本质要求，是推进治理现代化的核心价值目标。实现公平正义的关键在制度，必须通过完善各方面制度，为实现公平正义提供保障。清单制度体系是在治理体系改革中形成发展起来的，不仅为治理注入了新理念，而且提供了治理的新模式。这一制度体系和其他制度体系配合，能够促进国家治理制度的完善与发展，为公平治理提供新的制度建设路径。从改革大局来讲，清单制度体系是建立在我国根本和基本制度上的重要制度体系，是治理体系和治理能力现代化的重要探索，是实现公平治理的突破口。清单制度体系作为一种全新的探索，在实施过程中也会遇到一些问题，需要在实践中不断去解决。清单制度体系自推出以来，在实践中发挥了巨大作用，随着其不断完善和发展，必将进一步提升治理水平和治理的公平性，也将促进保障公平治理的制度体系不断完善和发展。

在市场经济条件下，清单制度体系能够促进开放透明市场规则的建立和完善。就市场治理来说，公平的市场建设需要开放透明，封闭和暗箱操作不符合公平性的要求。从公平原则出发，促进市场开放透明，必须构建相应的制度保障。市场经济发展中最重要的制度，就是反映市场规律的市场运行规则。市场运行规则包括市场进出、公平竞争、自由交易、市场仲裁等方面的制度规范，是保障市场公平运行的制度基础。如果在市场规则建设方面违背了市场规律，就会造成市场扭曲，难以发挥市场在资源配置中的决定性作用。因此，推进我国市场经济的完善发展，最重要的就是抓紧完善市场规则，推动各项规则的公平、开放、透明。清单制度体系所强调的权力合理配置和权力运行的公开透明，对完善公开透明的市场规则具有重大意义。在市场准入规则方面，清单制度体系是一种公平性的制度安排。在清单制度体系中，权力清单和责任清单能够对政府权责和行为进行明确规范，而负面清单则能给市场以清晰的准入规则。因此，清单制度体系实现了对政府和市场权责较为明确的划分，可以为市场提供确定性的、公开透明的制度规则，使市场主体能够获得平等的准入待遇，并对市场运行产生稳定的预期。在市场竞争规则方面，清单制度体系为市场竞争设置了公平的规则体系。清单制度体系通过清晰的权责划分，使市场主体以平等的身份从事营商活动，并提供共同遵循的规则，能够有效打破市场垄断和暗箱操作，推动形成体现机会均等和规则公平的竞争规则体系。在市场交易规则方面，清单制度体系构建了公平的市场交易规则。在市场运行中，交易是最基本的市场活动，而交易本身是变动不居的，交易规则难以与之完全适应。清单制度体系在规范政府权力的同时，把更多权力交给了市场，使市场拥有规则制定权，从而使市场能够按自身规律形成更能体现市场公平的交易规则。总之，清单制度体系是一种旨在保障开放、透明、公正的制度设计，能够极大地促进公平市场规则的建立和完善。

在形成多元共治格局方面，清单制度体系能够完善和发展促进各类主体共同参与的公平治理机制。治理的特征是各类主体的协同，是多主体共治的过程。治理的主体不是单一的，政府在治理中担负重要责任，但不是唯一的治理主体，治理主体还包括市场、社会、普通民众等。在传统的管理模式中，政府作为最权威的主体几乎是单向性地行使各方面的权力，市场、社会、普通民众等主体被弱化，管理成为政府的“独角戏”。这样的管理模式，往往是各方主体居于不对等的地位，使管理缺乏公平性。而现代治理强调的是多主体共治，治理不再是政府单方面的行为，而是在政府负责下市场、社会和民众等各方主体共同参与的共治行为。多元主体协同共治，是现代治理机制的优点。如何才能更好地厘定各方权责，形成多元共治格局，清单制度体系提供了清晰的路径。清单制度体系通过不同的清单，既划分权责，又进行赋权，使各方主体能够明了各自的权利义务，并强化了政府以外其他主体的地位作用。这样，不仅有利于给政府减压，也有利于调动其他主体的参与热情，形成相互协作的共治格局。所以，清单制度体系有利于破除“权力垄断”，促进各方治理主体地位平等，以形成基于多元共治的公平治理格局。

总之，清单制度体系能够有效规范各类治理主体之间的权责关系，在对各类主体进行清晰的权力划分基础上，确立他们的权利义务，明确各自在治理中的角色定位，并形成治理合力，能够有效消除治理“碎片化”现象，使治理更加科学规范和公开透明，有力保障治理的公平正义。清单制度体系在实施过程中会随着时代的变化和实践的发展不断做出调整，能更加适合实际情况，提升治理效率。清单制度体系的调整，也会对相应的法律、其他制度和各领域政策提出要求，这就有利于我们整个法律制度体系的完善和发展，从而为公平治理提供更有力的制度保障。

第七章

公平正义视角下推进共享发展的实践路径

共享发展不仅包括共享发展成果，还包括共享发展过程，是发展公平性的体现，反映了中国特色社会主义的本质要求。共享发展所要解决的是人民共享改革发展过程和成果问题，这既是公平正义的基本要求，又是促进公平正义的基本举措。"共享与公平正义互为依托、相辅相成。没有共享谈不上公平正义，没有公平正义更不可能共享。共享要求人人参与、人人尽力、人人享有，体现统筹兼顾、追求普遍受益，这样的发展状态是以社会公平正义为前提的。"[①]共享发展作为新发展理念的重要内容和落脚点，充分体现了发展的目的。共享发展第一要义是共享，主体是人民群众，切入点是民生，关键是建设服务型政府，目标是造福人民和共同富裕。按照公平正义的要求推进共享发展，要从新发展理念、深化改革、民生保障、共同富裕四条逻辑主线展开，以这些方面为重点探寻实现路径。

一、在践行新发展理念中推进发展的公平共享

实现共享发展的前提仍然是发展，没有发展就谈不上共享；而发展必须

① 任理轩：《坚持共享发展——"五大发展理念"解读之五》，《人民日报》2015年12月24日。

是高质量、更公平的发展，否则就无法实现共享。在发展问题上，我们长期坚持发展是硬道理、把发展作为党执政兴国第一要务，强调发展是科学发展，取得了巨大成就。进入新时代，我国发展的基础条件和环境都发生了重大变化，人民对发展也满怀新的期待。我们适应新变化、顺应新期待，提出了“创新、协调、绿色、开放、共享”的新发展理念，旨在实现更高质量、更加公平的发展。新发展理念不仅指明了新时代我国发展的新思路和新方向，而且也具体指明了发展的新着力点。实现新时代的发展，必须以新理念作为引领。新发展理念的突出特点就是注重发展质量，强调提高发展平衡性、包容性、可持续性。新发展理念的提出，在理论和实践上都有新的突破，对于破解发展实践中的新难题、增强发展新动力、培育发展新优势都具有深远影响，是推动基于公平正义的共享发展的理论指导。

（一）新发展理念体现着公平正义要求

新发展理念坚持以人民为中心的发展思想，体现了社会公平正义的基本价值要求。发展始终为了人民、始终依靠人民，同时发展成果也始终由人民共享，这是中国共产党推进发展的一贯思想。我们之所以提出创新、协调、绿色、开放、共享的新发展理念，归根到底就是为了人民的利益，贯穿新发展理念的一条红线，就是坚持以人民为中心的发展思想。党的十九大提出的新时代坚持和发展中国特色社会主义的 14 项基本方略，其中之一就是坚持以人民为中心。习近平在党的十九大报告中强调：“人民是历史的创造者，是决定党和国家前途命运的根本力量。”[①]坚持以人民为中心的发展思想，是以习近平同志为核心的党中央治国理政的根本出发点和落脚点。习近平指出：“带领人民创造幸福生活，是我们党始终不渝的奋斗目标。我们要顺应人民群众对美好生活的向往，坚持以人民为中心的发展思想，以保障和改善民生为重点，发展各项社会事业，加大收入分配调节力度，打赢脱贫攻坚战，保证人民平等参与、平等发展权利，使改革发展成果更多更公平惠及全体人民，朝着实现全体人民共同富裕的目标稳步迈进。”[②]坚持以人民为中心的发展思想，就要实现发展的共享，这是社会公平正义的基本要求。

---

① 《习近平谈治国理政》第 3 卷，外文出版社 2020 年版，第 16 页。

② 《习近平谈治国理政》第 2 卷，外文出版社 2017 年版，第 40 页。

新的发展理念，聚焦我国经济社会发展中的突出矛盾，深刻揭示发展规律，创造性地回答了在新阶段新形势下实现什么样的发展、如何实现发展的重大问题。新发展理念本就是为指导发展而提出，发展是其根本，脱离发展也就没有所谓的新发展理念。只有坚定不移抓发展，才能进一步增强综合国力，提高人民的生活水平，为中国特色社会主义政治建设、文化建设、社会建设和生态文明建设创造物质条件，才能从根本上巩固社会主义制度和发挥社会主义制度的优越性。所以，新的发展理念不仅坚持把发展作为硬道理、作为执政兴国的第一要务，而且以发展作为当代中国的主题，着眼实现更高质量、更加公平的发展，深刻蕴含着社会公平正义的价值理想。

创新是引领发展的第一动力。习近平强调："创新是一个民族进步的灵魂，是一个国家兴旺发达的不竭动力，也是中华民族最深沉的民族禀赋。在激烈的国际竞争中，惟创新者进，惟创新者强，惟创新者胜。"①创新发展所要解决的主要是发展新动力问题，而发展动力不仅决定发展的速度，而且决定发展的质量和可持续性。无论是实现发展的速度转换还是质量变革，创新都是关键。新时代，创新发展处于核心地位。创新包括多方面的内容，是理论、制度、科技、文化等各方面创新的总称，是决定我国发展效率和竞争力的根本。从当今世界发展来看，竞争日趋激烈，技术壁垒有不断加固的趋势，我国发展要实现动力转换，必须把发展基点放在创新上，通过建构有利于创新的体制机制激发创新活力，实现创新驱动的引领型发展。只有通过创新发展，才能促进我国经济从规模速度型的粗放增长转向质量效率型的集约增长，实现发展的速度、规模、结构、质量和效益的有机统一，积极破解经济社会发展的难题，从根本上解决我国发展不平衡、不协调、不可持续等一系列制约发展的瓶颈问题，以实现更有效率、更加公平的发展。

协调是持续健康发展的内在要求。协调发展所要解决的是发展过程中存在的不平衡问题，而发展不平衡不仅涉及发展的质量，而且涉及发展的公平性。协调发展不仅涉及经济、政治、文化、社会、生态文明等各领域发展的协调，还涉及区域、城乡发展的协调，而且涉及产业结构的协调等。协调发展重点是解决结构性问题，要通过有效的协调形成平衡发展结构。推进协调发展需要把握的基本要求是：要理顺和处理好发展中的一些基本关系，切

---

① 《习近平谈治国理政》第1卷，外文出版社2018年版，第59页。

实从“总体布局”出发，坚持各领域协调推进、全面发展；同时，要重点解决好区域、城乡之间和各大产业之间的发展失调和不平衡问题，统筹好区域、城乡发展和产业布局，促进结构优化，增强发展的整体性和平衡性。其中，要特别平衡好区域城乡发展。在区域协调发展方面，要打破区域限制，大力推动要素有序自由流动；要突出特色，遵从主体功能约束；要强化生态理念，实现资源环境可承载。除此之外，还要大力推进地区间基本公共服务均等化。在城乡协调发展方面，要构建城乡一体化发展机制，实现城乡要素平等交换及合理配置；同时，大力推进城乡基本公共服务的均等化。由此可见，协调发展归根到底就是要使发展更加均衡、惠及面更广，充分体现社会公平正义的价值追求。

绿色是永续发展的必要条件。绿色发展是人与自然和谐共生的发展，是满足人民美好生活需求的重要体现。绿色发展所要解决的是人与自然和谐发展的问题，是形成绿色发展方式和生活方式的基本途径。当今人类发展面临严峻的资源短缺、环境恶化和气候变化，如何实现可持续发展是最迫切需要解决的问题。绿色发展正是要走一条节约资源、保护环境之路，不仅要实现生产发展和生活富裕，更重要的是要达到生态良好。绿色发展是人民的期待，是普惠的民生。人民的美好生活需要包括对生态优美的需要，新鲜的空气、干净的水、安全的食品、宜居的环境是基本的民生需求。这些都需要通过绿色发展来提供。习近平强调：“建设生态文明，关系人民福祉，关乎民族未来。”[①]坚持绿色发展，保护好我们赖以生存的环境，使人民群众能够呼吸清新的空气、饮用干净的水、吃上安全的食品、享有优美的环境，这是关系最广大人民群众根本利益的最大民生福祉，既关乎同代人的代内公平，也关乎同代人与后代人的代际公平，体现着社会公平正义的基本价值取向。

开放是国家繁荣发展的必由之路。开放发展所要解决的是统筹好国内外发展的问题，目的在于提升开放水平，更好实现国内发展。就开放发展的要求来说，就是要顺应世界发展趋势，使我国经济发展充分融入世界经济发展之中，这就需要我们树立开放思维，奉行互利共赢战略，建设开放型经济。目前，世界经济发展面临贸易保护主义的挑战，推进开放发展必须采取正确的战略，要通过积极参与全球经济治理提升我国的话语权，引领世界经济向

---

① 《习近平谈治国理政》第1卷，外文出版社2018年版，第208页。

普惠共赢的方向发展，构建广泛的利益共同体。从发展布局来看，要形成以国内为主、国际国内双循环发展格局，以国内为主并不是要弱化对外开放，而是要进一步完善开放的新布局和新体制，深化对外合作，推进“一带一路”建设，积极承担国际责任。这不仅有利于中国实现自身发展，也有利于推进世界共同发展，促进国际社会公平正义。

共享是中国特色社会主义的本质要求。共享发展所要解决的是人民共享改革发展过程和成果的问题，是促进社会公平正义的基本举措。共享发展与公平正义互为支撑、相辅相成。共享发展是实现公平正义的可靠路径和具体体现，没有共享发展就谈不上公平正义；而公平正义是共享发展的价值支撑。共享体现发展的目的，其基本要求就是要坚持人民中心，紧紧依靠人民，引领人民平等参与发展过程，使发展成果由人民享有。推进共享发展，要通过制度安排，保障人民的各项权益，使人民在共建共享中拥有更多获得感，从而激发人民奋进的动力，不断向现代化强国目标和共同富裕方向迈进。共享发展最直接的目的就是增进人民的福祉，要把民生放在最重要位置，使人民在发展中获得更多实惠，这是社会公平正义的基本要求。共享发展是新发展理念的落脚点，体现发展的目的，因为创新、协调、绿色、开放、共享相互贯通、相互促进，归根到底都是为了更好地实现人民利益，实现社会公平正义。坚持以新发展理念推进发展，就能够为公平正义价值实现奠定坚实的基础。

(二)依靠新发展理念推进发展以奠定共享基础

发展是马克思主义最基本的范畴之一。进入新时代，我们确立了新发展理念，强调创新、协调、绿色、开放、共享，但新发展理念仍然是指导发展的，仍然把发展作为第一要义。没有发展，就无所谓新发展理念。只有靠发展，才能为公平共享奠定坚实的基础。习近平强调，落实共享发展理念，一是要“不断把‘蛋糕’做大”；二是要“把不断做大的‘蛋糕’分好”[①]。做大蛋糕靠发展，这是分好蛋糕的基础；分好蛋糕是公平，这是发展的目的。做大蛋糕和分好蛋糕缺一不可。新发展理念就是要以更高质量、更可持续、更加公平的发展去实现人民共享。因此，新发展理念体现了党在推进中国特色社

---

① 《习近平谈治国理政》第2卷，外文出版社2017年版，第216页。

会主义建设过程中对发展问题的高度关注和科学把握。依靠新发展理念指导发展,就能为实现公平共享奠定厚实的基础。

发展是解决中国一切问题的总钥匙,对于开创新时代中国特色社会主义事业新局面具有决定性意义。人类社会正在经历深刻变革,世界格局正发生深度调整,既给我国发展带来难得机遇,也使我们面临严峻挑战。历史经验告诉我们,善于抓机遇,一心谋发展,就能改变落后状态,实现跨越式发展;犹豫徘徊,缺乏信心,就会失去机遇,即便是强盛的国家也会走向衰落。能不能适应历史潮流,适时抓住新机遇、把握新问题、解决新矛盾、实现新发展,是对我们党执政兴国能力和水平的重大考验。创新、协调、绿色、开放、共享的新发展理念,是中国共产党深刻把握中国发展全局和世界发展趋势所做出的战略抉择,是以习近平同志为核心的党中央在治国理政方面的重大理论创新。新时代的中国,发展仍然至关紧要,仍是必须把握好的主题。提出新发展理念,其目的是指导发展,任何时候都不能离开这个主题;离开了这个主题,新发展理念就没有意义。从事业发展和人民的期待来看,能否解决好发展问题,事关兴衰成败和人心向背,不能因我国的阶段性变化而等闲视之。在新时代发展中,必须始终贯彻新发展理念,牢牢把握发展这个第一要义,以新的姿态和努力实现更好的发展。

只有通过新发展理念推进发展,解决我国社会主要矛盾,才能不断满足人民对美好生活的需要。新时代的中国,发展起点与原来相比已完全不同,社会主要矛盾也发生了历史性变化,人民对美好生活充满了新期待。解决主要矛盾,满足人民美好生活需要,仍然靠更平衡、更充分的发展。我国仍然处于社会主义初级阶段,是一个发展中的大国,尽管已经实现了巨大的发展成就,但发展的不平衡、不充分仍然是我国面对的最大问题。解决各种问题,迎接各种挑战,归根到底要靠实现更好的发展。应该看到,我国在发展进程中也还存在一些突出矛盾和问题:经济结构不尽合理,地区城乡发展不平衡,粗放型发展方式仍占较大比重,社会成员收入差距较大,农民长期稳定增收仍有较大难度,一部分群众生活还比较困难等。这些问题都只能通过更加科学的发展才能解决。只有把发展作为主题,坚定不移落实好新发展理念,才能从根本上把握人民的愿望,解决好我国现阶段的社会主要矛盾,使发展能够真正公平共享。

(三)着力解决发展中面临的新课题

时代在发展,实践在深化,推动社会公平正义,实现共享发展,需要我们清醒把握形势,科学分析面临的问题和困难,勇于面对新的实践中出现的新课题。在未来30年的发展中,随着第一个百年奋斗目标的实现,建成现代化强国的第二个百年目标就进入关键时期。面对复杂多变的国际环境和国内艰巨繁重的改革发展任务,协调推进“四个全面”战略布局,统筹推进“五位一体”总体布局,正确把控经济发展新常态,树立和贯彻落实新发展理念,都会提出许多新的理论和实践课题,需要我们正确应对,积极解决。总体上来看,社会主要矛盾转化、改革发展的深化以及发展目标的倒逼,都会给我们带来新课题。解决好新时代面临的新课题,实现新的发展,是达到公平共享的基础和前提。我们必须适应新情况,把握新机遇,应对新挑战,科学分析在前进道路上可能遇到的和无法预料的各种难题,把准实践中的新课题,在不断破解新难题、解决新课题中推动发展,实现共享。

一是要把握和解决好新时代主要矛盾转化带来的新课题。维护社会公平正义,实现共享发展,必须从中国实际出发,准确认识、科学判断我国主要矛盾和基本国情。进入新时代,我国社会的一个重大变化就是社会主要矛盾已经发生转化,人民日益增长的美好生活需要和不平衡不充分的发展之间的矛盾已经成为我国社会的主要矛盾。主要矛盾转化是基于我国发展状况的重大判断,经过改革开放40年的奋斗,我国已经在实现温饱的基础上,实现了全面小康社会。一方面,人民的需要出现了新的变化,形成了全方位的需求升级,对物质生活、民主法治、文化享受、公平正义、生态环境、安全稳定等方面都有更高要求;另一方面,我国发展状况也与过去大大不同,生产力发展水平在总体上显著提高,同时存在发展不平衡不充分的突出问题,城乡和区域发展差距仍然较大,人口资源环境约束越发趋紧,贫富差距扩大趋势还未根本扭转,民生领域的欠账和“短板”还较多。上述问题都是当下需要解决的新课题,而这些课题有些是过去留下的,有些是新近产生的。只有坚持不懈地解决这些新课题,才能在维护社会公平正义的基础上实现共享发展。

二是要把握和解决好新时代改革发展实践深化所提出的新课题。我国改革开放以来的发展有一个鲜明的动态特征,这就是改革发展实践的每一步深化都会给我们提出一些新的课题。而解决这些新课题的过程,就是不断获得新的发展、更好实现人民利益的过程,因而也是不断推进社会公平正义的过程。新时代的改革发展实践会遇到新问题新矛盾,必然会带来许多前所未有的崭新课题。比如,如何把握并主动适应经济发展的新常态?如何推进供给侧改革?如何实现国家治理体系和治理能力的现代化?如何跨越"中等收入陷阱"?如何规避大国崛起中的"修昔底德陷阱"等?这些都是崭新的课题。习近平分析道:"当前,国内外环境都在发生极为广泛而深刻的变化,我国发展面临一系列突出矛盾和挑战,前进道路上还有不少困难和问题。比如:发展中不平衡、不协调、不可持续问题依然突出,科技创新能力不强,产业结构不合理,发展方式依然粗放,城乡区域发展差距和居民收入分配差距依然较大,社会矛盾明显增多,教育、就业、社会保障、医疗、住房、生态环境、食品药品安全、安全生产、社会治安、执法司法等关系群众切身利益的问题较多,部分群众生活困难,形式主义、官僚主义、享乐主义和奢靡之风问题突出,一些领域消极腐败现象易发多发,反腐败斗争形势依然严峻,等等。"[①]这些课题提出来了,但还未完全解决,还在解决的过程当中。解决这些新课题的过程,就是发展的公平共享得到更好保障的过程。

三是着力把握和解决好发展目标倒逼提出的新课题。全面建成小康社会的目标实现以后,建成现代化强国的目标进一步对我们谋划新时代的改革发展形成了更加强大的反向压力和倒逼作用,必须适应新形势,使我们的发展更加均衡、社会更加公平。目标倒逼,形势紧迫,刻不容缓,我们必须下大力气解决诸如生态环境保护、民主发展、相对贫困等一系列课题,才能如期达到我们的目标,使人民群众拥有更多的获得感,使社会公平正义得到更好实现。否则,我们的目标就会落空。此外,党的十九大提出了分两步走在本世纪中叶建成社会主义现代化强国的目标,是对原来"三步走"发展战略的进一步"加码"。这一更新更高的目标要求,也必然会给发展提出新的课题。牢牢把握这些新课题,着力解决好这些新课题,就能进一步夯实共享发展的基础。

---

① 《习近平谈治国理政》第1卷,外文出版社2018年版,第71～72页。

(四)以真抓实干精神落实新发展理念

落实新发展理念,推进社会公平正义,实现发展共享,关键在真抓实干。空谈只能误国,实干才能兴邦。维护社会公平正义,实现共享发展成果,靠的是我们每一个中国人共同努力,艰苦奋斗,辛勤劳动。新发展理念是在总结我国长期积累的发展经验基础上提出的,集中反映了我们党对经济社会发展规律认识的深化,是我国发展理论的又一次重大创新,是我国经济社会发展必须长期坚持的指导理念。要发挥好新发展理念的指导作用,关键是要通过真抓实干将其落实在实践中。

落实新发展理念,首先要牢固树立新发展理念。要结合我国基本国情和主要矛盾充分认识树立新发展理念的必要性,尽管我国获得了巨大发展成就,但基本国情并没有根本改变。我国的发展在很多领域仍然依赖传统动力,发展的结构性矛盾也很突出,经济发展方式依然粗放,发展的不平衡性依然存在,生态约束日益趋紧,开放型经济水平依然不高,收入差距仍然过大。要实现更高质量、更有效率、更加公平、更可持续的发展,使发展更好体现社会公平正义的价值,就必须树立新的发展理念。树立新发展理念,必须准确理解和把握新发展理念的思想内涵和精神实质。新发展理念就是要把创新作为关键,作为第一动力,以创新提升发展质量和效益;就是要激发人的因素,提高广大劳动者和各行各业人才的创造活力;就是要紧盯发展中的不平衡问题,增强发展协调性;就是要努力建设生态文明,推进人与自然和谐;就是要坚持内外联动的双循环格局,提升开放水平;就是要调节好分配和再分配,不断缩小收入差距,维护公平正义。只有牢固树立新发展理念,才能够实现发展的新突破,更好地推动共享发展的实现。

落实新发展理念,要始终坚持以经济建设为中心。改革开放40多年来,我们坚持"以经济建设为中心",实现了经济社会的快速发展,创造了举世瞩目的发展奇迹。新时代仍然要坚持以经济建设为中心,是适应基本国情的需要,也是解决主要矛盾的要求。从当前发展实际来看,虽然我国社会的主要矛盾发生变化,但初级阶段基本国情和发展中国家的国际地位都没有变。这是我们谋划和推动发展的基本依据。我们仍然需要坚持发展是硬道理的战略思想,始终把经济建设放在中心位置,在推进经济建设的基础上全面推进政治建设、文化建设、社会建设和生态文明建设,使几个方面有机协调、共同促进，不断创造实现共享发展的基础条件。坚持经济建设中心地位，必须以新发展理念作为引领，针对发展新常态，在转方式、调结构上持续加大力度，大力推动供给侧结构改革，提高发展的质量和效益，使经济发展更有效率、更有质量、更加公平、更可持续，使基于公平正义的共享发展拥有更加坚实的物质基础。

践行新发展理念，要主动适应、把握、引领经济发展新常态。我国经济发展进入新常态，这是党的十八大以来以习近平同志为核心的党中央对我国发展阶段性特征和经济发展新态势所作出的重大战略判断。经济发展进入新常态，是我国在新的历史起点上经济发展出现新的阶段性特征的必然反映。落实新的发展理念，就要主动适应、把握、引领经济新常态。习近平指出："新常态下，我国经济发展表现出速度变化、结构优化、动力转换三大特点，增长速度要从高速转向中高速，发展方式要从规模速度型转向质量效率型，经济结构调整要从增量扩能为主转向调整存量、做优增量并举，发展动力要从主要依靠资源和低成本劳动力等要素投入转向创新驱动。这些变化不依人的意志为转移，是我国经济发展阶段性特征的必然要求。"[①]适应新常态、把握新常态、引领新常态，是贯穿发展全局和全过程的大逻辑。而要适应新常态、把握新常态、引领新常态，就要彻底抛弃旧的发展理念和发展方式，切实按照新发展理念，不断作出理论上的创新、政策上的前瞻安排。同时，要从过去主要看增长速度转变为主要看质量和效益；要坚持在提高发展质量和效益的同时，使发展更加公平、更具包容性；要把全面保障和改善民生，构建公平公正、共建共享的包容性发展新机制作为突破口，使发展成果更多更公平惠及全体人民；要不断把为人民造福事业推向前进，使社会公平正义落在实处，充分展现社会主义的优越性。

践行新发展理念，要把共享落在实处。落实新发展理念，最终落脚点在于实现共享。实现共享，主要应从四个方面着力。一是实现全民共享。改革发展不是为少数人发财致富，而是要惠及全民，使人人享有、各得其所。二是实现全面共享。共享是全面享有各领域发展成果，而不是部分、片面地享有。三是实现共建共享。只有共建才能共享，要使人人参与发展过程，形

---

① 习近平：《关于〈中共中央关于制定国民经济和社会发展第十三个五年规划的建议〉的说明》，《人民日报》2015年11月4日。

成人人尽力、人人享有的格局。四是实现渐进共享。共享的实现要经历一个发展过程，是渐进实现，而非一步到位。我们要立足国情、立足经济社会发展水平来思考设计共享政策，既要满足人民群众愿望，也要考虑实际可能。因此，实现共享首先要把“蛋糕”做大，要充分调动人民群众的积极性、主动性、创造性，不断地丰富物质财富和精神财富，为共享奠定坚实基础。同时，要把“蛋糕”分好，要通过收入分配调节不断扩大中等收入阶层，逐步形成橄榄型分配格局。通过共享，充分实现最广大人民的利益要求，让社会主义制度的优越性得到更充分体现，让人民群众有更多获得感，这是社会公平正义的最好体现。

真抓实干，落实好新发展理念，对党员特别是各级领导干部提出了很高的要求，党员和党的领导干部要带头发扬实干精神，以身作则带领人民把各项工作落到实处。要转变作风，下大力气克服形式主义、官僚主义、名利主义，动真情，鼓实劲，以实干造福人民。对于党员和各级领导干部而言，转变作风就是要打破“围城”“玻璃门”和无形的墙，下沉基层，亲近群众，真正同人民打成一片，干在一起。同时，真抓实干，还要努力提升本领。只有全党的本领增强了，新发展理念才能落实好，国家才会发展的更好，人民也才能生活得更好。

二、通过全面深化改革推动发展的公平共享

实现发展的公平共享，必须全面深化改革。改革开放是中国共产党在新的时代条件下带领全国各族人民进行的新的伟大革命，是新时期中国发展的鲜明特征和强大动力。党的十一届三中全会之后，中国共产党以巨大的政治勇气，坚定不移地推进各方面的改革，开创发展了中国特色社会主义。改革开放 40 多年的发展历程证明，选择和推进改革开放是涉及中国命运的伟大创举，使我们抓住了时代机遇，创造了发展奇迹。习近平指出：“改革开放是党在新的历史条件下领导人民进行的新的伟大革命，是决定当代中国命运的关键抉择。中国特色社会主义之所以具有蓬勃生命力，就在于是实行改革开放的社会主义。我国过去三十多年的快速发展靠的是改革开放，我国未来发展也必须坚定不移依靠改革开放。只有改革开放才能发展

中国、发展社会主义、发展马克思主义。”[①]当前我国正处于改革和发展的关键时期,我们面临一系列前所未有的深层次的矛盾和问题,这些矛盾和问题都影响和制约着公平共享的实现。只有通过改革才能破解我们面临的诸多难题,进一步更好地推进和实现发展的公平共享。

(一)全面深化改革为实现公平共享提供强大动力

全面深化改革是当代中国发展进步的活力之源,是实现发展公平共享的关键一招。党的十一届三中全会揭开了改革开放的历史大幕,实现了新中国成立以来党的历史上最具有深远意义的伟大转折。还在党的十一届三中全会前的中央工作会议上,邓小平就鲜明地指出:“如果现在再不实行改革,我们的现代化事业和社会主义事业就会被葬送。”[②]我国的改革开放经历了从农村到城市、从经济领域到其他各个领域的发展进程,对外开放经历了从沿海到沿江沿边、从东部到中西部的发展进程。改革开放调动了人的积极性,激发了社会的活力和创造力,推动了经济体制转轨和社会转型,实现了国家快速发展和社会巨大进步,使综合国力迈上新台阶,人民生活达到全面小康水平。改革开放所带来的发展和进步,为实现公平共享注入了强大动力、奠定了坚实基础。

只有坚持全面深化改革,才能更好促进社会公平正义。社会主义社会是全面发展的社会,改革也是全面性改革。全面深化改革涉及国家发展和社会生活的方方面面,贯穿于经济社会发展的各个领域和所有环节,从经济基础到上层建筑、从经济体制到其他各方面体制,都是改革的内容和对象。改革不仅指体制改革,更包括思想解放和观念更新。邓小平鲜明指出:“改革是全面的改革,包括经济体制改革、政治体制改革和相应的其他各个领域的改革。”[③]经济改革必然带动包括政治在内的其他领域的改革,不进行政治等各个方面的改革,就不能保障经济改革的成果,就会阻碍发展。只有进行全面改革,使各个领域的改革相互配合,才能协调好各方面的关系使改革更加公平。习近平指出:“不能笼统地说中国改革在某个方面滞后。在某些方

---

① 中共中央文献研究室编:《习近平关于协调推进“四个全面”战略布局论述摘编》,中央文献出版社 2015 年版,第 51 页。

② 《邓小平文选》第 2 卷,人民出版社 1994 年版,第 150 页。

③ 《邓小平文选》第 3 卷,人民出版社 1993 年版,第 237 页。

面、某个时期，快一点、慢一点是有的，但总体上不存在中国改革哪些方面改了，哪些方面没有改。”[①]正是全面性改革，使改革更加具有公平性。

从我国改革的历史经验来看，我们的改革首先从经济领域开始，但并不局限于经济领域。在经济体制改革的同时，往往同时涉及到政治体制及其他各方面体制的改革。中国特色社会主义发展是包括经济、政治、文化、社会、生态在内的“五位一体”的全面发展，改革也自然是包括经济、政治、文化、社会和生态文明等各方面体制机制的“五位一体”的改革。特别是在改革进一步深化的过程中，坚持改革的全面性，就是全面把握各个方面和各个领域改革之间的关系，既突出重点，又使各方面改革相互配合、整体推进。经济体制改革就是要进一步完善社会主义市场经济体制，从制度体制上更好地发挥市场在资源配置中的决定性作用，促进国民经济又好又快发展。政治体制改革就是要适应经济及各方面体制改革的要求，以发展民主政治为目标，实现政府权力与社会权力、中央权力和地方权力的和谐配置。文化体制改革就是要适应经济社会深刻转型的要求，不断改革文化管理体制，以创新和发展中国特色社会主义文化为目标，不断提升国家的“软实力”。社会体制改革就是要适应社会发展需求，改革社会管理和服务体制，以推进和实现公共服务社会化为目标，为社会成员提供均等的基本公共服务。生态文明方面的体制改革也十分紧迫，当前资源约束趋紧和生态系统退化已成为发展面临的重大挑战，必须树立人与自然和谐共生理念，通过改革建立和制定符合生态发展规律的制度与政策，把生态文明建设有效融入经济建设、政治建设、文化建设、社会建设各方面和全过程，努力建设美丽中国。这种不断深化的全面改革，使人民能够更好地共享发展过程和发展成果。

同时，在全面深化改革中，也注意坚持改革的协调性。只有做到协调和统筹兼顾，才能维护好各方面的利益，使社会公平更好地落实到改革发展中。适应经济社会的全面发展，我国的改革已经从单个突破发展到整体推进的新阶段。改革是包括经济体制改革、政治体制改革、文化体制改革和社会体制改革等各个领域在内的全面性改革，各项改革相互关联、相互促进、相互协调，每一项改革都需要其他改革协同配合，又都会对其他改革产生重

---

① 中共中央文献研究室编：《习近平关于协调推进“四个全面”战略布局论述摘编》，中央文献出版社 2015 年版，第 53 页。

要影响，孤立、单个的改革虽然也会取得一定成绩，但必然会造成社会发展失衡，影响社会公平和共享发展。强调改革的协调性，就是要加强对改革的总体指导和统筹协调，既着力在重点领域和关键环节取得改革的突破，又努力使各领域、各方面、各环节的改革有机衔接。把握改革的协调性，关键是作好各方面改革的统筹兼顾。只有统筹好方方面面，才能更好维护公平正义，推进共享发展。

(二)通过全面深化改革完善公平共享的制度机制

党的十八大以来，以习近平同志为核心的党中央反复强调，必须通过全面深化改革，着力解决我国发展面临的一系列突出矛盾和问题，以推进我国制度体系的完善和发展。习近平指出："实践发展永无止境，解放思想永无止境，改革开放也永无止境，停顿和倒退没有出路，改革开放只有进行时、没有完成时。"①以习近平同志为核心的党中央提出全面深化改革，正是为了把改革向多领域、大纵深推进。只有如此，才能破除影响社会公平正义、实现共享发展的一些制度体制性障碍。随着改革的深化，改革进入攻坚阶段，越来越触及各方面的具体制度和体制，改革也越来越艰巨和复杂。改革已经不仅仅是制度完善和体制变革的过程，更是利益结构调整的过程。目前，各个领域都还存在一些影响发展的体制机制障碍，人民群众还有不少不满意的地方。在前进道路上，我们还会遇到这样那样的困难和风险。从经济体制转轨的实际进程来看，我国市场经济体制还有待完善，一些部门、行业和地区凭借垄断地位把国家权力转化为自身局部利益的现象也还存在。从公共政策实施和公共物品提供来看，城乡之间、地区之间，政府在教育、医疗、文化、就业、住房等方面为公众提供的社会服务存在较大差别，特别是城乡二元经济社会体制仍然是我国城市化、现代化进程面临的严重体制性障碍。这些矛盾和问题涉及制度体制的各个层面，形成制约社会公平正义的制度体制障碍，也阻碍发展的共享，必须靠全面深化改革来解决。

影响社会公平正义和发展共享的政策性障碍，同样要靠全面深化改革来打破。进入新时代，我国的发展进入新的关键时期和重大历史性转折时期。在这个时期，既充满新的发展机遇，又面临各种社会风险。这一时期往

---

① 《习近平谈治国理政》第1卷，外文出版社2018年版，第71页。

往是产业结构加快转型，社会利益结构快速调整，政治发展充满挑战的时期，也是各项政策快速调整的时期。由于一些方面的政策没有及时跟进，落后于经济社会发展的实际，导致一些政策性社会不公平问题成为社会高度关注的焦点。如果不能很好地应对调整、解决问题，利益格局就会失调，社会分化就会加剧，各方面矛盾就会增加。从当前的情况来看，我国经济社会发展中已经出现这方面的矛盾和问题，主要表现在：城乡区域发展不平衡还未扭转，资源环境压力持续加大，民生问题仍比较突出。在所有这方面，政策体系还不健全、不完善，形成了诸多影响社会公平正义和共享发展的政策性问题。这些问题，也必须通过坚持和深化改革来进一步解决。

全面深化改革，破除影响社会公平正义和共享发展的一些制度政策障碍，需要我们在改革理论上更加清醒。我国改革的成功，关键在于通过理论创新不断推进马克思主义中国化，形成和发展了包括邓小平理论、“三个代表”重要思想、科学发展观和习近平新时代中国特色社会主义思想在内的中国特色社会主义理论体系，使马克思主义在当代中国展现了勃勃生机。从理论上来说，习近平新时代中国特色社会主义思想是党的指导思想的又一次与时俱进，是马克思主义中国化的最新理论成果，是当代中国的马克思主义、21世纪的马克思主义。因此，全面深化改革开放必须坚持以习近平新时代中国特色社会主义思想作为指导思想。坚持以习近平新时代中国特色社会主义思想为指导，才能保持我们在理论上的清醒，保证改革开放沿着正确的方向和道路前进。

全面深化改革的目的就是要不断完善能够保障社会公平正义的较为成熟定型的制度体系，为推进共享发展提供可靠保障。自党的十八大以来，我们不断强化重要领域的改革，以极大的勇气破除妨碍发展的思想观念和体制弊端，在构建系统完备、科学规范、运行有效的制度体系方面取得了新的进展。党的十八届三中全会着眼于进一步形成公平竞争发展环境、增强发展活力、提高政府效能和实现公平正义，对重要领域和关键环节的改革作出了全面部署，并在实践推进中取得进展。党的十九届四中全会围绕持完善中国特色社会主义制度、推进国家治理体系和治理能力现代化，对各方面制度建设作出了全面部署，为制度体系的成熟定型指明了方向。改革的进一步深化发展，就是要按照我们确定的蓝图，在全面建成小康社会目标实现之后，在迈向现代化强国的过程中，进一步健全和完善制度体系，形成更加成熟定型的制度体系，有效推进国家治理体系和治理能力现代化，保障治理的公平正义，促进共享发展的实现。

（三）以全面深化改革形成保障公平共享的社会架构

保障公平共享的社会架构，是社会公平正义和共享发展赖以实现的基本支撑体系，即政府、市场和社会各自在社会公平正义和共享发展中的责任作用及相互关系。政府是国家意志的体现，是代表国家来管理社会的机构。在社会公平方面，政府承担着社会成员基本权利保障公平、基本生活保障公平、公共服务公平、政府行为合理公平、可持续发展公平、弱势群体公平保障等多项责任，是保障社会公平正义、实现共享发展的主导力量。但是，政府发挥主导作用，并不等于要包办一切。市场和社会在保障社会公平正义、实现共享发展中也发挥着重要作用。在市场经济条件下，市场对资源配置起着决定性作用，价值规律是其运行的基本规律和遵循，因而市场排斥人为干预和垄断，在保障机会公平、权力公平和规则公平方面发挥着独特作用。社会是由多元主体构成的公共领域，是一个开放性的沟通和协调的场域，对社会主体权益的实现发挥着重要作用，是实现公平共享的重要力量。保障社会公平正义，实现共享发展，是一个系统性工程，需要通过全面深化改革，协调好政府、市场和社会三者关系，使之能够相互配合、共同发挥作用，形成政府、市场和社会三位一体的公平共享支撑体系。

从政府层面来说，我国政府改革和职能转变与实现经济社会发展和保障公平共享还有许多不到位、不适应的方面。在公共服务方面，改革开放以来，我国政府进行了多轮的改革调整，政府机构和政府职能都发生了重大变化。但相对于经济社会发展来说，政府职能转变和公共服务能力仍然滞后，导致公共资源配置不公平，甚至存在社会公共资源被挪用、挤占、浪费的现象。在政策出台、协调和实施方面，政府在公共政策的选择、制定和实施上，存在公共政策制定和实施的不均衡、政策价值导向的偏差、政策信息的封闭、政策之间冲突等许多不和谐的现象。在政府担当方面，还存在政府不作为或行为不当导致的起点不公平、过程不公平和结果不公平。从起点不公来说，社会成员的禀赋、出身及所处的自然和社会条件不同而形成的不公平是客观存在的，也是人们能够接受的，这是先天性的起点不公平。而在诸如教育、就业和迁徙等方面的机会不公平则多与政府行为及政策选择有关。

在权力行使方面，还存在一些执掌权力的部门和工作人员把权力私有化、部门化的现象，导致权力滥用，造成社会不公。在政风方面，一些政府部门和工作人员官僚主义、形式主义作风严重，工作作风漂浮，胡乱发号施令，不能深入实际，体察民情，主观臆断，决策往往违背民意，损害群众利益，对社会、群众都极不公平。因而要全面深化改革，加快政府职能转变，努力创设公平公正的环境。政府职能转变的方向是简政放权，即向社会、市场放权，回归政府本位，确立为市场和社会服务的理念，与市场和社会有效协调与配合，以促进社会公平发展。

从市场层面来讲，市场经济既不必然地带来社会不公平，也不能达到实现完全的社会公平。从运行规则上来说，市场经济既是一种公平经济，也存在极大的缺陷。市场经济中的公平局限于一定的领域，同时也需要在一定条件下实现。在市场经济中，社会公平也完全受市场机制调节。市场机制是市场运行和配置资源的基本手段，其发挥作用的前提是社会分工。市场在保障社会公平中的作用是由市场经济的特点决定的。在社会分工存在的条件下，市场的主体必须通过相互的交换与合作来完成市场行为。市场主体的交换与合作是自由自愿的，其决策也是自由自愿的。在市场经济条件下，企业成为具有独立法人身份的平等主体。企业作为市场的主体，在进入市场以后，不同的企业之间的关系是一种等价交换关系，这种关系保障了主体之间具有公平的身份和地位。进入市场的个体也是如此。在生产要素的配置方面，市场起决定性作用，有利于排除人为因素造成的不公平。市场经济也是法制经济和信用经济，法制和信用是保证平等交换关系的基础。市场经济不仅要求所有参与者在法律面前一律平等，而且要求市场参与者讲求信用、公平竞争。所以，市场经济在一定的领域和范围内具有保障社会公平的作用。但我们不能否认，市场在创造财富和一定领域公平的同时，也创造着财富的日益集中和分配的不公平。市场不是万能的，存在着多方面的缺陷。从一般意义上说，市场解决微观领域的问题是有效的，但难以解决长期的经济发展战略问题，无法自行调整宏观经济发展趋向，在总量调节和结构平衡方面力量也很微弱。特别是市场机制不能解决外部效应、垄断、信息不对称和公共物品供给等诸多问题，对公共教育、社会福利、基础性研究等不能形成有效激励，对贫富悬殊、两极分化、环境污染等无法进行自动调节。在上述这些方面，往往会由于市场“失灵”而带来社会不公平。解决这些问题，除了发挥政府的作用之外，还要对市场经济进行全面改革。在我国，社会主义市场经济体制是和社会基本经济制度紧密联系的，必须立足于我们的制度基础来完善社会主义市场经济体制，使市场在资源配置中真正发挥决定性作用。完善社会主义市场经济体制，不但要把握好市场经济发展的一般规律和共性特征，更要把握好社会主义市场经济运行的制度基础，以避免市场经济失灵造成社会不公平，为实现公平共享提供良好的体制保障。

从社会层面来讲，伴随着改革开放的不断深化，我国社会力量在保障公平共享方面的作用越来越突出。市场经济的发展推动中国社会由单一走向多元，社会权力结构发生重大变化，社会组织权力扩大，公民的自由民主意识和参与能力不断增强，这是社会力量觉醒和崛起的基本条件。随着改革发展的深入，社会真正成为在国家之外为社会成员和社会组织提供资源、服务、机会的越来越重要的渠道，并由此推动社会权力重构，成为了活动于国家和市场之间的第三种力量。社会力量主要是由非政府性和非企业性的民间组织及全体公民构成，包括行业协会、民间公益组织、社区组织、利益团体、志愿性团体、互助组织、兴趣组织和社会运动等。发挥社会力量的作用，同样需要全面深化改革，构建和完善能够促进有效沟通的社会运行机制。许多涉及社会公平的议题，如权利、机会、分配、政策、弱势群体救助等，首先必须引起人们的关注和讨论，形成公共话语，才能获得重视和有效解决。这就需要一个独立、自由、理性、宽松的讨论空间。社会本身具有的自治功能，为人们提供了这样一个空间，它聚合公众探讨共同议题、发表各自见解、形成解决方案，并能够把讨论问题所形成的解决方案和公共意见提供给政府和相应的公共机构。因此，要通过不断改革建立公众、社会与政府有效沟通的渠道，使信息能够相互畅达，保证能够把社会公众的愿望、要求、意见、建议集中起来，转达给政府和有关公共机构，同时又能把政府的意图和决策转达给公众，形成保障公平共享的合力。

从宏观层面来讲，现代社会由三部分构成。第一部分是政治社会，即国家系统，主体是政府组织，主要角色是官员；第二部分是经济社会，即市场系统，主体是企业，主要角色是企业家；第三部分是民间社会，主要角色是各类民间组织和公民个人。市场在有效调节经济运行和各个经济主体活动的同时，在供给和需求的平衡、公共物品的提供、社会分配的协调、限制垄断和平抑经济波动等方面也会“失灵”。在此情况下，就必须借助政府的力量予以矫正和弥补。但政府也并不一定能完全解决好这些问题。因此，还要借助政府之外的社会力量来弥补政府和市场在运作与协调中的不足。社会虽然不能替代政府和市场的作用，但可以对二者进行有效的协调和补充。保障公平公正，需要政府、市场、社会各负其责，相互协作。该政府管的政府应管好，避免政府的缺位、错位和越位，不能把政府要管的事情交给市场和社会；该归市场的要归市场，不能把应该由市场调节的交给政府或推给社会；要把政府管不了、市场也无法管的领域交给社会来调节，社会可以在政府和市场间充分发挥独特的协调和中介作用。政府、市场和社会三者有效配合，构成互补互动的公平共享保障机制，将会使社会公平正义得到更好的实现。

从我国经济社会发展趋势来看，随着改革的深化和工业化、信息化、城镇化、市场化、国际化的深入发展，政府、市场和社会的关系将出现进一步的调整：政府的服务职能将持续增强，市场的运行机制将更加完善，社会的协调功能将不断拓展，三者在社会公平正义保障中将更好地发挥各自的作用，形成相互协调的公平共享保障机制。在政府与市场的关系方面，政府要切实从资源的直接分配者变为资源的监管者，把资源的配置交给市场，把许多不该管、管不了也管不好的事交给企业，给企业应有的权利。政府则把主要职能转到为企业服务上来，不干涉企业的经营管理，而是从各个方面为企业的发展营造良好环境。政府的责任是为市场服务，并依法加强调控和引导，推动形成统一、开放、竞争、有序的现代市场体系。政府职能转向为市场服务，能营造公平的竞争环境，又可以减少政府直接干预市场带来的各种腐败。在政府与社会的关系方面，主要是合理调整权力结构，政府应该大胆放权，以实现社会的扩权，使社会发挥应有的作用。随着市场经济的发展，政府与社会关系也不断变化，非政府组织的不断成长、基层自治的不断完善、社区建设的不断发展，将促使我国社会力量进一步壮大。政府既要确立为社会服务的理念，又要主动向社会放权，形成与社会的有效协调与配合，以促进社会公平发展。政府、市场与社会关系的逐步理顺，有利于形成“市场失灵”和“政府失灵”的弥补机制，更好地维护社会公平。总之，保障社会公平正义、实现共享发展是一项综合性的社会工程，政府、市场和社会在其中扮演着不同的角色，通过相互协作对公平共享发挥着各自的主体作用，从而形成“三位一体”的保障公平共享的支撑体系，推进公平正义和共享发展不断迈向更高的层次。

三、坚持以保障和改善民生落实发展的公平共享

民生问题始终是我国经济社会发展必须着力解决的重大关键性问题，直接关系到社会公平正义和共享发展的实现。党的十八大以来，我国经济社会发展经受了许多国际国内事件特别是新冠肺炎疫情等突发重大事件的考验，以习近平同志为核心的党中央进一步把民生问题提到了前所未有的高度，始终把保障和改善民生作为头等重要的大事紧抓不放，使民生保障取得了重大进展。保障和改善民生，是经济社会发展的根本目的，涉及社会公平正义。习近平强调："让人民过上好日子，是我们一切工作的出发点和落脚点。我们将坚持在发展中保障和改善民生，不断满足人民日益增长的美好生活需要，不断促进社会公平正义，使人民获得感、幸福感、安全感更加完善、更有保障、更可持续。"[①]只有始终把保障和改善民生放在最优先地位，不断满足人民需要，共享才能变为现实，公平正义才能得到比较好的维护。

（一）民生问题彰显社会公平正义的价值诉求

保障和改善民生，就是要把人民对美好生活的向往作为经济社会发展的出发点和目的，以保障社会成员的基本权利和利益实现为着眼点，这正体现了社会公平正义的价值理念和追求。坚持把民生放在头等重要位置，致力于实现最广大人民的根本利益是马克思主义政党最鲜明的政治立场，集中体现了马克思主义历史唯物主义的基本原理，集中体现了中国共产党立党宗旨和执政宗旨，也是经济社会发展的最终归宿。习近平指出："中国秉持以人民为中心的发展思想，把改善人民生活、增进人民福祉作为出发点和落脚点，在人民中寻找发展动力、依靠人民推动发展、使发展造福人民。"[②]解决好民生问题，就是要让发展成果由人民共享。这就要求我们在推进发展中要正确反映和兼顾人民群众的利益，关注人的价值、权益和自由，关注人的生活质量、发展潜能和幸福指数，促使经济社会发展与人的发展有机统

---

① 习近平：《抓住世界经济转型机遇　谋求亚太更大发展——在亚太经合组织工商领导人峰会上的主旨演讲》，《人民日报》2017年11月11日。

② 《习近平谈治国理政》第2卷，外文出版社2017年版，第483页。

一。这是社会主义本质和优越性的真实体现，是社会公平正义的鲜明价值诉求。

社会公平正义价值诉求不是抽象的，不是看不见、摸不着的，而是可以把握的。社会公平正义是以人为出发点和落脚点的，是以人的权益、自由、地位、尊严、生存、发展等基本状况为标志的。没有人的权益、自由、地位、尊严、生存、发展等的充分实现，就没有美好生活可言，就谈不上社会的公平正义。所以，维护社会公平正义要关注人的利益的实现，关注人的生活状况，关注人的幸福指数和获得感。民生问题的落脚点正是人民美好生活的实现、幸福指数和获得感的提升。脱离了人的关系、人的权利、人的需求、人的生存发展，民生问题也就失去了存在的基本依归。因此，民生问题的解决与公平正义的实现是统一的社会发展进程。从理念上来讲，民生问题包括两大维度：从理想追求方面来说，民生问题的解决是实现人的解放和人的自由全面发展的可靠基础；从现实追求方面来说，民生问题的解决是充分实现人的基本权利和基本利益、满足人的发展需求的基本途径。由此可见，民生问题以人的权益和人的发展为出发点，以保障和实现人的权利和利益为归宿，充分体现了社会公平正义的价值内涵。

坚持人民利益至上，坚持改善民生，这本身就是经济社会发展中公平正义价值的要求。解决民生问题是人民期盼、民心所向，是涉及发展成果能否惠及人民的根本性问题。要使发展成果更多更公平地惠及全体人民，就要始终把民生放在头等重要的位置。党的十八大以来，以习近平同志为核心的党中央反复强调，要多谋民生之利，多解民生之忧，坚持把解决好人民群众最关心、最直接、最现实的利益问题放在各项工作的首要位置。民生成为党中央领导集体的首要关注点和工作重点。习近平强调："保障和改善民生没有终点，只有连续不断的新起点，要采取针对性更强、覆盖面更大、作用更直接、效果更明显的举措，实实在在帮群众解难题、为群众增福祉、让群众享公平。"[①]保障和改善民生不是一朝一夕的事，而是一项长期工程，必须随着时代发展时刻把握人民不断生长的新需要，促进民生发展与经济社会发展相协调，不断提升民生发展和保障水平。民生的改善，是不断实现社会公平正义的具体体现。民生问题解决好了，才能把公平正义和共享发展落在实

① 《习近平谈治国理政》第2卷，外文出版社2017年版，第362页。

处，才能充分彰显社会公平正义的价值诉求。

(二)以公平正义为导向不断地为人民造福

为人民造福，是社会公平正义价值实现的最终体现，是中国共产党人矢志不渝的崇高追求。人民的好公仆、县委书记的好榜样焦裕禄，1962 年冬受上级委派到灾荒严重的河南省兰考县任县委书记时，面对饥民成群、背井离乡的情景，他看在眼里、急在心里。他以对人民群众高度负责的精神，通过深入、系统、全面的调查研究，把治理风沙、内涝、盐碱"三害"和提高群众生活水平作为中心任务，走村串户、访贫问苦，始终与群众干在一起。"心里装着人民，唯独没有自己"，常怀公仆之心，常思为民造福，这就是焦裕禄的一生和奋斗。2009 年 4 月，习近平在河南兰考调研时说："记得一九六六年二月七日，《人民日报》刊登了穆青等同志的长篇通讯《县委书记的榜样——焦裕禄》，我当时上初中一年级，政治课老师在念这篇通讯的过程中几度哽咽，多次泣不成声，同学们也流下眼泪。"[①]他要求要大力弘扬焦裕禄精神，为党和人民事业任劳任怨，不断造福人民群众。两袖清风、一心为民的云南省保山原地委书记杨善洲常年在乡下跑，一辈子把人民利益放在第一位，尽心竭力为老百姓办实事、解难事、做好事，始终把为群众排忧解难作为自己的第一职责，把造福百姓作为人生追求。焦裕禄、杨善洲以自己的实际行动，诠释着造福人民的梦想和追求。始终坚持"为人民造福"，不仅道出了保障和改善民生最大的现实愿景，也是对实现社会公平正义的庄严承诺。

以公平正义为导向不断地为人民造福，归根到底在于使人民生活得更好、更加幸福、更有尊严。中国共产党在领导中国人民奋斗的过程中，在造福人民方面已经实现三大跨越：实现人民解放和当家作主、解决人民温饱、建成小康社会。现在，我们正迈向现代化强国的新征程，在造福人民的过程中我们将不断取得新的成就，展示更加美好的图景。但是，从现实来看，在造福于民的问题上，我们也还存在一些突出问题，特别是在党员干部队伍当中，还有很多与造福于民相背离的现象。比如，有些党员干部工作作风不踏实，以会议落实会议，以文件落实文件，搞调研蜻蜓点水，身子沉不下去，对实际情况不甚了了，对人民群众的安危冷暖和需求漠不关心。还有些党员

① 习近平：《做焦裕禄式的县委书记》，中央文献出版社 2015 年版，第 32 页。

干部急功近利，不顾现实条件，违背客观规律瞎指挥，经常决策失误，损害人民利益。有些党员干部甚至搞“上有政策、下有对策”，既损害国家利益，又侵犯群众利益。这些现象，是形式主义、官僚主义、名利主义等不良作风的突出表现，严重脱离了群众，背离了造福于民的要求。

按照公平正义要求为人民造福，需要我们时时把人民群众装在心中，切实解决人民群众遇到的困难和问题，为人民群众谋取实实在在的利益。毛泽东在1942年指出：“我们的第一个方面的工作并不是向人民要东西，而是给人民以东西。我们有什么东西可以给予人民呢？就目前陕甘宁边区的条件说来，就是组织人民、领导人民、帮助人民发展生产，增加他们的物质福利，并在这个基础上一步一步地提高他们的政治觉悟与文化程度。”①只有不断为人民造福，才能赢得人民群众的支持和拥护。实现中国梦，不仅是要追求国家富强、民族振兴，最终是要造福于民、实现人民幸福。造福人民，就要把人民群众放在心中，就要认真了解和解决人民群众最关心、最直接、最现实的利益问题，就要切实关注人民群众关心的具体事情，关注社会不同群体和个人的不同利益诉求，最大限度地满足社会最大多数成员的利益和愿望，特别是要关注社会困难群体的生存状态和实际困难。习近平指出：“要一心一意为老百姓做事，心里装着困难群众，多做雪中送炭的工作，常去贫困地区走一走，常到贫困户家里坐一坐，常同困难群众聊一聊，多了解困难群众的期盼，多解决困难群众的问题，满怀热情为困难群众办事。”②只有把人民群众的实际困难和生活问题解决好了，才能把为民造福落在实处。

中国共产党没有自己的私利，一直把为人民造福作为自己的责任。坚持为人民造福，就要了解人民群众所思所盼，了解他们在生产生活中遇到的实际困难，千方百计为他们解决困难。一时不能解决或解决不了的困难，不仅要向人民群众作出充分的解释，而且要努力创造条件加以解决。为人民造福，要从实际出发，充分尊重人民意愿，做到既量力而行又尽力而为，把好事办好，把实事办实，切不可搞那些脱离实际、劳民伤财的蠢事。为人民造福，要做到一切以人民为先，时时事事首先为老百姓考虑。2013年7月，习近平在武汉参观“武汉市民之家”后感慨说：“为老百姓服务的场所、便民利

---

① 《毛泽东文集》第2卷，人民出版社1993年版，第467页。

② 习近平：《做焦裕禄式的县委书记》，中央文献出版社2015年版，第24页。

民的场所搞得好一点，我看着心里舒服。如果是'官衙'搞得堂皇富丽，我看着不舒服。"这就告诫我们，要始终把人民放在第一位，创造条件让人民群众有更好的生活条件和发展前景。只有这样才能真正做到造福于民。

（三）始终把保障和改善民生作为执政重点

为人民谋利益、把人民放在最高位置，大力推进社会公平正义，是中国共产党的根本政治立场和责任担当。中国共产党自成立以来，为实现民族独立、人民解放和国家繁荣富强、人民共同富裕进行了持续不懈的奋斗，使社会公平正义不断得以实现。改革开放以来，随着经济社会快速发展，民生水平大幅提高。党的十八大以来，我们不断加大民生保障和改善的力度，不仅人民衣食住行用等各方面条件进一步改善，而且在就业、收入、家庭财产等方面也明显改善或增加，特别是城乡低保标准大幅提升，退休人员养老金也持续提高。同时，基本公共服务水平和均等化程度也明显提高，城乡免费义务教育全面实现。社会保障体系建设成效显著，城乡基本养老保险制度全面建立，新型社会救助体系基本形成，全民医保基本实现，保障性住房建设加快推进。我们在民生改善上取得了长足进展。但是，我们也应清醒地看到，人民对美好生活的向往是与时俱进的。经济社会发展越快，人民对美好生活的期待也越强。而涉及人民生活领域的一些突出问题还未得到根本解决，我们离人民的期待和要求，还有很大差距。对此，我们必须悉心了解，真情对待，始终把保障和改善民生放在头等位置、作为执政重点，切实实现好人民利益、维护好社会公平正义。

始终坚持把保障和改善民生放在经济社会发展头等重要的位置，作为党执政的重点，这是促进社会公平正义、实现共享发展的具体体现。习近平在担任党的总书记伊始就向中外宣示，人民对美好生活的向往，就是我们的奋斗目标。可以说，改善民生是中国共产党始终如一的追求，也是其促进社会公平正义的具体体现。早在新民主主义革命时期毛泽东就指出："在有根据地的条件下，不提倡发展生产并在发展生产的条件下为改善物质生活而斗争，只是片面地提倡艰苦奋斗的观点，是错误的。"[①]我们进行革命、建设和改革，归根到底是要使人民群众过上更加美好的生活。如果做不到这一点，

---

① 《毛泽东选集》第3卷，人民出版社1991年版，第912页。

我们的革命、建设和改革就失去了意义。改革开放特别是党的十八大以来，我们改善民生的力度不断加大，使发展成果更多更公平地惠及全体人民。当前，在人民群众关心的收入分配、户籍改革、养老保险、食品医疗、教育改革等问题上，我们已经取得了重大进展，“全民养老”“全民医保”也已经在制度上实现。同时，我们也提出，要在幼有所育、学有所教、劳有所得、病有所医、老有所养、住有所居、弱有所扶上不断取得新进展。正如习近平所说：“保障和改善民生要抓住人民最关心最直接最现实的利益问题，既尽力而为，又量力而行，一件事情接着一件事情办，一年接着一年干。”[①]这是在社会公平正义视域下实现共享发展的具体体现。

保障和改善民生，不断满足人民的美好生活需要，是推进改革开放和经济社会发展的根本目的，是我们一切工作的根本出发点和落脚点，体现着人民群众最迫切的愿望，是共享发展的最真实体现。目前，在教育、就业、收入分配、医疗、公共服务等关系群众切身利益的民生领域还存在许多问题，加快解决这些问题是人民群众的殷切期待。一是期待加快教育改革，促进教育公平。教育是民族振兴和社会进步的基石，事关民族兴旺和人民福祉。在教育方面，还存在地区、城乡、资源配置等诸多不平衡，还存在“上学难、上不起学”的问题，严重影响教育公平。人民群众盼望加快推进教育领域综合改革，以改革和创新为动力，促进教育资源的配置更加公平，促进教育质量的有效提升，推动教育在更高起点上实现更大的公平和发展。二是期待就业更加充分，促进就业公平。就业是民生之本，是保障民生的头等大事，是我国长期面对的重大民生问题。人民群众盼望既要通过扩大经济规模和调整经济结构来扩大就业，更要通过政府引导、完善市场就业机制、创造平等就业机会努力实现充分就业。三是期待以更大力度调节分配，促进分配公平。收入分配是民生之源、是民生改善的基本保证。人民群众期待既要把社会财富“蛋糕”做大，又要把“蛋糕”分好，通过深化收入分配制度改革，充分实现发展成果共享。四是期待更好的健康服务，促进医疗公平。医疗卫生事业是重大民生事业。人民群众期待加快推进医疗卫生改革，为群众提供安全有效方便的基本医疗服务。必须把人民的期待作为奋斗的目标，使民生发展不断迈上新的台阶。

---

① 《习近平谈治国理政》第3卷，外文出版社2020年版，第35页。

从执政的角度来讲，推进基于公平正义的共享发展，首先就要大力推进基本公共服务均等化，实现公共服务公平共享。基本公共服务均等化是一项保障和改善民生的重大政策，是实现人民公平共享社会发展成果的必然选择。通过实现基本公共服务均等化让人民共享改革发展成果，是解决民生问题的迫切需要。基本公共服务涉及公共教育、就业服务、医疗卫生、住房保障、公共文化、基础设施及环境保护等诸多方面，这些方面都涉及基本的民生问题，也是人民群众比较关注、迫切希望解决的问题。党的十八以来，我们加快了推进城乡基本公共服务均等化的步伐，明确提出要增加公共服务供给的要求。在促进基本公共服务均等化方面，我们强调要围绕标准化、均等化、法制化加快健全国家基本公共服务制度，完善基本公共服务体系，要建立国家基本公共服务清单，动态调整服务项目和标准，促进城乡区域间服务项目和标准有机衔接。大力推进基本公共服务均等化，逐步缩小城乡区域间基本公共服务差距，是共享发展的重要实现途径和公平正义的具体体现。此外，要通过更健全的社会保障维护公平正义、实现共享发展。社会保障作为一项基本制度，是社会的“安全网”，也是经济社会发展的调节器。我国的社会保障已经取得了决定性的进展，在养老、医疗等基本保障项目方面已经实现了全覆盖。这是我国社会发展的重大进步，也是推进社会公平正义的重大进展。但总体上看，我国保障体系仍然不完善、制度仍然不健全，保障的公平性仍然有待提高。所以，人民群众殷切期待以更健全的社会保障实现公平正义。一是期待逐步消除社会保障中的“身份差异”，无论背景如何，社会成员均应享有同等的社会保障。二是期待逐步消除社会保障中的“水平差异”。人民群众殷切期待在保障项目和保障水平上实现同等待遇。三是期待逐步消除社会保障的“城乡差别”。城乡关系尽管有了重大调整，但城乡之间的社会保障差别还没有彻底消除。人民群众殷切期待农村居民的社会保障权益得到维护，缩小直至消除农村居民社会保障与城镇居民保障之间的巨大差别。回应人民群众对社会保障的呼声和期待，必须按照“社会政策要托底”的要求，坚持把广覆盖和保基本结合起来，全方位、多层次地加快推进覆盖城乡居民的社会保障体系建设和完善，稳步提高保障水平，实现可持续发展。只有这样才能满足人民群众对更好社会保障的期待和愿望，体现基于社会公平正义共享发展的要求。

四、把实现共同富裕作为公平共享的根本目标

实现公平共享，落脚点就在于全体人民的共同富裕，共同富裕最鲜明地显示了社会公平正义的价值内涵。共同富裕作为中国特色社会主义的目标原则，是相对于资本主义社会以及其他剥削性社会的贫富悬殊、两极分化而言的，是社会主义与资本主义两种社会形态的本质性区别，也是社会主义优越性的根本体现。正是在这个意义上，邓小平把共同富裕纳入社会主义本质，强调社会主义在本质来说，不仅要解放生产力、发展生产力，而且要消灭剥削、消除两极分化、最终达到共同富裕。中国共产党作为最广大人民利益的代表，始终把实现共同富裕作为奋斗目标。习近平指出："我们必须坚持发展为了人民、发展依靠人民、发展成果由人民共享，作出更有效的制度安排，使全体人民朝着共同富裕方向稳步前进，绝不能出现'富者累巨万，而贫者食糟糠'的现象。"[①]没有全体人民的共同富裕，就没有公平正义，更没有真正意义上的发展共享。在建设中国特色社会主义和实现中华民族伟大复兴中国梦的历史进程中，必须始终坚持把人民群众对美好生活的向往作为我们的奋斗目标，不断实现人民利益，带领人民走向共同富裕。

（一）共同富裕是实现共享发展的最终归宿

共同富裕是社会主义的根本原则和本质特征，也是实现公平正义和共享发展的根本目标。党的十八大报告指出："共同富裕是中国特色社会主义的根本原则。要坚持社会主义基本经济制度和分配制度，调整国民收入分配格局，加大再分配调节力度，着力解决收入分配差距较大问题，使发展成果更多更公平惠及全体人民，朝着共同富裕方向稳步前进。"[②]党的十九大报告再次强调："必须多谋民生之利、多解民生之忧，在发展中补齐民生短板、促进社会公平正义，在幼有所育、学有所教、劳有所得、病有所医、老有所养、住有所居、弱有所扶上不断取得新进展，深入开展脱贫攻坚，保证全体人民

---

① 《习近平谈治国理政》第2卷，外文出版社2017年版，第200页。

② 《胡锦涛文选》第3卷，人民出版社2016年版，第624页。

在共建共享发展中有更多获得感，不断促进人的全面发展、全体人民共同富裕。”[①]在我国经济社会发展中，坚持共同富裕的根本目标，从根本上体现了生产力和生产关系的有机统一。在共同富裕中，“富裕”集中体现社会成员对社会财富的拥有状况，反映的是社会生产力发展的水平；而“共同”体现的是社会成员对财富的占有方式，集中反映社会生产关系的性质。因此，共同富裕体现的是社会财富的分配和占有的理想状况，从根本上体现了社会公平正义的目标理念。当然，共同富裕并不是同等富裕，也不是同步富裕，同等富裕和同步富裕都是不切实际的幻想，都会导致绝对平均主义，最后是共同贫穷。

共同富裕是中国特色社会主义的根本原则和价值诉求。中国特色社会主义始终坚持了科学社会主义的基本原则，而共同富裕正是科学社会主义最基本的原则和价值诉求。马克思主义的经典作家在对社会发展规律的研究中，明确指出了未来理想社会的发展目标，在社会生产力迅速发展的基础上，社会生产“将以所有的人富裕为目的”[②]。社会主义取代资本主义就是要消灭资本主义的内在矛盾和弊端，打破少数人发财致富的状况，以实现人们的共同富裕。在资本主义条件下，由于其基本经济制度的基础是私有制，所以财富积累的规律是两极分化，资本家的越来越富与工人阶级的越来越穷是同步发展的，不可能达到共富的目标。其实，在社会主义社会出现之前，人类社会长期发展的历史进程中，除原始社会这一早期特殊发展阶段之外，私有制在人类社会发展中始终占主导地位，在这种所有制状况下，根本无法实现共同富裕。正因为如此，共同富裕成为了人们向往的一个理想目标。社会主义由于其从制度根基上消灭了两极分化赖以存在的制度基础，铲除了私有制，所以为实现共同富裕开辟了道路。在中国改革开放的伟大实践进程中，我们坚决顶住了私有化的错误倾向，始终坚持公有制的主体地位，巩固了中国特色社会主义的制度基础，这是迈向共同富裕的根本前提条件。

共同富裕是社会主义正义性和优越性的根本体现，是实现共享发展的最终归宿。从人类历史发展的长河来看，资本主义社会取代封建主义社会是巨大的历史进步，但资本主义并不代表人类正义的实现。如前所述，资本

---

① 《习近平谈治国理政》第3卷，外文出版社2020年版，第18～19页。

② 《马克思恩格斯文集》第8卷，人民出版社2009年版，第200页。

主义取代封建主义使人们在争取平等的斗争中前进了一大步，但资本主义仍然没有消灭剥削制度，而是以新的剥削形式取代了旧的剥削形式，人们所期望的平等不仅没有实现，反而受到资本更大的制约和限制，两极分化导致的极端不平等是资本主义的常态。因此社会主义把消灭资本主义条件下不平等作为自己追求的目标，正体现了社会主义的正义性。消灭资本主义条件下的不平等，最根本的是消除两极分化，实现共同富裕。这正是社会主义优越性的体现。邓小平把共同富裕作为社会主义最大的优越性，强调共同富裕体现了社会主义本质。他强调："社会主义的目的就是要全国人民共同富裕，不是两极分化。如果我们的政策导致两极分化，我们就失败了；如果产生了什么新的资产阶级，那我们就真是走了邪路了。"[①]在当代中国，我们推进共享发展，最终目标就是要早日实现共同富裕。只有实现共同富裕，才能为社会公平正义的实现奠定基础、创造条件，才能体现公平共享，才能凸显我们的制度优势。

实现共同富裕是中华民族伟大复兴中国梦的基本目标。中国梦归根到底是人民的梦，为人民造福，实现全体人民的共同富裕，是中国梦的崇高价值追求。习近平强调："中国梦归根到底是人民的梦，必须紧紧依靠人民来实现，必须不断为人民造福。"[②]党的十八届三中全会在部署改革开放的一系列重大任务时，把"促进社会公平正义、增进人民福祉"作为改革发展的出发点和落脚点。党的十九大提出了从 2020 年到本世纪中叶分两个阶段来安排的战略步骤，第一阶段是到 2035 年，在全面建成小康社会的基础上基本实现社会主义现代化，"人民生活更为宽裕，中等收入群体比例明显提高，城乡区域发展差距和居民生活水平差距显著缩小，基本公共服务均等化基本实现，全体人民共同富裕迈出坚实步伐"；第二个阶段是到本世纪中叶，在基本实现现代化的基础上，把我国建成富强民主文明和谐美丽的社会主义现代化强国，"全体人民共同富裕基本实现"[③]。从中国共产党领导中国人民进行革命、建设和改革的目的来看，致力于改善人民生活，实现人民共同富裕是中国共产党一以贯之追求的目标。中国共产党领导中国人民为中国梦而

① 《邓小平文选》第 3 卷，人民出版社 1993 年版，第 110～111 页。
② 《习近平谈治国理政》第 1 卷，外文出版社 2018 年版，第 40 页。
③ 《习近平谈治国理政》第 3 卷，外文出版社 2020 年版，第 23 页。

奋斗，目的就是为了使人民生活得更加幸福、生活得更有尊严。可以说，不断为人民造福，实现共同富裕不仅道出了中国梦最大的现实愿景，也是对人民共享发展的庄严承诺。

(二)共同富裕是社会公平正义的具体体现

实现共享发展必须走共同富裕之路，这是社会公平正义的具体体现，是与马克思、恩格斯对社会主义、共产主义社会分配的设想完全一致的。恩格斯在《共产主义原理》中详细勾画了未来共产主义社会公平正义的美好图景："由社会全体成员组成的共同联合体来共同地和有计划地利用生产力；把生产发展到能够满足所有人的需要的规模；结束牺牲一些人的利益来满足另一些人的需要的状况；彻底消灭阶级和阶级对立；通过消除旧的分工，通过产业教育、变换工种、所有人共同享受大家创造出来的福利，通过城乡的融合，使社会全体成员的才能得到全面发展"[①]。这大体上说明了共产主义社会的基本状况。只有这样的社会，才能为人的自由而全面发展提供必须的条件，使人的需要得到充分满足，从而达到最真实的社会公平正义。马克思在谈到未来共产主义社会的分配时也指出："在共产主义社会高级阶段，在迫使个人奴隶般地服从分工的情形已经消失，从而脑力劳动和体力劳动的对立也随之消失之后；在劳动已经不仅仅是谋生的手段，而且本身成了生活的第一需要之后；在随着个人的全面发展，他们的生产力也增长起来，而集体财富的一切源泉都充分涌流之后，——只有在那个时候，才能完全超出资产阶级权利的狭隘眼界，社会才能在自己的旗帜上写上：各尽所能，按需分配！"[②]在现阶段，我们还处于建设中国特色社会主义、向共产主义社会不断迈进的阶段，衡量我们发展的最终标准是社会财富的分配状况、人民生活改善的程度。只有不断在共同富裕上迈上新台阶、不断提升人民生活水平，社会公平正义才能更好地体现出来。

当然，对共同富裕及其实现的认识要从实际出发，要有科学的判断和认知。对此，我们不仅有过认识上的误区，也出现过实践中的偏差。新中国成立以后，我们在改善人民生活、推进共同富裕方面付出了极大的努力，取得

① 《马克思恩格斯选集》第1卷，人民出版社2012年版，第308～309页。
② 《马克思恩格斯选集》第3卷，人民出版社2012年版，第364～365页。

了显著的成效。但在改革开放以前,我们在消费资料分配上也存在极大的误解,不切实际地要使全体人民在同等程度上同时富裕起来,把这看作共同富裕。这样的认识导致我们长期在分配问题上搞平均主义,把绝对平均主义当作公平正义,其结果是不仅没有能够实现共同富裕,甚至导致共同贫穷。改革开放之后,邓小平总结历史经验,提出了一个分步骤走向共同富裕的大政策,那就是允许和鼓励一部分地区、一部分人先富起来,先富带动后富,逐步实现共同富裕。他强调指出:"让一部分人,一部分地区先富起来,大原则是共同富裕。"[①]这使人们对共同富裕的内涵和实现途径有了一个新的认识,即共同富裕决不等于也不可能是完全平均,决不等于也不可能是同等富裕。对共同富裕认识的深化,使我们认识到,实现共同富裕是一个不断发展的历史过程,要达到共同富裕的目标,需要我们坚持不懈的长期努力。

共同富裕是一个逐步实现的过程,包含"先富"与"共富"的基本关系,处理好这对关系才能维护好社会公平正义。我国经济社会尽管取得了长足的进展,但基本国情没有改变,仍然处于社会主义初级阶段。在这样的历史背景下,实现共同富裕只能分阶段分步骤地推进,在一定的时期要承认和允许人们在收入方面存在的差别,这有一定的客观必然性。一方面,就劳动者个人而言,其自然禀赋和家庭状况不相同,按劳分配必然导致收入和富裕程度的不同;另一方面,在多种分配方式中,拥有不同生产要素的社会成员的收入和富裕程度也必然不同。如果不讲"先富"、只讲"共富",就可能回到平均主义的老路;如果不讲"共富"、只讲"先富",就可能导致两极分化。由此可见,正确认识和处理好"先富"与"共富"的关系,是我国改革发展中必须处理好的重大问题。只有处理好这一关系,始终把"共富"作为基本目标,才能为实现社会公平正义提供前提条件。

(三)实现共享发展必须走共同富裕的道路

实现共享发展,归根到底就是要坚定不移地走共同富裕的道路。中国特色社会主义已经进入新时代,我们实现了举世公认的发展成就,但从当前人们关注的热点问题来看,从就业到社会保障,从户籍改革到养老金改革,从医疗到教育等,这些无不折射着人们对公平共享发展成果的更高期待,反

① 《邓小平文选》第3卷,人民出版社1993年版,第166页。

映着实现共同富裕的美好愿望。我国“全民养老”“全民医保”已经在制度上实现，我们构建起了全球最大的社会保障体系，已经建立包括城乡居民最低生活保障、城乡医疗救助、农村五保供养在内的社会救助制度，对城乡困难群众实现了应保尽保。绝大多数省份，低保户不仅能够每月领取补助，而且在子女教育、看病、住房等多方面，都有一系列帮扶措施，日子过得越来越好。这都是坚持走共同富裕道路的结果。在未来的发展中，我们仍然要深入实际，融入群众，倾听人民呼声、回应人民期待，不断实现好、维护好、发展好最广大人民根本利益，带领人民朝着共同富裕的方向稳步前进。如果发展成果不能惠及人民，不能逐步走向共同富裕，改革发展就没有任何意义，也不可能得到人民的拥护，也就无法真正实现公平的共享发展。

坚持走共同富裕道路，实现发展共享，就要通过发展不断夯实实现共同富裕的物质文化基础。实现共享发展，达到人民的共同富裕，离不开强大物质文化基础的支撑。中国仍然是一个发展中国家，要达到人民共同富裕，使人民过上更加美好的生活，还需付出很大的努力。不断夯实实现共同富裕的物质文化基础，就要坚持发展仍是解决我国所有问题的关键这一重大战略判断，始终把发展作为第一要务，始终坚持以经济建设为中心。以加快转变经济发展方式为主线，全面推进经济、政治、文化、社会、生态文明建设，我们就一定能不断提升国家物质硬实力和文化软实力，并在此基础上为人民谋取更多利益。不断夯实实现共同富裕的物质文化基础，关键是要实施创新驱动发展战略。只有坚持创新驱动，我们的发展才更有质量、更可持续，也才更符合人民群众的利益和愿望。不断夯实实现共同富裕的物质文化基础，还要牢牢把握全面改革这一发展的动力，以更大的政治勇气和智慧，不断深化重要领域改革，构建系统完备、科学规范、运行有效的制度体系，使各方面制度更加成熟、更加定型。通过持续不断地改革，着力解决我国发展面临的一系列突出矛盾和问题，不断推进中国特色社会主义制度自我完善和发展，不断为实现共同富裕夯实物质文化基础。

坚持走共同富裕道路，还要做好三项重要工作。一是要始终把民生放在头等重要的位置。维护公平正义、实现共享发展既以经济社会发展作为基本依托，更以提高人民生活水平作为基本归宿，民生的不断改善是对公平共享的最好诠释。要在改革发展中多谋民生之利，多解民生之忧，坚持把解决好人民群众最关心、最直接、最现实的利益问题放在各项工作的首要位置。即便在全面建成小康社会目标达到之后，民生问题仍然是需要着力解决的重大问题。习近平指出："'天地之大，黎元为先。'要按照人人参与、人人尽力、人人享有的要求，坚守底线、突出重点、完善制度、引导预期，注重机会公平，着力保障基本民生。"[①]始终把民生放在头等重要的位置，坚持在改善民生上加劲用力，充分体现了走共同富裕道路的基本方向，显示了公平正义的价值追求。二是要大力推进基本公共服务均等化，实现公共服务公平共享。基本公共服务均等化是实现人民公平共享社会发展成果、不断迈向共同富裕的必然选择。大力推进基本公共服务均等化，逐步缩小地区、城乡间基本公共服务差距，是共同富裕的重要实现途径和公平正义具体体现。三是要完善相应的制度保障。在当今中国，要改变社会上存在的不公平现象，解决共同富裕和公平正义问题，除了靠发展奠定基础，还要靠制度提供保障。制度是维护和实现社会公平正义的根本保障和有效途径。我们已经确立和逐步完善了中国特色社会主义制度体系，这是保障社会公平正义的制度基础。但在实际的经济社会生活中，在一些具体的制度安排上，在制度的相互协调配合上，在制度的执行落实上，都还存在许多影响社会公平正义的方面和环节。必须通过推进保障公平共享的制度建设，为实现共同富裕和公平正义提供可靠的制度保障。

---

① 中共中央文献研究室编：《习近平关于全面建成小康社会论述摘编》，中央文献出版社 2016 年版，第 13 页。

参考文献

[1]《马克思恩格斯文集》第1～10卷，人民出版社2009年版。

[2]《马克思恩格斯选集》第1～4卷，人民出版社2012年版。

[3]《马克思恩格斯全集》第1、2、3、9、19、23、45、46(上)卷，人民出版社1956、1957、1960、1961、1963、1972、1985、1979年版。

[4]马克思:《资本论》第1卷，人民出版社2004年版。

[5]《列宁专题文集》第1～5卷，人民出版社2009年版。

[6]《列宁选集》第1～4卷，人民出版社2012年版。

[7]《毛泽东选集》第1～4卷，人民出版社1991年版。

[8]《毛泽东文集》第1～8卷，人民出版社1996年。

[9]《邓小平文选》第3卷，人民出版社1993年版。

[10]《邓小平文选》第1～2卷，人民出版社1994年版。

[11]《江泽民文选》第1～3卷，人民出版社2006年版。

[12]《胡锦涛文选》第1～3卷，人民出版社2016年版。

[13]《习近平谈治国理政》第1卷，外文出版社2018年版。

[14]《习近平谈治国理政》第2卷，外文出版社2017年版。

[15]《习近平谈治国理政》第3卷，外文出版社2020年版。

[16]《十八大以来重要文献选编》(上)，中央文献出版社2014年版。

[17]《十八大以来重要文献选编》(中),中央文献出版社 2016 年版。

[18]《十八大以来重要文献选编》(下),中央文献出版社 2018 年版。

[19]《十九大以来重要文献选编》(上),中央文献出版社 2019 年版。

[20]中共中央宣传部编:《习近平新时代中国特色社会主义思想学习纲要》,学习出版社、人民出版社 2019 年版。

[21]十八大以来治国理政新成就编写组编:《十八大以来治国理政新成就》(上、下册),人民出版社 2017 年版。

[22]何毅亭:《新时代·新思想》,人民出版社 2020 年版。

[23]朱继东:《新时代党的意识形态思想研究》,人民出版社 2018 年版。

[24]王学俭主编:《十八大以来党的治国理政思想研究》,人民出版社 2017 年版。

[25]罗平汉主编:《治国理政这五年:十八大以来中国新巨变》,人民出版社 2017 年版。

[26]曹立主编:《治国理政新理念:全面解读新发展理念》,人民出版社 2016 年版。

[27]郑功成:《科学发展与共享和谐:民生视角下的和谐社会》,人民出版社 2006 年版。

[28]郑造桓主编:《发展与共享》,浙江大学出版社 2011 年版。

[29]俞可平主编:《国家底线:公平正义与依法治国》,中央编译出版社 2014 年版。

[30]景天魁:《底线公平福利模式》,中国社会科学出版社 2013 年版。

[31]王福金:《公平中国:开启未来十年新奇迹的钥匙》,东方出版社 2013 年版。

[32]迟福林:《民富优先:二次转型与改革走向》,中国经济出版社 2011 年版。

[33]吴忠民:《走向公正的中国社会》,山东人民出版社 2008 年版。

[34]林毅夫等:《以共享式增长促进社会和谐》,中国计划出版社 2008 年版。

[35]郑永年:《中国模式:经验与挑战》,中信出版社 2016 年版。

[36]俞良早:《经典作家探索理想社会与实现中国梦》,人民出版社 2017 年版。

[37]人民日报社理论部:《"五大发展理念"解读》,人民出版社 2015 年版。

[38]国家行政学院编写组编著:《中国新发展理念》,人民出版社 2016 年版。

[39]杜帮云:《分配公平论》,人民出版社 2013 年版。

[40]中共中央宣传部理论局编:《中国梦 我们的梦》,学习出版社 2013 年版。

[41]本书编辑组主编:《中国梦:中国的奋斗与复兴》,人民日报出版社 2013 年版。

[42]刘明福:《中国梦(修订版)》,中国友谊出版公司 2013 年版。

[43]夏文斌:《公平、效率与当代社会发展》,北京大学出版社 2006 年版。

[44]王梦奎主编:《中国中长期发展的重要问题(2006～2020)》,中国发展出版社 2005 年版。

[45]邓纯东主编:《共享发展思想研究》,人民日报出版社 2018 年版。

[46]吕健:《共享发展的社会主义政治经济学》,复旦大学出版社 2016 年版。

[47]于昆:《共享发展研究》,高等教育出版社 2017 年版。

[48]王庆五主编:《共享发展》,江苏人民出版社 2016 年版。

[49]杨宝国:《公平正义观的历史·传承·发展》,学习出版社 2015 年版。

[50]孙国华:《公平正义与中国特色社会主义法治》,中国人民大学出版社 2018 年版。

[51]刘京希编:《公平与正义:永恒的伦理秩序》,商务印书馆 2019 年版。

[52]"中国改革与发展报告"专家组:《中国财富报告:转型期要素分配与收入分配》,上海远东出版社 2002 年版。

[53]何怀宏:《公平的正义:解读罗尔斯〈正义论〉》,山东人民出版社 2002 年版。

[54]许庆朴:《马克思恩格斯学说与中国现实》,人民出版社 2007 年版。

[55][古希腊]亚里士多德:《政治学》,吴寿彭译,商务印书馆 1981 年版。

[56][印度]阿玛蒂亚·森:《论经济不平等/不平等之再考察》,王利文、于占杰译,社会科学文献出版社 2006 年版。

[57][美]杰里米·里夫金:《欧洲梦》,杨治宜译,重庆出版社 2006 年版。

[58][美]查尔斯·W.艾略特主编:《美国精神:美国历史文献中的励志精品》,刘庆国编译,中华工商联合出版社 2015 年版。

[59][美]罗尔斯:《作为公平的正义——正义新论》,姚大志译,上海三联书店 2002 年版。

[60][美]罗尔斯:《正义论》,何怀宏等译,中国社会科学出版社 1988 年版。

[61][美]斯塔夫里阿诺斯:《全球通史——1500 年以前的世界》,吴象婴、梁赤民译,上海社会科学院出版社 1999 年版。

[62][英]伦纳德·霍布豪斯:《社会正义要素》,孔兆政译,吉林人民出版社 2006 年版。

[63][法]卢梭:《论人类不平等的起源和基础》,高煜译,广西师范大学出版社 2002 年版。

[64][美]阿瑟·奥肯:《平等与效率》,王奔洲等译,华夏出版社 1999 年版。